U0909572

SINCE1999
畅销不衰的“短线是银”系列图书

短线是银

唐能通 著

8 跟我练

四川人民出版社

图书在版编目（CIP）数据

短线是银．8，跟我练/唐能通著．—3版．—成都：四川人民出版社，2015.1（2017.3重印）
ISBN 978-7-220-09334-0

Ⅰ.①短…　Ⅱ.①唐…　Ⅲ.①股票交易-基本知识
Ⅳ.①F830.91

中国版本图书馆CIP数据核字（2014）第292931号

专家论股系列丛书

DUANXIAN SHIYIN

短线是银（之八）

——跟我练

唐能通　著

丛书策划	余其敏
责任编辑	何朝霞
封面设计	肖　洁
技术设计	杨　潮
责任校对	叶　勇
责任印制	王　俊
出版发行	四川人民出版社（成都槐树街2号）
网　址	http://www.scpph.com
E-mail	sichuanrmcbs@sina.com
新浪微博	@四川人民出版社官博
发行部业务电话	（028）86259457　86259453
防盗版举报电话	（028）86259457
照　排	四川胜翔数码印务设计有限公司
印　刷	四川嘉创印务有限责任公司
成品尺寸	160mm×240mm
印　张	22.25
插　页	3
字　数	340千
版　次	2015年1月第3版
印　次	2017年3月第11次
印　数	39501-43500册
书　号	ISBN 978-7-220-09334-0
定　价	40.00元

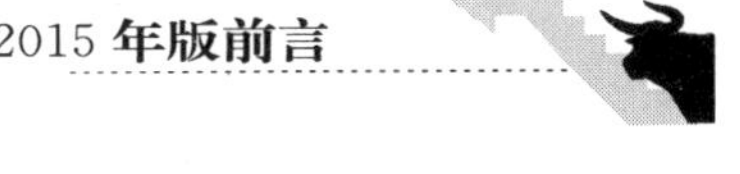

2015 年版前言

股市奇人与股票奇书

1999 年 3 月，四川人民出版社在股市持续低迷时期出版了唐能通先生撰写的《短线是银（之一）——短线高手的操盘技巧》，该书投放市场后赢得了一片赞誉，先于“5·19”行情在全国股民中掀起了一股读书热潮，之后，一波大行情不期而至，该书的读者不用说都有了相当满意的收获。“5·19”行情结束后，四川人民出版社又及时推出《短线是银（之二）——短线高手实战股谱》，该书出版后轰动全国，书中对刚刚过去的行情作了具体的个股分析，丝丝入扣，令人拍案叫绝。随后，股市于 2000 年 1 月迎来了气势磅礴的世纪行情，为了让广大股民抓住这不可多得的机会，最大限度地赢取利润，四川人民出版社赶在行情启动之初推出了《短线是银（之三）》，授广大股民以“短线高手制胜的 54 张王牌”，5 天之内，初版 5 万册全部售罄！为了让广大投资者在未来的行情中有计划按步骤地操作，四川人民出版社又于 2000 年国庆前夕隆重推出《短线是银（之四）》，“十万到百万”的赢利计划和操作方案再次让广大读者为之疯狂，一个星期之内，初版 10 万册销售一空！后来股市急转直下，世纪头部凸现，开始了漫长的跌跌熊市。痛定思痛，唐能通总结经验教训，推出专门研究股价头部的专著《短线是银（之五）——头部不再套》，这是很不讨彩的主题，但每个投资者又都必须直面不得回避。2004 年，《短线是银（之六）——炒股实战真功夫》的出版给股民注入了强心针，特别强调了系统学习和训练的重要性。2006 年，股市终于迎来了股改带来的春天，中国资本市场黄金十年如期而至，厚积薄发的唐能通推出了新作《短线是银（之七）——挑战炒股极限》，他以 78 种秘不外传的单一技术，12 条天才创意的唐氏经典股理，5 个最新行情中精妙运用合成技术的案例，叫板道氏理论、波浪理论！2008 年无疑是惊心动魄的一年，5 月 12 日 14 点 28 分，地动山摇的那一刻，在求生本能的驱使下，我从出版大厦 13 楼飞奔而下，跌跌撞撞，夺命狂奔，我终于赤脚站在了马路上，惊魂未定的我埋头一看，手里居然抱着一摞书稿，那是《短线是银（之八）——跟我练》的清样！作者唐能通在该书的后记中这样写道："我年轻时在四川当过兵，对四川有着第二故乡般的深厚感情。看着电视上舍生忘死救灾的战士，我热血沸腾，我曾经是他们中的一员，多么希望能和他们一道并肩战斗！放下枪拿起笔的我，将本书稿费十万元捐赠给汶川地震灾区，这是一个老兵的心意，希望灾区人民早日重建家园。"当我拿着十万元支票替作者交到四川省红十字会时，我再一次感动了，我为有这样"德艺双馨"的作者骄傲！

以上八本书自出版以来，一直雄踞全国"个人理财类图书"销售排行榜前列，至今畅销不衰。如此火爆的销售行情在图书市场疲软的今天不能不令人刮目相看！

股市奇人与股票奇书也许是对唐能通和《短线是银》系列图书的最好诠释。唐先生行武出身，十多年以前，他曾是陆军第 149 师通讯营的通讯技师，转业后攻读商业管理，1991 年进入上海股市，十年的艰苦奋斗使他的 2 万元入市资金增值为十年后的数千万元！如此辉煌的投资业绩的确让人艳羡不已。然而正如唐先生坦言，他的投资之道是非常坎坷的，他曾经大输过，几乎血本无归，但理智而坚强的他面对失败深刻反省，并发誓一定要找到炒股制胜之道，于是潜心研究，终于有了今天的"十九强技术"和"短线是银理论"。他是股市的受益者，他乐于把自己的炒股技巧写成书，再附一两只黑马回报于股市，于是就有了《短线是银》系列图书。

作为责任编辑，初拿到书稿时我眼前一亮，凭着职业的敏感和直觉，我知道我得到了一部好书稿，问世后一定会受到广大股民的追捧！《短线是银》是特别的，它的体例结构、写作方法都是我不曾见过的。股票投资是一门复杂而艰深的学问，它涉及的学科很多，而且大量的公式和图表让绝大多数的投资者望而生畏，难以掌握。唐先生将这些理论融会贯通，并结合自己多年的投资实践，化难为易，总结出一整套实用的、实效的投资技巧和方法，并赋予它们一个个易记易懂的名称，这就是书中“短线制胜的54张王牌”。如“东方红大阳升”，意味着跌势的结束和一轮涨势的开始；“千金难买老鸭头”告诉人们该进货了，从此与庄共舞，分享丰厚赢利；“断头铡刀”提醒股民可以逢高减磅了；“九阴白骨爪”发出警告：庄家出货了！既形象生动，又极具操作性。唐先生还认为，舞有舞谱，棋有棋谱，股票也应该有股谱，他希望能找出一些带有规律性的东西并且放之个股而皆准，于是，有了书中的“实战股谱”部分。实时的股价走势图是对过去行情的真实记录，这些瞬间“镜头”非常珍贵，而且在目前常用的分析软件中很难重现，再配以作者精辟严谨的分析，使读者犹如身临其境，茅塞顿开，恍然大悟：高手原来是这样炒股的！我过去就像唐·吉诃德，拿着破剑与风车斗，不亏才怪！

特别值得一提的是唐能通在《短线是银（之七）》中提出的12条“唐氏经典股理”，这是他多年潜心研究的成果，花费了他大量的精力和时间，为了一个原理重写十几遍，甚至一张图画了上百遍。像他这样有毅力而且无比执着的人实属少见，可以毫不夸张地说，“坨理论”“筷子线”“扇骨线”“筹码交换律”“黑洞”“股八卦”“灵稳榜”“零漂移”“沙盘”等极具创意的研究，在中国证券投资研究领域具有领先地位，有相当的实力叫板道氏理论和波浪理论。

更难能可贵的是，展读唐先生的所有著作，您几乎看不到“也许”“如果”“可能”等模棱两可的词，更没有任何“明天不下雨就是阴天，不是阴天就出太阳，可能伴有东西南北风”等类似“天气预报”的语言。书中洋溢着的是一派军人风格和朗朗男人气概。唐先生的语言干净利落，诚恳实在，我想曾经听过他的语音信箱或在互联网上访问过www. gwgz. com网站或看过他的博客的读者定会深有同感。他预测指数几乎分毫不差，分析个股更是点石成金，这既需要勇气更需要真功夫。

一本书能否畅销不是作者和编者所能决定的，它依赖于读者的认同和市场的营销。“读者就是上帝”是我们多年来一直奉行的准则，《短线是银》作为一套实用个人理财类图书，它应该并且必须让更多的读者在阅读后能有实实在在的收获，因此，《短线是银》的实践性和对实践的指导作用为我们所特别强调，而且其读者定位是广大中小投资者，他们的资金规模小，信息渠道不畅，更容易受股市风险的冲击，因此更需要树立正确的投资理念，掌握正确有效的投资方法，只有这样，才能以小搏大，在风险中求生存。通过作者和编者的共同努力，我们达到了预期目标，许多中小投资者在阅读并领会了书的精髓之后都成功地扭亏为盈，最重要的是，重新找回了信心。

《短线是银》系列图书从1999年3月开始出版至今，共推出八本书200多万字，呈现了一套完整的系统的能够稳定赢利的投资方法。为了让广大读者能够由浅入深地理解和掌握这套方法，在初版16年后的今天，在可以预期的超级大牛市行情启动之初，我们及时推出全新改版的"短线是银"系列作品，对于新老股民来说可谓"久旱逢甘霖之及时雨"。慷慨的作者郑重承诺，凡是购买本书的读者，都可以通过视频同步观看其每天看盘的过程，了解其看盘思路。只需报名QQ97808901，回答客服的随机问题（答案在书中）即可受理；还可以"微信扫一扫，关注唐能通公众号"。新颖的装帧设计，统一大气的开本，物超所值的附加值，我们有理由相信，经过16年的投资实践检验的《短线是银》系列图书必将焕发青春，赢得更多新老读者的青睐，惠及更多的投资者。

最后，作者唐能通和四川人民出版社要对尉文渊、刘慧勇、李利、姚先国、杨怀定、童牧野、应健中、曲春波、赵磊、俞天白、顾铭德、陈宪、任文兴等十三位国内著名证券专家、学者和知名人士表达我们最诚挚的谢意，他们联袂所作的"再版群序"是对我们最大的奖掖，也使这套丛书的价值得以提升。

余其敏

2015年1月于成都

再版群序

Follow Me

上海证券交易所首任总经理
158海融证券首席执行官　　尉文渊

20世纪90年代初，我们开始建立资本市场，在当时的经济管理体制和思想意识形态环境下，搞股票市场是很不容易的。那时候我们面临的全是大是大非的问题，“对还是不对”“姓资还是姓社”“开还是关”等等。是小平同志的高瞻远瞩和伟大决策，证券市场才得以诞生。回顾这十年来走的路，我最想说的是，我为中国的投资人，特别是早期的投资人感到骄傲，我钦佩他们的勇气。在证券市场诞生初期，市场体制很不健全，交易环境简陋，买卖股票不仅受排队拥挤之苦，还要承受极大的风险，信息渠道不畅，投资者利益得不到很好保护。我们的第一代投资者就是在这种情况下勇敢地投身于市场大潮的。百年树人，市场造就了一支可贵的投资者队伍。唐能通先生是第一代投资者中的一员，他带着微薄的积蓄从外地来到上海，无论面临多少困难和挫折，始终对股市充满信心，终于卓有成效。唐先生在实践中总结出具有特色的投资技巧，并将自己十年投资股票的经验和教训写成书，特别是沪深十九强数据的推出，多年来深受广大股民欢迎。中国股市前景辉煌，但愿涌现出更多的像唐能通先生一样的成功投资者，写出更多、更好的证券图书。

中国投资学会副会长兼秘书长　刘慧勇

长期以来我国居民主要以银行储蓄作为自己金融资产保值增值的理财方式。随着我国资本市场的快速发展，我国资金融通的重心已由货币市场逐步向资本市场转移。越来越多的人把股票投资作为自己金融资产增值的主要方式。股票投资具有增值快、风险大的特点，中国股市的这种特点更为突出，要普及证券知识，认识证券投资的规律性，这就需要学习。国外股市的证券投资理论需要引进，但有个洋为中用、远为近用的过程。中国股市十多年了，如何总结出适合中国股市特点的技术分析理论和炒作技巧，这是每个投资理论工作者义不容辞的责任。唐能通教授作出了富有成效的探索，他撰写的《短线是银》系列图书和《破译股价密码》光盘系列，是他十多年投资实践的经验和教训的结晶。他以独特的视角、新颖的理论和精妙的技巧，在众多的投资门派中自成一派。据《中国图书商报》的权威统计，《短线是银》系列图书长期以来一直名列财经类图书销售排行榜前十五名，由此可见，《短线是银》深受投资者喜爱，是值得向广大投资者推荐的好教材。

黑龙江省投资学会　李　利

随着经济体制改革的深化和市场经济的确立，我国资本市场从小到大，得到了长足的发展。一大批时代的弄潮儿股海搏杀，唐能通教授就是其中的一位，唐教授不仅取得了八年收益200倍的骄人业绩，还潜心探索投资规律，破译股价波动的密码，并将研究成果公之于众，写出了《短线是银》系列专著，发行数十万册，畅销全国，成为我国证券图书领域一道亮丽的风景。唐教授在大浪淘沙的股海中脱颖而出，成为中国投资界一颗耀眼的明星。

投资是为了预期收益而进行的货币投放。投资家不一定是经济学家、财务专家、管理专家和产业专家，但他必须在投资实践中取得卓尔不群的业绩并总结出自己独到的投资方法。唐能通教授就是集实战业绩和技巧探索于一身的新一代投资专家。

浙江大学经济学院院长、教授、博士生导师　姚先国

《短线是银》系列图书是著名股评人士唐能通先生积十多年经验和心血写成的，出版后受到股民的欢迎，畅销不衰。之所以如此，是因为该书能给股民带来有用的信息，使其增长知识和财富。

中国证券投资者众，大小股民数千万，赢家只是少数，能获利已属不易。不仅获利，而且能“悟道”，总结出股票投资规律与技巧的更是难能可贵。不仅自己“悟道”，而且还热心“布道”，将自己的经验和技巧公之于众，传授他人，与人共享的实属少之又少。唐能通先生则属于这种少之又少的人。不仅如此，唐先生还热心教育事业，多次到高校无偿授课，且慷慨捐资，在若干高校设立“唐能通证券教育基金”。以个人的人力资本换取物质资本，再以物质资本来培养人才，提携后进，增进社会的人力资本。这是唐先生所走的道路，也是他的可敬之处。

社会日新月异，股市变化不拘，在这变革的年代，善于学习，善于总结是增进自身竞争力、适应力的根本途径。我想，唐先生的这套著作一定能给广大证券投资者以新的启迪和帮助。

著名职业投资家　杨怀定（*杨百万*）

和大自然一样，股市也遵从同样的法则：适者生存。能在股市中生存已属不易，能在股市中发展就更不容易。唐能通经过十年股海拼搏，能生存下来自有他一套独特的生存技巧。唐将他的《短线是银》系列图书送来请我斧正，阅后觉得耳目一新。记得刚有股票的时候，没有炒股的书籍可读，我们这些人都靠自己摸索着干，实践出真知。以后虽有几本证券图书，但都是西方人写的，或者从港台传来。中国人以自己的眼光来看这个具有中国特色的股市，探索其中的特殊规律，并把这些经验和教训写成书籍，这只是最近几年的事。唐写的书销量很大，可见受欢迎的程度。做股票有所谓长线、中线和短线之分，平心而论现在短线投资的人居多，那么多人在证券公司整天盯着电脑看，无非是想捕捉短线机会，正因为如此，短线类图书比长线类图书销售会好些。做股票有所谓基本面分析和技术面分析之分，唐能通的短线分析该属于哪一类？我想，发展是硬道理，在股市中赚钱就是硬道理，不管哪一种分析方法，只要符合客观经济规律，顺势而为，每年有稳定的资金增值，那它就是一种实用的分析方法。唐能通坦言自己在股市中曾经失败过，经历过挫折的人写出来的书大概比那些常胜将军写的书更加深沉和厚实。《短线是银》系列图书中有大量的实战股谱，从实战中写出来的书带有实战的硝烟和实战的经验，值得正在股市中实战的人们一读。

著名职业投资家　童牧野

唐能通这个姓名轰轰烈烈，唐（中国），能（能够），通（通行），什么咨询资格有证没证，拦不住唐能通！唐能通的著作，能够在中国畅销通行！

唐能通的书名《短线是银》也很讨彩，书一出来，迅速脱销，白花花的银子，大家看，赢家赚！供不应求，一印再印，短线后面紧接着短线！

从中国玄学考虑，唐能通在现实社会中需要多加“糖”（糖，唐谐音也），忌加辣，用糖衣炮弹打遍天下无敌手，忌用辣椒水呛敌手的鼻子。

唐能通在股市战场上需要短线到底，忌把短线拉成长线，要经常性地落袋为安，见银就收，确保晚节安好！

三峡证券上海地区营业部总经理　应健中

在股市上成功的人各有各的套路，各有各的方法，似乎没有一个现成的可以照搬的成功模式。长线是金可以成功，短线是银也可以成功。然而，成功的法则都是成功者体验出来的，甚至于是用心悟出道理来的。后人要学不能机械地照搬，也需要用自己的心去领悟，如果做不到这点，只想用一套现成的方法来使自己迅速成为百万富翁、千万富翁，那么，弄得不好长线套住不成金，短线折腾不成银，要么套得将牢底坐穿，要么在市场上反复挨正反耳光，最终方寸大乱。

唐能通先生在股市的大风大浪中应该是成功的，这成功不成功不是谁封的，十年风雨洗礼后仍在市场上站得住脚就是成功的。唐能通的成功之处就在于他抓住了“短线是银”这四个字，并且淋漓尽致地将这四个字作了尽情地发挥，特别是在一个人人致富心切，三五年太久，只争朝夕的年代，抓住了这四个字，就等于抓住了市场，《短线是银》一直畅销就证明了这一点。《短线是银》系列图书是唐能通这几年感悟出来的。读者读的时

候也应用自己的心去感悟这个市场。股市如棋局之新，但愿唐能通先生从《短线是银》的轴心中辐射出去，为股民们提供更多喜闻乐见的作品。

上海金创投资管理有限公司董事长　曲春波

和唐能通相识于上海万国和平俱乐部，那是上海股市最早的投资俱乐部之一。当时唐君已是圈内赫赫有名的短线高手，在行情波动较大时，他曾一日之内全身进出四个来回，其身手之矫健令众多知情者惊叹不已。认识唐君，对当时的我来说是入市后的一大幸事，他那坚韧不拔、锲而不舍的探索精神，为我树立了极好的榜样。1994年行情持续低迷，使短线机会越来越少，唐君也变得沉默寡言了。每天坐在电脑前研究到深夜两三点钟，受电脑屏幕辐射，双眼肿得像紫葡萄似的。经过多年的努力，他终于捂出了《短线是银》的真谛。真可谓台上一分钟，台下十年功，没有这段艰苦探索的经历，就不可能写出如此贴近实战的操作心得。股市造就了一个又一个的神话，也造就了一批又一批的成功者，他们的经历可能不同，但有一条是不变的：勤奋学习！股市中不如意的事也很多，甚至失败和挫折，尽管其原因错综复杂，但要想真正走出困境恐怕还是离不开勤奋学习。

上海利达投资有限公司　赵　磊

认识唐能通应该是十多年以前的事了。那时候我还在报社当证券版的编辑，自己也搞一些股评，所以也就常常有幸结识一些股市中的活跃分子。记得当时的唐兄好像还没有舞文弄墨当什么股评家，不知在哪一个证券公司里炒股票，炒得风生水起的。那时候唐能通的短线炒作就很是有一些小名气，听说每天跑进奔出的，成交量很大，确实蛮讨券商欢喜。

在当时，大家都搞透支，又是T+O交易，赚钱机会多多，但也凶险得不得了，市场炒手们往往是“朝生暮死”，常常弄得心惊肉跳。这位唐兄就是当时市场中几个蛮有名气的短炒高手之一。作为初闯上海滩不久的外乡人，在不长的时间里就能闯出这样的名头，唐能通确实是有一些本领的。记得当时大家对他的评论就是“胆子够大，敢打敢拼，有点军人的样子”。

后来市场变了，唐能通好像也沉寂了一段时间，不知什么时候上海股市中又多出了一个股评家唐能通。当时，股评家亦实在太多了一点，所以大家也没有太在意。就这样过了几年，这位唐兄的名气似乎是越来越响了，著书立说写了一本又一本，听说销得十分火爆。既然能够一本接着一本写出来，又销得出去，看来唐能通的理论确实是很有一些市场的。

读唐能通的书觉得并不难懂，也不故弄玄虚，蛮实用的，这大概正是得益于唐兄当年作为短炒高手的经历和心得吧。其实这亦正好对了那些中小投资人的胃口，怪不得他的书能够销得不错。

这些年来，股市大浪淘沙，被消灭的短炒高手和股评家数不胜数，能够“活”到现在的，确实也是很不容易。像唐能通那样，做一件事像一件事的，应该算是比较成功的。炒股赚钱，又能把自己的心得写出来，于人于己都是一件好事。

著名作家　俞天白

为了寻找极具个性的中国股市的特殊规律，使中国证券市场活起来，成为有效的融资渠道，在推动国企改革的同时，使中小投资者有比较稳定的、可靠的收益回报，证券界的不少有志之士都在做着各种不同的努力。唐能通先生就是其中比较出色的一位。唐能通当过兵，以微薄的积蓄入市，在十多年的投资生涯中，不仅赢利颇丰，而且总结出了丰富的操作经验，主持过不少证券投资咨询节目，其创建的“十九强选股技术”和“十九弱逃顶技术”脍炙人口，并且写了《短线是银》系列图书，深受投资者欢迎，至今仍居畅销书排行榜之列。我在股市中也亲眼看到一些投资者，或听他的语音台操作而赢利的，或照着他的书籍所绘图形操作而扭亏为盈的。在中国，一般久涉股市的投资者不信理论派，嘲笑技术派，挖苦股评家。为什么？那些曾教他上过几回当的理论是照抄外国的理论，生吞活剥，使一般中小投资者既难以卒读，更难以把握。而唐能通的这套技术与理论，是汲取了国外理论，然后在实战中与中国的现实相结合，消化成为中国的理论。这当然是从实际出发的理论。股市千变万化，假象纷呈，而他却抓住了一个牛鼻子：成交量的变化。根据对成交量的观察计算、推断而建立股市特有的空间框架、买卖时间表和股价上升的功率估算等一系列

完整的理论。这些理论是复杂的，他却都用形象化的语言表达出来了，赋予了一个个能够熟记于胸、传之于口的名称，具有鲜明的中国特色。更难能可贵的是，在给投资者指点分析个股时，倾注于言语中的那种风雨同舟、苦乐共享的感情！

中国人民银行上海分行资深研究员 证券金融专家 顾铭德

沪深股市十几年发展造就了一批批股市明星。大浪淘沙，明星们各领风骚的时间越来越短，唐能通这个名字不但没有随着时光的流逝而消失，反而越来越为投资者所熟悉，为市场所认可。

唐能通的成功不在于精湛的理论，也不在于熟读和引用国外技术分析的方法和术语，他通过对股价 K 线图形历经十多年的苦心钻研，并以实战经验为基础，总结出了短线炒股的各种规律、方法，并能够以大众喜闻乐见的语言进行表述。

由于唐能通至今仍然致力于短线操作和理论研究，所以他的《短线是银》能够以系列作品的形式不断充实、完善并最终成为独树一帜的中国特色的技术短线派。我们祝愿这个学派不断发展成熟，带给广大投资者更多的启示和帮助。

上海世基投资顾问有限公司副总经理 陈 宋

新世纪之初，对每一个想敛财致富、告别清贫的投资者来说，重要的是学会新的投资方式，优化的战术是成功的前提。

然而，眼下关于投资之道的炒股书籍汗牛充栋，且大多因出自于学院派理论脱离实战，所以内容云山雾水，泛泛而论者众。比较之下，老友唐能通先生的《短线是银》就明显具有根植于沪深股市实践的特点，“例如书中列举的股票 K 线图，作者至少买过 100 股作试验”，然后从中总结出国内股市个股图谱的典型案例，再以生动活泼的语言如“托”“压”“出水芙蓉”“多方炮”“空中加油”等，揭示出股价运动的轨迹，有很强的实用性。可以这样讲，这些书是用真金白银写成的。正因为如此，《短线是银》系列图书在全国财经类图书销售排行榜上独占鳌头。这么多眼球点击该书，这是何等荣誉！

我研究股市已有十多年，可以讲是最为资深的注册分析师之一了。就感受而言，股市研究，愈是具体，难度就成倍放大。期待着唐能通先生再结硕果；期待着读者诸君从中受益，实现人生的光荣与梦想。

上海杰兴投资管理有限公司　任文兴

唐能通在对大量的实战股谱进行统计和归纳的基础上，对个股会不会涨，涨多久，涨多高，进行了大量定性定量的分析。于是，瞬息万变的股价运动初显出其运动的轨迹，变幻莫测的K线组合初显出某种规律。总结所有暴涨前股票的初始状态，从中归纳出它们共同的特征，这就是“托”。总结所有暴跌前股票的初始状态，从中归纳出它们共同的特征，这就是“压”。为这些特定的图形冠之以形象的、喜闻乐见的名称，唐能通是颇费苦心的。我简直想不出能用别的汉字来替代“托”和“压”，因为这两个名词已经成为股民们朗朗上口的股市术语。唐能通将拗口难懂的技术术语深入浅出，变成了妇幼皆知的大白话。书中有论点，有论据，还配以图纸，图文并茂，堪称通俗化范文，自然会受到最广泛的散户朋友的喜爱，难怪乎，我每到一地与散户朋友在一起时，他们言必说“托”和“压”，语必称“多方炮”和“出水芙蓉”等等，对《短线是银》的崇拜之情已表现得淋漓尽致。可以肯定地说，唐能通已成为广大散户朋友心目中的短线大师。《短线是银》的理论使唐能通本人在股票投资中取得了成功，也使一批先睹为快的读者扭亏为盈，先富了起来，可以相信，正在阅读本书的您同样也能取得进一步的成功！

目 录

跟我练

跟我练

跟我练

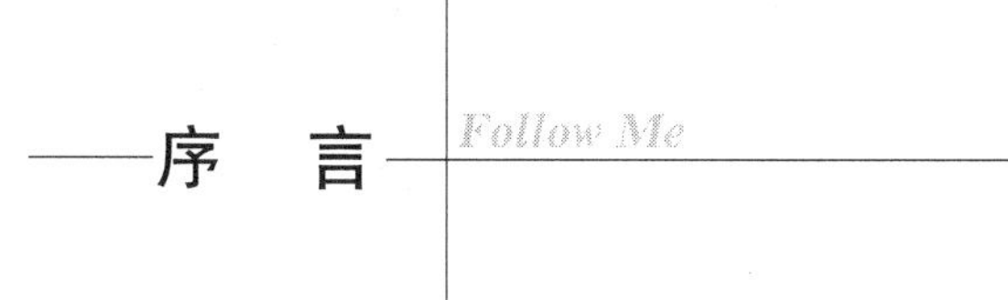

序 言

请跟我练

炒股到底是炒什么呢？是炒会涨的股票！

那么，怎么才能找到会涨的股票呢？归根结底要通过个股的题材、形态和能量这三要素来找。

题材就是庄家运作股票而制造的故事，炒股实际上是炒故事。题材有多大行情就有多大，故事有多精彩行情就有多精彩，题材决定股价的上升空间。企业业绩的增长是实实在在的故事，因此，它是炒股的永久性的题材。你要在企业业绩还没明显增长时买入这个企业的股票，在业绩增长的故事家喻户晓时卖出。有的题材不一定有业绩支持，而只需有宏观大背景、周边股市的气候和政府的意愿。如券商借壳上市题材、资产注入资产重组题材、参股金融券商期货题材、整体上市题材和大盘权重股题材。申博有了申博题材，奥运有了奥运题材，国际原油和黄金大涨又催生了资源稀有题材。业绩性题材是炒股的常青树，而概念性题材只是炒股的落叶树，概念来的时候疯长，概念一过秋风扫落叶，股价下挫一片狼藉。庄家的任务是发掘题材，或者说是编一个故事。在天时、地利、人和环境下，人们爱听什么故事，庄家就编什么故事。散户听故事，一定要在故事刚开讲时买进，在故事将讲完时卖出。有的股民到处打听消息，消息在某种意义上讲就是故事。凭消息炒股，其结果往往是小赢几次还不够大输一次。市场上传得沸沸扬扬的题材或消息并不完全可信，对市场上各式各样的研究报告、市场传闻一定要进行认真核实，要去伪存真，把可能导致输钱的消息排除掉，把可能赢钱的消息利用好。题材、形态、能量三要素中，题材是最容易造假的。找题材并不难，找到真实的题材却是难上加难。如果你对持有的股票题材不了解或知之甚少，你的持股信心就大打折扣。一旦股价下跌，你就惶惶不可终日，甚至在最低价卖了它。而在股价涨之不多稍有赢利时，你却卖了青苗，踏空一大截行情。怎样才能找到题材、找准题材？本书将介绍这方面的知识。

形态就是K线、成交量柱体图和价、量平均线的形状。常见的K线、均线形态有三角形、楔形、多方炮、空方炮、放量打拐等，还有金叉、死叉、托、压等。庄家要在一个股票中建庄，就要买进这个股票。庄家在一个股票撤庄，就要卖出这个股票。庄家建庄或撤庄行为必然会影响K线、成交量柱体图和价、量平均线的形状，从而形成许多典型的K线、成交量柱体图和价、量平均线形态。既然庄家行为是因，形态是果，那么我们就有可能从形态中反推出庄家的行为和思路，显然，这种可能性是存在的。我在《短线是银》前七本书中，大量地讲了各种K线、成交量柱体图和价、量平均线形态，从中归纳出300个典型形态。比如“放量打拐”是用来寻找股价暴涨临界点的经典形态，它能帮助你在个股暴涨前及时买入该股。它的原理是庄家长期买入某股后，某股的价格形态处于暴涨临界状态，这时一旦放出巨量，就可能连续涨停板。我们用动物猎食来作比喻：一头猎豹瞄上一只斑马，猎豹会压低姿势匍匐前进，此时它的前进是很缓慢的，它一边积蓄扑出的力量，一边寻找出击的时机。当出击的时机成熟时，它会突然发力扑向斑马。“放量打拐”就是庄家突然发力“扑向”个股的瞬间，你若在此时迅速买进，就有快速赢利的可能。“螳螂捕蝉，黄雀在后”，你还要防止自己成为别人的猎物，你一定要在饱餐猎物美味后及时逃生。“鹰嘴”是逃生的经典形态，它会出现在指数暴跌前。如果你掌握了“鹰嘴”逃生技术，那么今后惨遭套牢的可能性就不大了。本书还要介绍一种“傻瓜操作法”，照此法买卖就像按一下傻瓜照相机的快门那样简单，但它能确保你少输多赢，稳定赢利。你可以不信，但不可以不试：打开你曾经买卖过的股票日K线图，用“傻瓜操作法”买卖看看盈亏成绩如何？再与你的实际操作成绩比较一下，看谁赚得多？我抽样调查了

一百个散户，用“傻瓜操作法”操作他们曾经买卖过的股票，结果没有一个人能比“傻瓜操作法”多赢利，这种奇怪的现象还有待研究。本书针对实盘行情，用许多典型图形进行综合分析，从中找出个股的买卖形态，准确地找到买卖点，使你的炒股利润最大化。

能量是主动性买盘与主动性卖盘之差，它与成交量的概念是不同的。某股今日成交量300万股，只能说明多空双方买卖成交了300万股，是定量的概念。而能量是把今日成交量中的主动性买盘和主动性卖盘差分开来，并进行对冲。如某股今日成交500万股，有300万股是主动以卖盘价买入成交的，这是主动性买盘，是做多的能量。有100万股是主动以买盘价卖出成交的，这是主动性卖盘，是做空的能量。当日做多能量与做空能量对冲后就是当日的总能量，它可能是正数，也可能是负数。在上例中300万股做多能量减去100万股做空能量等于200万股做多能量。在股价低位区如果连续几天出现这种情况，可能是庄家建庄行为。还有一个概念是“大手笔能量”。庄家每次买卖数量一般较大，如一次买入500手或1000手，而散户每次买卖数量一般较小，如一次买入5手或10手。据此，就可以把主动性买盘和主动性卖盘分解成主动性大单买盘和主动性大单卖盘，从而更能发现庄家的买卖行为。本书将介绍部分具有这种功能的软件。现在上海股市还出现了赢富数据，它能真实地显示某证券公司某席位今天大量买入某股某某量，该席位历史上保留该股的库存是多少量，从而真实显示了庄家的买卖动作。能量是定性的指标，它给了成交量以做多或做空的性质。本书重点讲解能量分析的常用工具“灵稳榜”的“L3能量柱体图”。一旦“L3能量柱体图”出现均线死亡交叉，往往是一波大行情的头部。这个“L3能量柱体图”上的死亡交叉在2001年6月14日上证指数2245点时也神奇地出现。不可思议的是，在2007年5月28日出现这种死亡交叉，使我们避免了“5·30半夜鸡叫”的暴跌。在本次上证指数6124点前几天，又神奇地出现，从此上证指数一路下跌。“L3能量柱体图”的原理就是上证指数主动性买盘和主动性卖盘对冲后的余量，市场主力如有大规模撤退，股价形态未见得有大的变动，但主动性卖盘大大多于主动性买盘，“L3能量柱体图”就会出现死亡交叉。“黑洞”测顶技术一直是广通的独家暗器。在本次上证指数6000点附近构筑头部时，成交量柱体图惊显

"黑洞"，这意味着多方能量将全部耗尽在"黑洞"内，空方将横扫股市，必有大跌，本书对此"黑洞"有介绍。学会这种技术，你认识大盘的头部就有了科学依据，从此就能在大盘头部全部清仓而不被惨套。

炒股就是炒题材、形态、能量这"三要素"。你可以先发现个股题材，然后用形态、能量来选择买卖时机。你也可以先发现某些个股形态、能量的明显变化，再去查找它们的题材，从中找出最有炒作题材的个股。题材是用来选股的，形态、能量是用来选时的。题材、形态、能量是炒股三要素，你起码先知道一要素，再去找另外两要素。三要素齐全，黑马自然来。就怕你根本不知道"炒股三要素"，凭运气瞎炒，这样风险是很大的。

读者经常会发现"广通某某某"的姓名出现在新浪网的模拟炒股大赛排名榜上，这是我的学生在全国性网站的模拟炒股大赛排名榜上得到的名次。他们原来是普普通通的散户，现在却能经常在全国性网站的模拟炒股大赛上拿冠、亚军。模拟炒股能取得好成绩，才有可能在实战炒股中取得好成绩。这两年的行情中，我的许多学生从十万元炒到百万元。原来还忙于四处求职的小年轻，现在坐进了证券公司的大户室，成了职业投资者。许多人买了新房和新车，他们告别了贫困，进入了富裕阶层。有的退休老人辛苦了一辈子，到了晚年炒股才拥有了自己的财富，体现了自己的价值。他们能取得这些成绩，是因为他们掌握了题材、形态、能量这"三要素"，并能熟练运用。对《短线是银》中的炒股知识，看了未必懂了，懂了未必会了，会了未必熟练了。只有熟练了，你在实战炒股中才有胜算的可能。

我以18年炒股经历奉劝新股民：先模拟，后实战。有的人不理解，为什么呢？我说：你连模拟炒股都赢不了，实战也一定赢不了，不信试一试。游泳池里都不会游泳的人，就到大海里面游泳，实在危险呀！我相信每个股民都是很自信的人，自信的人就是以为自己必胜的人。几次乃至几十次的失败后，再自信的人也会茫然：我在别的行业可是佼佼者，到股市咋不行啦?! 这就是训练问题。假如你是武林高手，当年你一定拜了师傅，练了基本功。要不然你是不敢参加武术比赛的，因为那是必败无疑的，没什么运气好碰。但股市却有一种诱惑，好像可以不练而胜、无师自通，于是引来无数人撞大运，撞得头破血流，撞得没了方向。不是训练有素的散

户，就像股海中的鱼虾，平时也可能活得滋润，但当鲸鱼的大嘴张开时，成吨的鱼虾进入了鲸鱼的腹腔，很难幸免。鱼虾活得滋润，鲸鱼张嘴鲸吞，这才是大自然的生态平衡。股市也有生态平衡，也有鲸吞，鲸就是庄家，鱼虾就是散户。有人说九成散户必输，那是因为散户缺少训练，庄家能赢是因为庄家拥有高素质的团队和高超的分析技术，而且他们还有常规的业务训练。“不练必输”是散户泪水和痛苦换来的宝贵教训，炒股还得从训练抓起，训练一定比不训练好。我遇到不少股民天资聪颖，应该是炒股的好材料。他们已经有了较好的炒股素质，只是没有人点拨一下，没有好的训练方法，他们离成功只有一纸之隔。本书就是在这张纸上捅一个洞，让你看到成功离你真的不远了。

我是军人出身，我以军人的训练方法来指导我的学生进行炒股训练。我的口号是：“平时多训练，炒时少割肉。”“从难从严从实战要求出发，大运动量训练!”我的学生每晚要做 4 小时作业，300 天的作业天天有新内容。每天盘中时间要模拟买卖约 40 只股票，300 天中总共要买卖 12000 只股票，并分析成败原因。这种大运动量的训练是普通散户所不可比拟的，我的学生们能取得好成绩，全靠这种大运动量的刻苦训练！本书用大量篇幅展现这种训练方法和训练效果。

本书对股民的最大奉献是发现并披露了“国际股价头部定律”。顾名思义，这个定律是希望揭示国际股市股价头部的普遍规律，让把握这个定律的人能在国际股市股价头部时及时做空获利。这是用现代计算机技术，在对全球各大股市各种个股头部形态作了两年运算后得到的结果。它适用于各国股市的各类指数和个股，特别是热门股指和热门个股。你可以不信，但不可以不看，好在这个定律只有几句话，一分钟就可看完。然后试着去运用，用过了自然知道效果如何。显然本段文字是插到本序中的，因为将有关“国际股价头部定律”的内容写入书中，曾受到我的一些学生的反对，他们认为这个定律只能少数人掌握。本书出版前我想，能看到本书的人很少，能看懂并熟练掌握这种技术的人更少。况且这是适用于国际的定律，中国股民占国际股民的比例也很低。中国股民用中国人自己的炒股技术，冲出国门走向世界，这不是大好事吗？于是，出版之前我又加上这个头部定律。你看本书有时可能会觉得突然少了一截内容，那是因为该技术还不太成熟而被删去，待进一步验证后在《短线是银·之九》中披露。当然，你如果对照电脑图形认真地阅读本书，应该能揣摩出这部分内容，算是领先一步洞察先机。

为了帮助读者理解本书，购书者可凭本书封底刮刮卡上的用户名和密码，进入 www.gwgz.com 网站，免费下载 117 节视频讲课，它将使你更直观地学习"炒股三要素"。此外我还给大家一个特别的惊喜：你可以免费下载一个"小精灵"软件，从此，我正在模拟买卖的个股代码、名称，很快就显示在你的电脑屏幕上。我每天面对全国读者公开训练，每天模拟买卖约 40 只股票。这些个股中，有的当天就涨停，有的过几天会涨，你可边欣赏边总结经验。当然，也会选少量下跌形态的个股，让你学会规避风险的方法。古有对联"书到用时方恨少，事非经过不知难"，我把它改成"输到痛时方狠练，股非炒过不知难"。练者不难，难者不练，炒股之秘诀就是"练"。为了你的成功，请跟我练。

最后需要说明的是：

1. 小精灵软件的理论传输速度在 1 秒钟之内到达，但同时在线的人数太多，信道拥堵时，也会影响传输速度，解决的办法是尽早下载软件尽早注册使用，争取尽快的传输速度。

2. 书中所有图片的编码如"图 10171500－1"意思为"2007 年 10 月 17 日 15 时第 1 幅图"。

3. 本书中的所有黑白图片都有原始的彩色图片，尺寸大清晰度高，需要者可向 tangnengtong@163.com 索取几张甚至全部，保证免费提供。

4. 我本人每天会作我个人今日炒股小结和明日炒股计划（本书大部分内容也来自于此），如果你对此有兴趣，（凭本书刮刮卡上的用户名和密码）亦可每天来邮件免费索取。

谢谢阅读。

唐能通

2008 年 4 月 28 日于上海

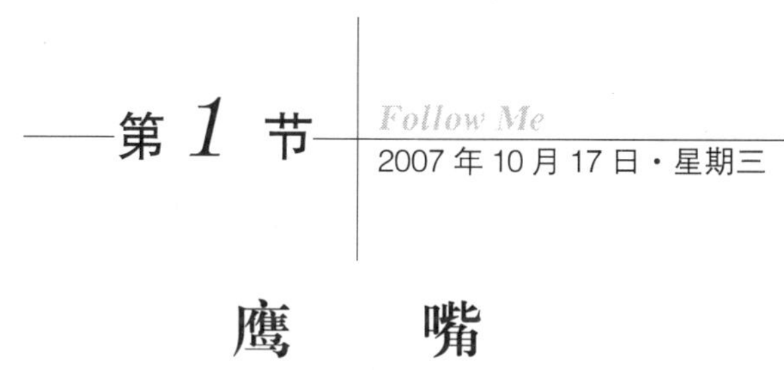

第 1 节

Follow Me

2007 年 10 月 17 日 · 星期三

鹰　嘴

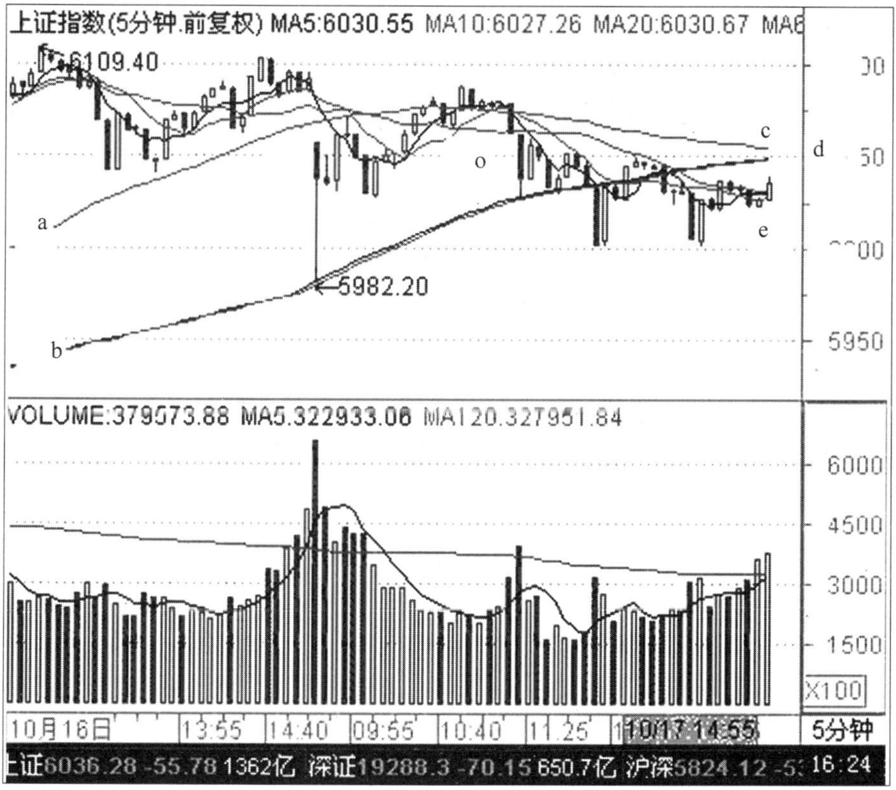

图 10171500—1　上证指数五分钟 K 线　鹰嘴

学生：昨天上证指数创了 6124.04 点新高。但今天却跳空低开在 6057.43 点，并且快速下跌到 5982.20 点，大有恐慌的气氛。盘中虽冲高到 6088.89 点，但收盘却在 6036.28 点，跌去了 55.78 点。老师对上证指数未来的走势有何看法？

老师：上证指数昨天冲高 6124.04 点新高后，今天有大量筹码是压价出货，所以形成开盘急跌。事实上，市场主力在 10 月 12 日就演出压价出货这一幕，当时上证指数从 5959 点急跌到 5658 点，刹那间上证指数跌去 300 点。主力在那天就大肆出货，那天的成交量巨大，是阴量。收盘时，上证指数被拉起，表面上风平浪静，实际上主力出货之决心已定。

看图 10171500－1，这是 5 分钟 K 线图，其中 a 线是 60 平均线，b 线是 120 平均线，它们将在 d 点处死亡交叉。如果把图中的 O 点看做眼睛，那么，a 线和 b 线及 d 点组成一只老鹰，O 点是鹰眼，d 点是鹰嘴。这是一种典型的头部形态。发生在五分钟 K 线上，是小头部。如发生在日 K 线图上，就是大头部了。出现小头部都会形成几百点的局部下跌，而出现大头部时，可能有几千点的下跌。若干个小头部会形成一个大头部，所以，大头部是小头部集合而成，警惕大头部必须从警惕小头部开始。图 10171500－1 中，上证指数已跌到鹰嘴下，这几乎就是小头部了，也许是这一轮大牛市的第一个小头部。明、后天，上证指数如果向 e 方向，就是向下突破，小头部成立。如果向 c 方向突破，还需看成交量能否放大。成交量放不大，向上突破也冲不了多高，还会回到鹰嘴下来。只有放大量攻击 c 点，才可能冲过 6124.04 点，创新高再走大行情，但这种可能性不大。

灵稳榜 L3 能量测头法

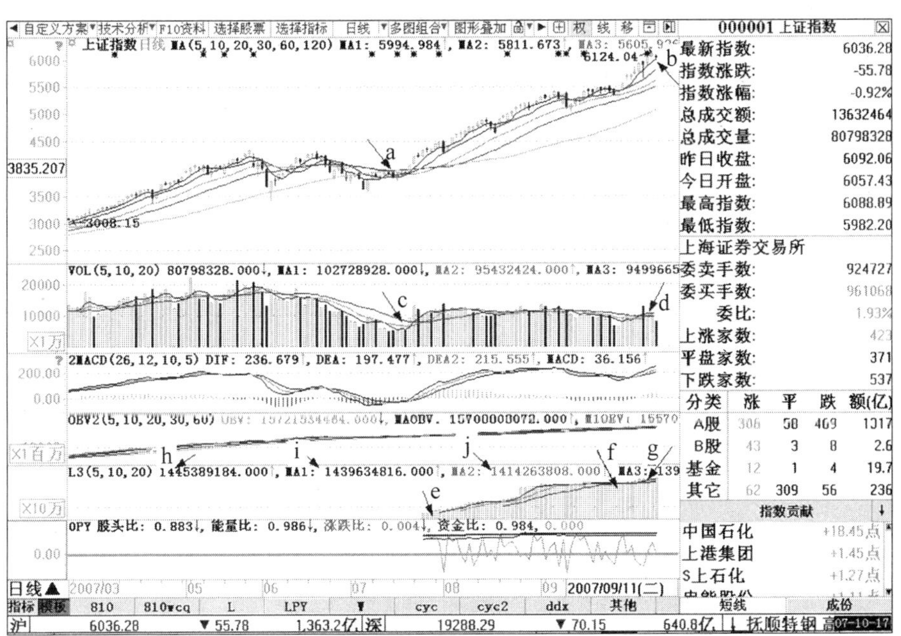

图 10171500－2　上证指数日 K 线　灵稳榜 L3 能量测头法

学生：广通公司有一种“灵稳榜 L3 能量判断头部”技术，在 2001 年 6 月预测了上证指数 2245 点的历史头部，在“5・30”以前也预报了头部，这一次能预报上证指数的头部吗？

老师：是的，“灵稳榜 L3 能量判断头部”技术判断上证指数头部有过良好的效果，希望这一次也能精确预报上证指数的头部。a 箭头所示是 4000 点附近启动的上证指数行情，b 箭头所示是今日为止收盘的上证指数。c 箭头到 d 箭头所示是这段行情的成交量。把这些成交量中的主动性买盘和主动性卖盘对冲后，就是广通灵稳榜中的 L3 能量，用柱体图表示，见图中 e 箭头至 g 箭头所示。f 箭头所示是 L3 能量的 5、10、20 日平均线死亡交叉点，表示 f 箭头所示处上升能量到达极限。由于中共十七大的召开，主力再次拉抬权重股，L3 能量勉强上升，形成了 g 箭头所示的副峰。所以今天的 L3 能量的 5、10、20 日平均线是多头排列的，即：h 箭头所示是 5 日平均线 1445389184，i 箭头所示是 10 日平均线 1439634816，j 箭头所示是 20 日平均线 1414263808。显然是 5 日平均线>10 日平均线>20 日平均线，是多头排列。假如有一天 5 日平均线<10 日平均线<20 日平均线，就是空头排列，就是上证指数这波行情的头部形成。我们就是用这种方法，成功地预报了 2001 年 6 月上证指数 2245 点的历史头部，今年 5 月 28 日以前也预报了上证指数出现头部，结果发生了“5·30”的暴跌。由于 g 箭头所示是副浪上升，升势有限，估计 L3 能量均线的空头排列不久就会出现，请大家密切注意每天最新的 L3 能量图，可到 www.gwgz.com 网下载。

第 3 节

Follow Me

2007 年 10 月 17 日・星期三

实浪与虚浪

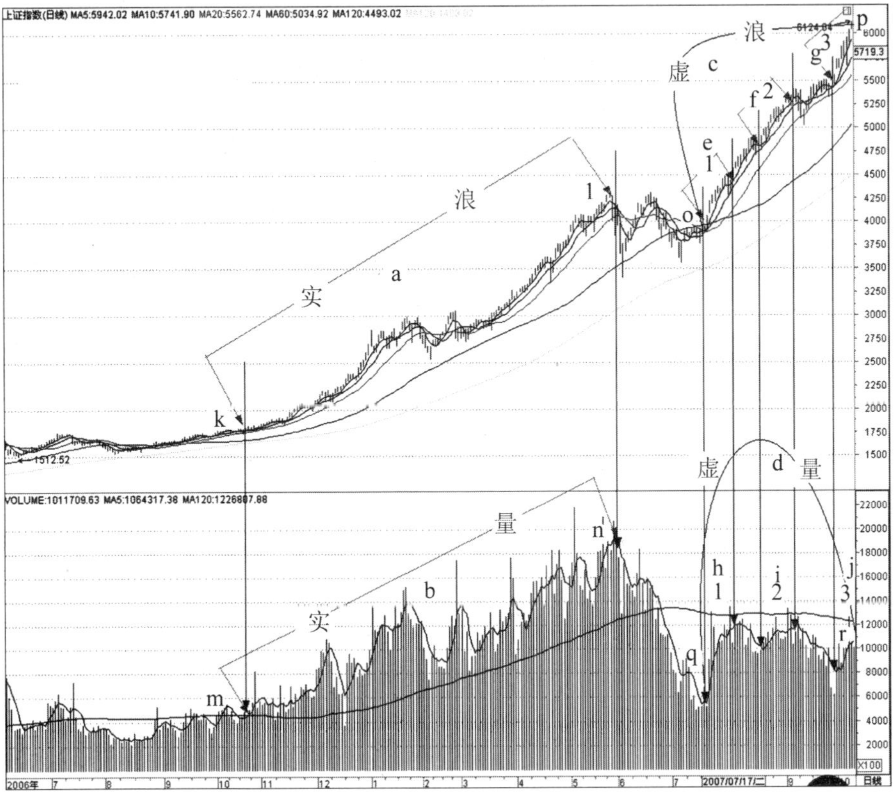

图 10171500－3 上证指数日 K 线 实浪与虚浪

学生：广通有一种“实浪虚浪”技术，对判断上证指数头部也很有效果，能否演示一下？

老师：请看图 10171500－3，k 箭头所示到 l 箭头所示是实浪，就是“实实在在”的上升浪。

为什么说是“实实在在”的上升浪？因为有成交量的推动。见 m 箭头所示至 n 箭头所示的成交量，每天成交量柱体图都高于 120 日均量线，这种量就是“实实在在”的量，由“实实在在”的量推动的“实实在在”的上升浪叫做“实浪”（“实量”推动的“实浪”）。举个例子讲，踩紧油门时汽车的速度是有油推动的，是“实”的，是能持久的。而不踩油门时汽车的速度是没油推动的，是“虚”的，是不能持久的。q 箭头所示至 r 箭头所示的成交量明显小于成交量 120 日平均线，是虚浪。而 o 箭头所示至 p 箭头所示是“虚浪”上升，相当于汽车没踩油门时的惯性运行，而惯性运行是不能持久的。根据“惯性运行是不能持久的”这一原理，我们可以预言：上证指数的虚浪上升高度是有限的，我们还可以把这段“虚量”分为“小虚量 1”、“小虚量 2”、“小虚量 3”，分别见 h、I、j 处。可以发现“小虚量”的高度一个比一个低，是递减的过程。由此可判断，K 线上的“小虚浪 1”、“小虚浪 2”、“小虚浪 3”（见 e、f、g 处），其上升力度也是递减的。什么时候“惯性”耗尽，上证指数就会停止上升，并可能掉头向下成为“自由落体”。

第 4 节 Follow Me

2007 年 10 月 17 日・星期三

巨大的三尊头猜想

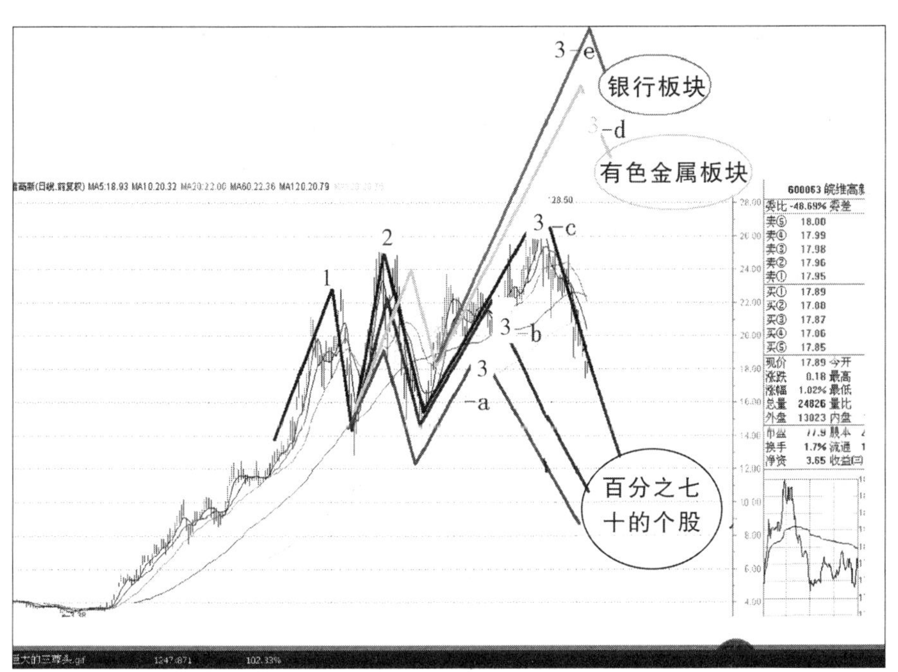

图 10171500－4　上证指数　巨大的三尊头猜想

学生： 听说老师把“5・30”高点作为头部，认为上证指数正在形成“三尊头”，何以见得？

老师：所谓“三尊头”形态就是“山”字形头部，我把它们分为“第一尊头”、“第二尊头”、“第三尊头”，一般来说，三尊头的高度是差不多高的，呈“山”字形。上证指数第一尊头出现在5月30日那天，因为大部分股票5月29日的收盘价，就是至今为止的最高价。或者说，大部分股民是套在5月29日的收盘价上的，对他们来说，5月29日是真正的头部。第二尊头是6月20日上证指数4312点，因为这个头部并没有解放5月29日套牢的股民。到今天为止。70%的个股并没有随上证指数从4000点涨到6000点，而是节节败退，越跌越低（见图中a、b、c三种走势）。真正随上证指数4000涨到6000点的是少数个股，是权重股、金融股、有色金属股等等（见图中d、e两种走势）。这个“山”字形的第三尊头，有高高上升的权重股，但是少数个股，大量的个股股价远远低于“山”字形的第三尊头。这是因为上证指数计算方法带来的视觉误差，如果剔除权重股的“虚涨”成分，上证指数就是标准的“山”字形三尊头。权重股“虚涨”带来了虚假繁荣，广大的散户却享受不到这等繁荣，因为他们早就套在5月29日的第一尊头上了。有“虚涨”必有“虚跌”，上证指数将来会为“虚涨”付出沉重的代价。当大象们疯狂跳舞后累得趴下时，就是上证指数累得趴下之时。

鹰嘴操作法

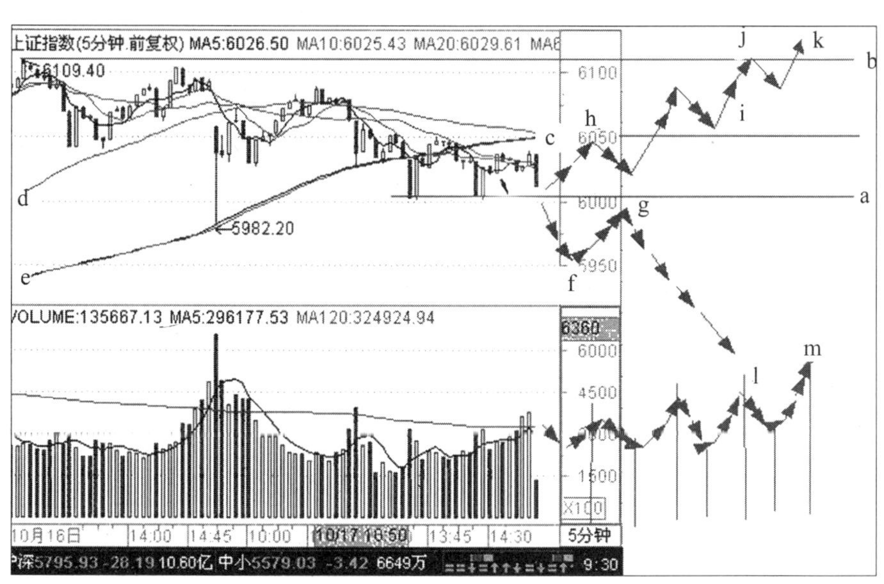

图 10180930 上证指数五分钟 K 线 鹰嘴操作法

学生：鹰嘴形态应该如何操作？

老师：首先把 60 均线和 120 均线的死亡交叉点预测出来，大约在 c 点的位置上。我们可以认为这是 60 个单位时间与 120 个单位时间的平均成本，划一条 h-i 水平线。我们可以这样认为，未来上证指数要走高，必先冲上 h—i 线。那么我们可以在上证指数冲过 h—i 线时增仓，在反压 i 线时再增仓，在冲过前高点时再增仓，此时成交量应逐步放大，见图中 m 曲线。这是假如上证指数走强的打算。如果上证指数走弱的话，那么它将爬不上 h—i 线，并向前低点连线 a 跌去，一旦跌破 a 线，就必须减仓，在反抽 a 线时，再减仓（见图中 g 处），如下跌破 f 处，则“会创新低，还有新低”，必须清仓。

本轮行情上证指数从 998 点涨到现在的 6214 点，累计涨幅已大，很有可能发生回档，这个鹰嘴很可能是本轮行情的中止形态。即使是个小回档，其跌幅也可能有几百点，对此应高度警惕。

第 6 节

Follow Me

2007 年 10 月 18 日 · 星期四

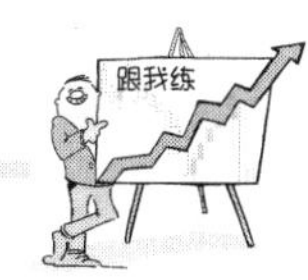

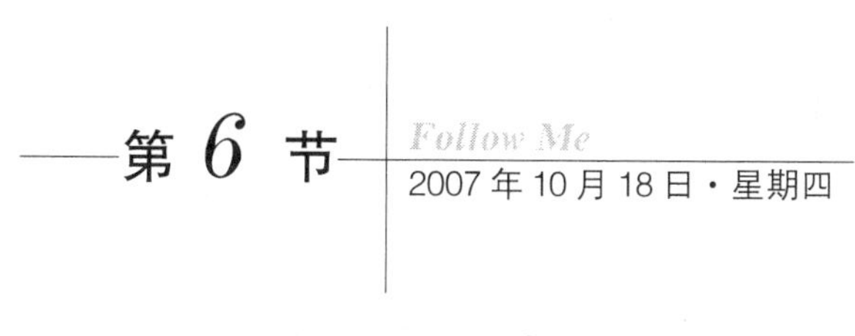

死叉引力

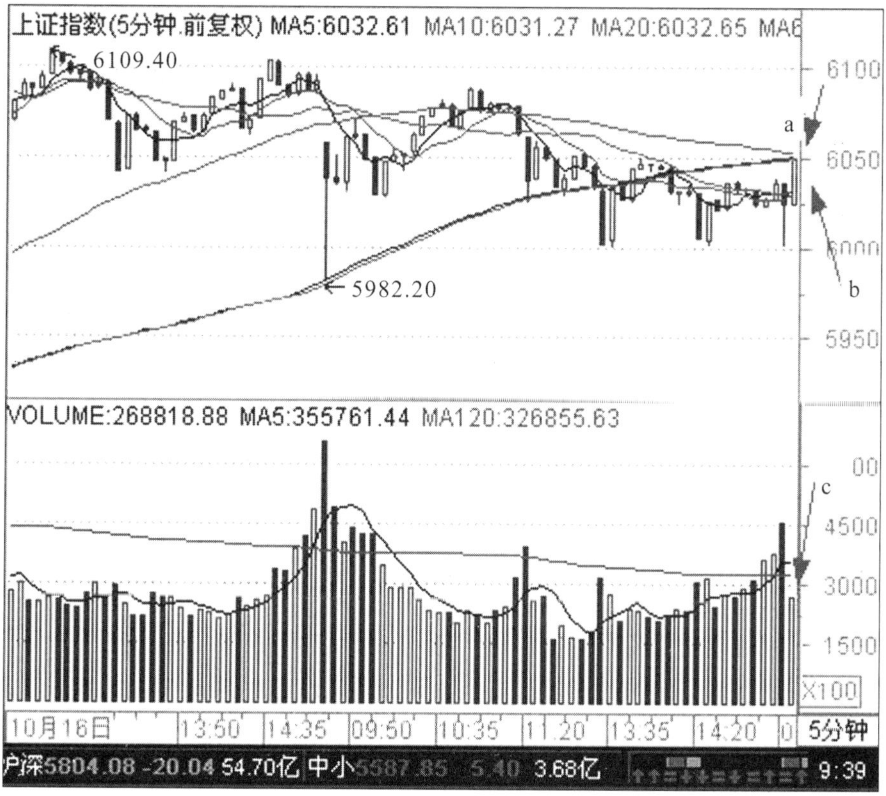

图 10180939　上证指数五分钟 K 线　死叉引力

学生：上证指数突然反身向上，是不是又要涨啦？

老师：注意 a 箭头所示是上证指数 60 均线与 120 均线的死亡交叉点，位置是 6050 点。

一般认为死亡交叉点是行情的结束，是暴跌的开始。观察发现死亡交叉点有吸引力，会把股价吸引到死亡交叉点附近，颇有点“回光返照”的意思，见图中 b 箭头所示。不要被这局部走势迷惑，要看整体走势是“鹰嘴”形态，是下跌的形态。特别要关注 c 箭头所示的成交量，如果没有连续的放量，死叉引力不会形成上涨行情，只能当做小反弹处理。一般来说，死叉引力的反弹高度就是死亡交叉点，本图中，上证指数的反弹高点就在 a 箭头所示的 6050 点。

第 7 节

Follow Me

2007 年 10 月 18 日・星期四

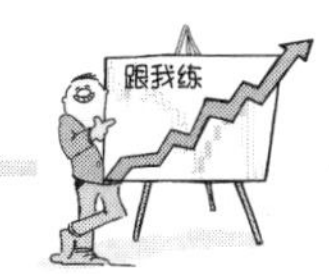

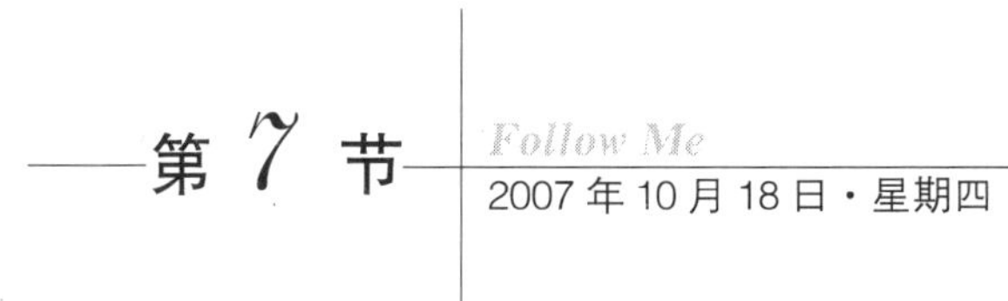

鹰嘴下有向下突破趋势

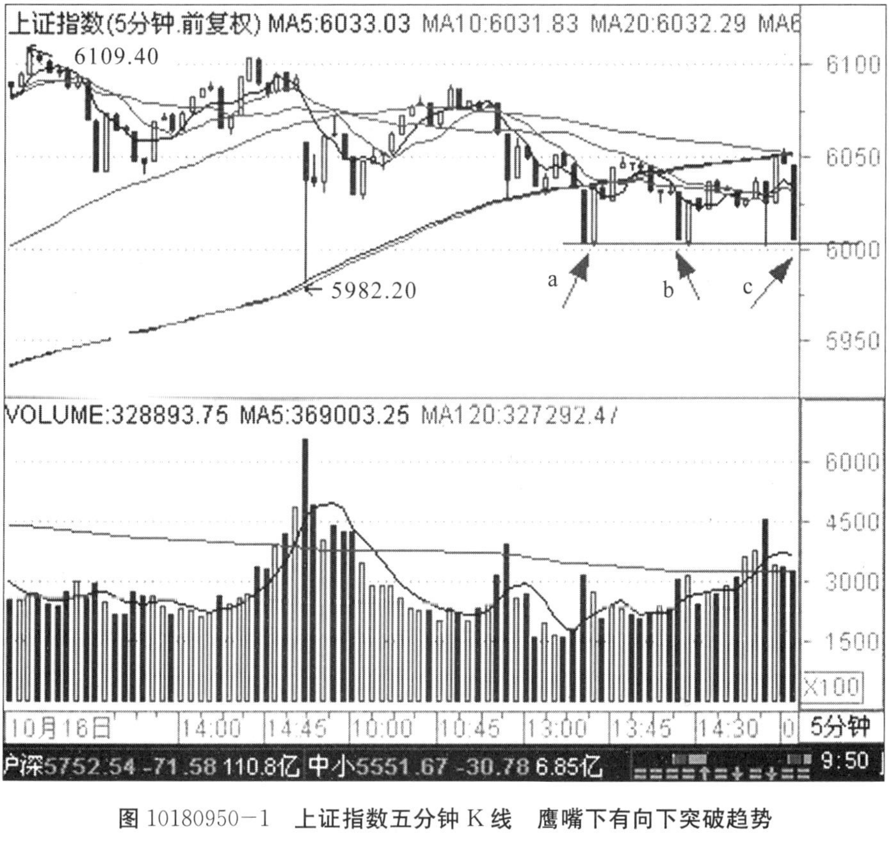

图 10180950－1　上证指数五分钟 K 线　鹰嘴下有向下突破趋势

学生：上证指数果然在死亡交叉点6050点处精确回落，现在已跌到前低点附近，如何操作？

老师：上证指数前低点连线是6005点，见图中a、b箭头所示。一旦跌破（见c箭头所示），可能引起暴跌，所以，应该准备出货啦！

第 8 节

Follow Me

2007 年 10 月 18 日 · 星期四

一线止损法

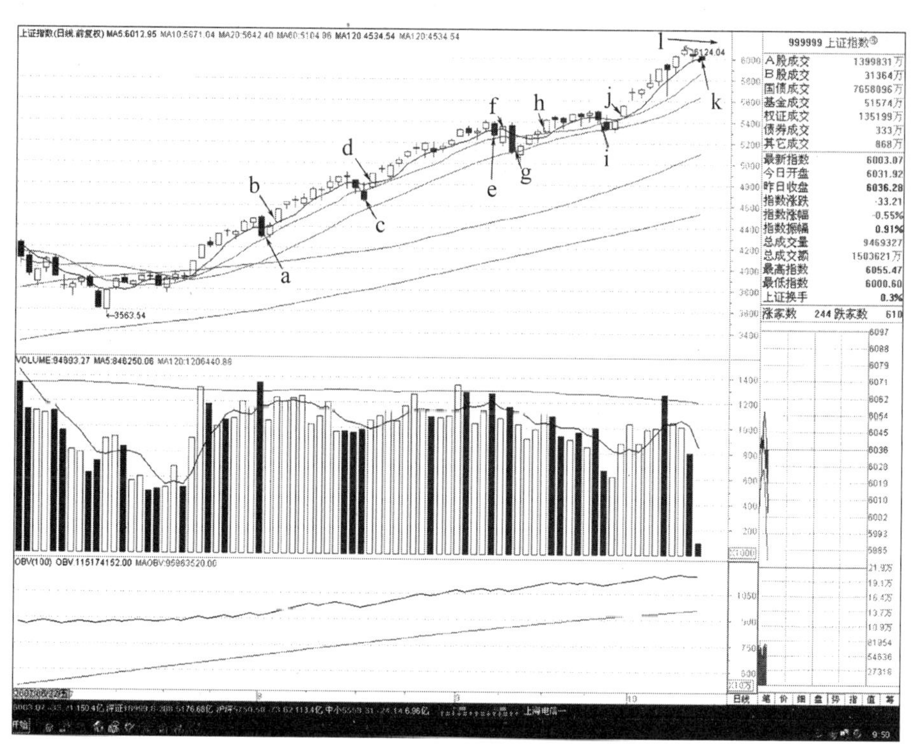

图 10180950　**上证指数一线止损法**

学生：上证指数已经跌破五日平均线，该怎么操作？

老师：现在上证指数已跌到了 6003.07 点，而 5 日平均线是 6012.95 点，确实已跌破 5 日均线。

股价从高位跌下来，必先跌破五日平均线，在这里清仓三分之一，这叫一线止损法。

再下跌，就会跌破 10 日平均线，在这里再清仓三分之一，这叫二线止损法。再下跌，就会跌破 20 日平均线，在这里再清仓三分之一，这叫三线止损法。也就是说，当股价跌到 5、10、20 日平均线以下时，你应该是全部止损了，以后无论有多大的跌势，都与你无损。要是股价又回升，只要做到涨过一条均线，回买三分之一仓位就行了。比如股价回升到 20 日平均线上，买回三分之一仓位。再回升到 10 日平均线上，再买回三分之一仓位。再回升到 5 日平均线上，再买回三分之一仓位。此时你已满仓，无论以后涨多高，你都不会踏空。

一线止损法是胆小的人使用的，他们不愿承担大风险，宁不赚也不愿赔，可小赔但不能大赔。所以，他们把止损点设在 5 日平均线。一线止损法的优点是逃得快，风险小，缺点是一惊一乍频繁操作。可以说，一线止损法是靠辛苦频繁买卖来规避风险的。

图 10180950 中 a 是卖出三分之一，b 是买回三分之一；c 是卖出三分之一，d 是买回三分之一；e 是卖出三分之一，f 是买回三分之一；g 是卖出三分之一，h 是买回三分之一；i 是卖出三分之一，j 是买回三分之一；现在是 k 卖出三分之一，准备在 l 处回到 5 日均线之上再买回三分之一。当然，如果上证指数再也爬不到 5 日均线之上时，这三分之一货币就不贬值了，达到止损效果。

现在怎么操作？卖出三分之一也！

第9节

Follow Me

2007年10月18日·星期四

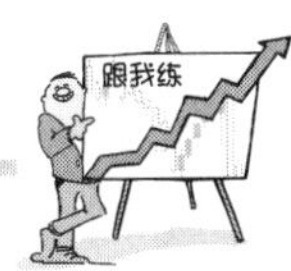

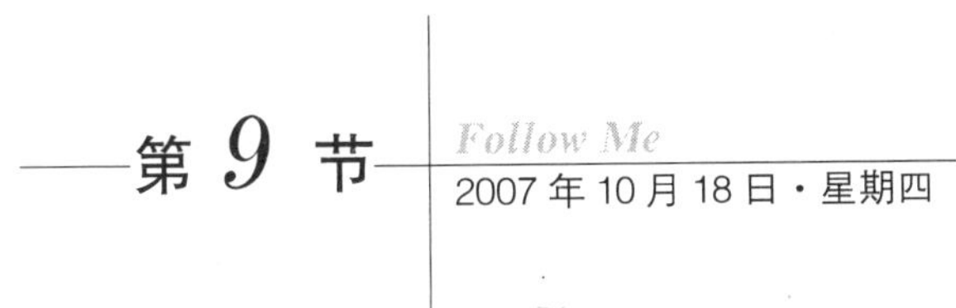

鹰嘴向下突破（1）

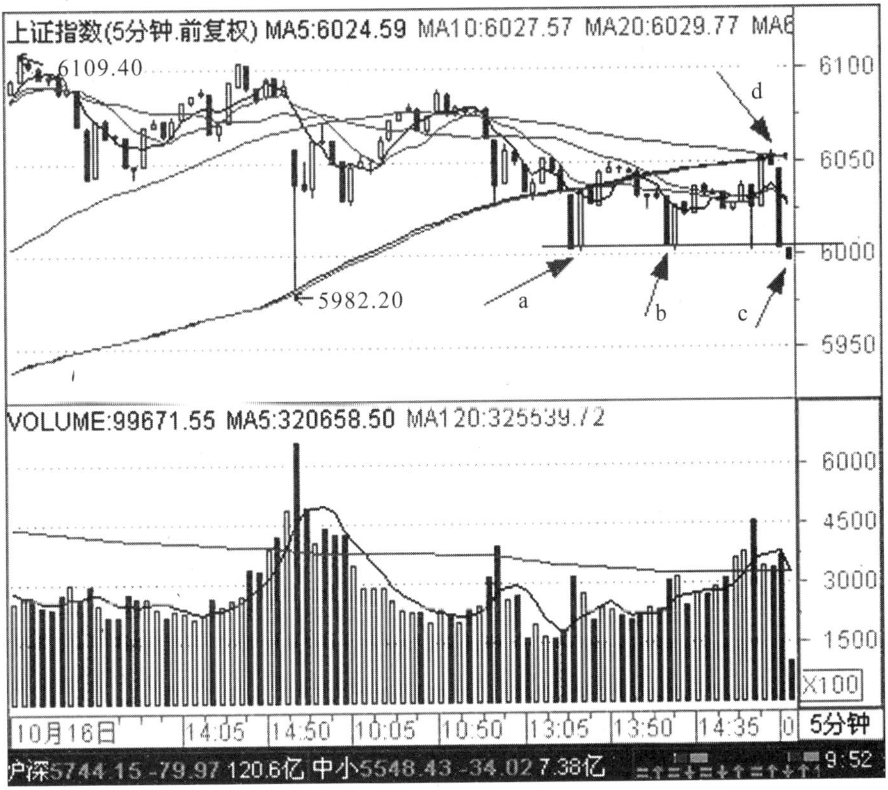

图10180951 上证指数五分钟K线 鹰嘴向下突破（1）

学生：上证指数跌到5744.15点，已经破了鹰嘴下前低点，怎么办?

老师：鹰嘴下前低点被跌破，一般是暴跌的先兆，现在要加快减仓。

第 10 节

Follow Me

2007 年 10 月 18 日 · 星期四

暴涨股易暴跌

601088 中国神华			
委比	-97.46%	委差	-2533
卖⑤	85.09		104
卖④	85.08		1
卖③	85.05		143
卖②	85.02		63
卖①	85.00		2255
买①	84.99		14
买②	84.98		12
买③	84.97		2
买④	84.95		3
买⑤	84.93		2
现价	85.00	今开	87.00
涨跌	-3.02	最高	87.50
涨幅	-3.43%	最低	84.99
总量	14.7万	量比	1.11
外盘	69516	内盘	77249
市盈	86.2	股本	199亿
换手	1.2%	流通	12.6亿
净资	3.49	收益(二)	0.49

中国神华(日线,前复权) MA5:89.30 MA10:- MA20:- MA60:- MA120:- MA120

94.88

c

68.00

VOLUME:146765.00 MA5:805335.81 MA120:-

上证指数(5分钟,前复权) MA5:6017.50 MA10:6023.28 MA20:6026.93

6109.40

a

5982.14

b

VOLUME:246631.64 MA5:330397.44 MA120:326780.34

中国神华 85.00 ▼-3.02

d

e

5982.14 -54.14 210.7亿 深证18955.8 -332.48 106.1亿 沪深5733.44 -90.68 160.7亿 中小5553.49 -28.96 9.61亿

图 10180958 上证指数五分钟 K 线 暴涨股易暴跌

学生：我有中国神华，现在每股还赚十多元，要卖吗?

老师：上证指数鹰嘴向下突破（见 b 箭头所示），已跌破昨日最低点 5982.20 点，会创新低，还有新低。大盘看空已成定局，个股做多宜谨慎。在大盘不好的形势下，原来“暴涨股易暴跌”，这是因为暴涨股中获暴利的人多，都愿意少赚一点也卖出，相互杀价价更低，最终酿成暴跌。所以大盘一旦走坏，毫不犹豫地先卖暴涨股，没错!

第 *11* 节

Follow Me

2007 年 10 月 18 日 · 星期四

鹰嘴下加速跌

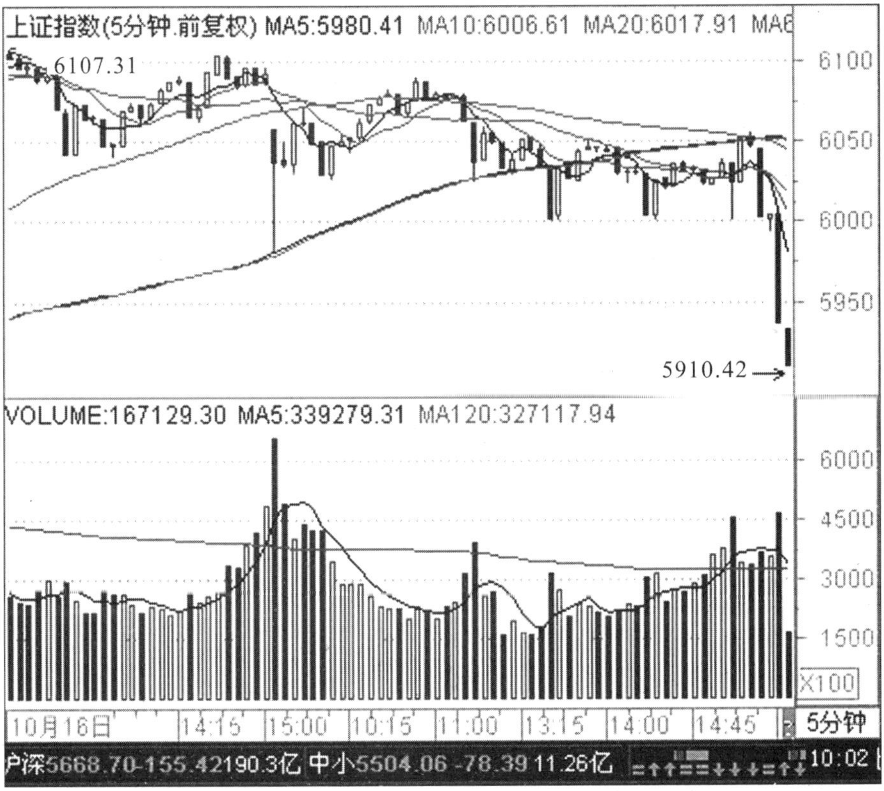

图 10181002　上证指数五分钟 K 线　鹰嘴下加速跌

学生：上证指数加速下跌，已跌破昨日最低点5982.20点，还会跌吗？

老师：鹰嘴下的跌势是最猛烈的，开盘才32分钟，已跌去155点。未来几天，都是滚滚跌势，这就是鹰嘴的厉害。

第 12 节

Follow Me

2007 年 10 月 18 日 · 星期四

大盘暴跌先避险

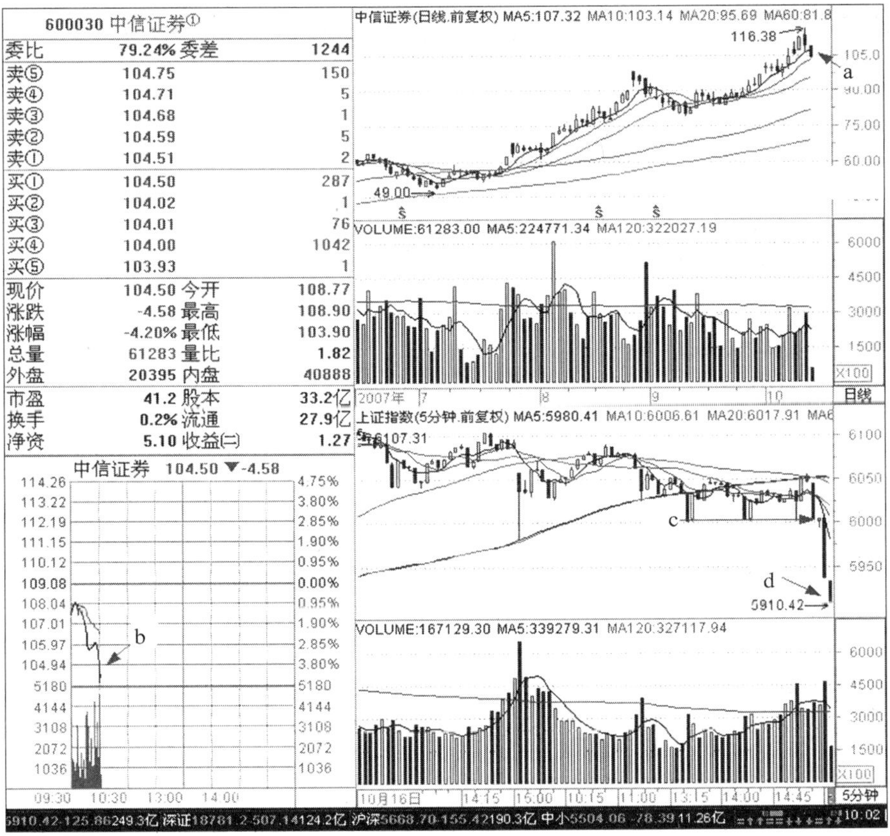

图 10181002 上证指数五分钟 K 线 大盘暴跌先避险

学生：我在50元附近满仓中信证券，现在要卖吗？

老师：上证指数向下突破c箭头所示的低点连线后，下跌速度越来越快。在大盘暴跌时，对个股的摧毁能力是很大的。个股不存在不跌的问题，区别只是多跌少跌、早跌晚跌，有的跌下去还能涨上来，有的跌下去就涨不上来了。不管怎样，短期内都有跌势，且跌幅大于买进卖出的交易费。如此说来，先卖出了再说，以规避短线风险。

a箭头所示是股价跌破了5日均线，按照“一线止损法”操作的话，现在应减仓三分之一，如果再跌破10日均线，再减仓三分之一。这是一种科学的止损方法，严格执行才能规避风险，利润最大化。d箭头所示是上证指数“顶紧右下角”，有很强的下跌能量。过去一段时期中涨幅甚大的个股，尤其要谨慎。

第 13 节

Follow Me

2007 年 10 月 18 日・星期四

大三角向下突破

图 10181005　上证指数五分钟 K 线　辰州矿业大三角向下突破

学生：我是 65 元满仓的辰州矿业，80 元未卖，最近一直下跌，该怎么操作？

老师：a 箭头所示是放量下跌，b 箭头所示是股价跌破了巨大的三角形。这个个股在 9 个交易日前跌破了 5、10、20 日均线，按三线止损法，早应卖完空仓了。今天卖有点迟了，但还来得及。因为大三角向下突破后，其跌幅是“大三角”的高度，即 80 元－60 元＝20 元。现在辰州矿业是 64.84 元，减去“大三角”的高度 20 后，即 44.84 元。辰州矿业要跌到 44.84 元，你信吗？

第 14 节

Follow Me

2007 年 10 月 18 日·星期四

假突破的止损（1）

图 10181139 上证指数五分钟 K 线 西部矿业假突破的止损（1）

学生：我在 a 箭头所示处以 60 元买入西部矿业，当时以为是放量冲过高点连线。不知是大盘暴跌还是其他原因，西部矿业涨到 68.50 元就调头向下，见 b 箭头所示。现在西部矿业只有 55.19 元，我套牢了，怎么办?

老师：在 a 箭头所示处是很容易认为是放量向上突破。在 b 箭头所示处，没创新高就是不妙。然后每跌破一条均线应减三分之一仓，当股价下破 5、10、20 日均线时应分别三次减仓，全部卖完。c 箭头所示处还有一条 60 日平均线，一旦跌破，就应彻底放弃该股。

第 15 节

Follow Me

2007 年 10 月 18 日 · 星期四

五线顺下开跌

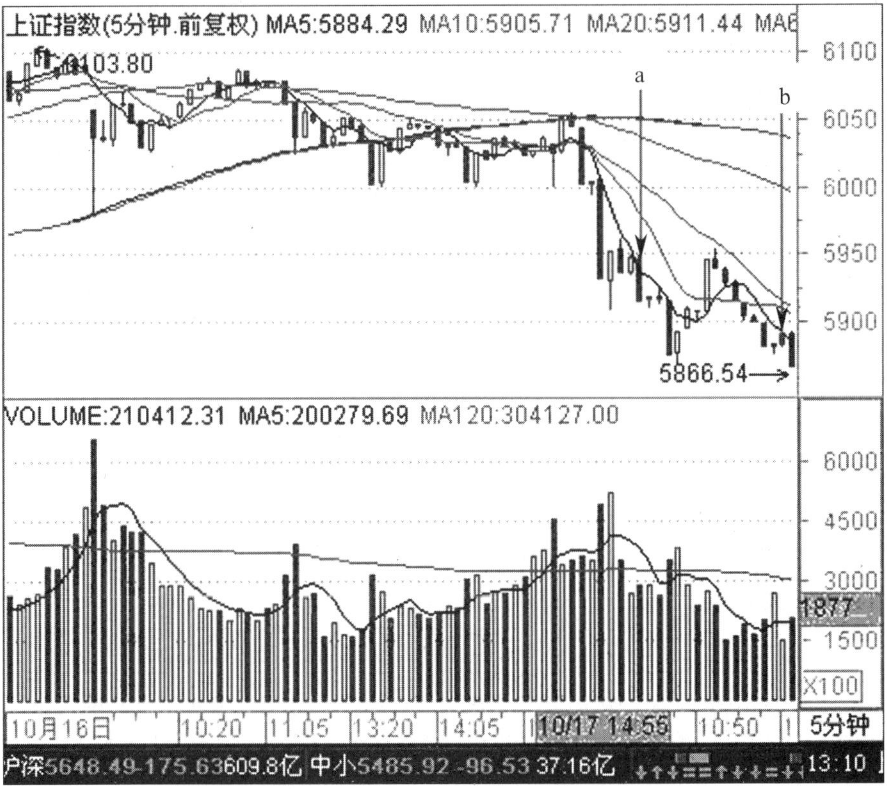

图 10181310 上证指数五分钟 K 线 五线顺下开跌

学生：今天上证指数已跌去 175.63 点，是不是要反弹了？

老师：在这个位置上，上证指数不会反弹而会更加下跌。“鹰嘴”下是个很要害的位置，它会出现 120 线的圆弧顶。a 箭头所示处，已能看出 120 线的极大值，即圆弧顶。从此 120 线开始下滑，同时 60 线也在下滑。a 箭头所示处，5、10、20、60、120 五条平均线顺着同一方向下跌，这叫“五线顺下”。一旦出现“五线顺下”的形态，就会开始下跌，所以叫“五线顺下开跌”。b 箭头所示是第二次出现“五线顺下开跌”形态，强化了下跌趋势。所以，现在不是跌多了会反弹的问题，而是进一步加速下跌的问题。

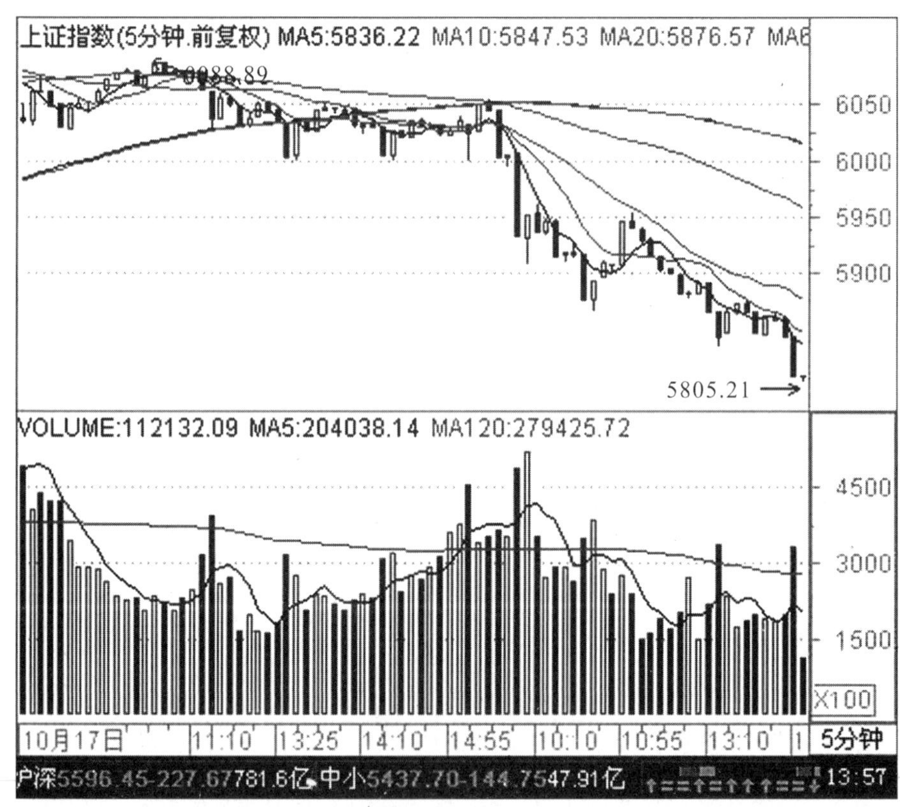

图 10181357　上证指数五分钟 K 线　五线顺下开跌

学生：天哪！上证指数已跌了 227 点，会反弹吗？

2007 年 10 月 18 日 · 星期四

第 15 节 五线顺下开跌

老师：上午有过一次反弹，在 20 线就受阻回落，那是一次很好的出货机会。反弹后，很快又是“五线顺下开跌”，展开了新的跌势。跌多了，可能会有反弹，但反弹高度有限，一般到 20 线，最多到 60 线就回落。现在不是抢反弹做差价的时候，而是想方设法出货。

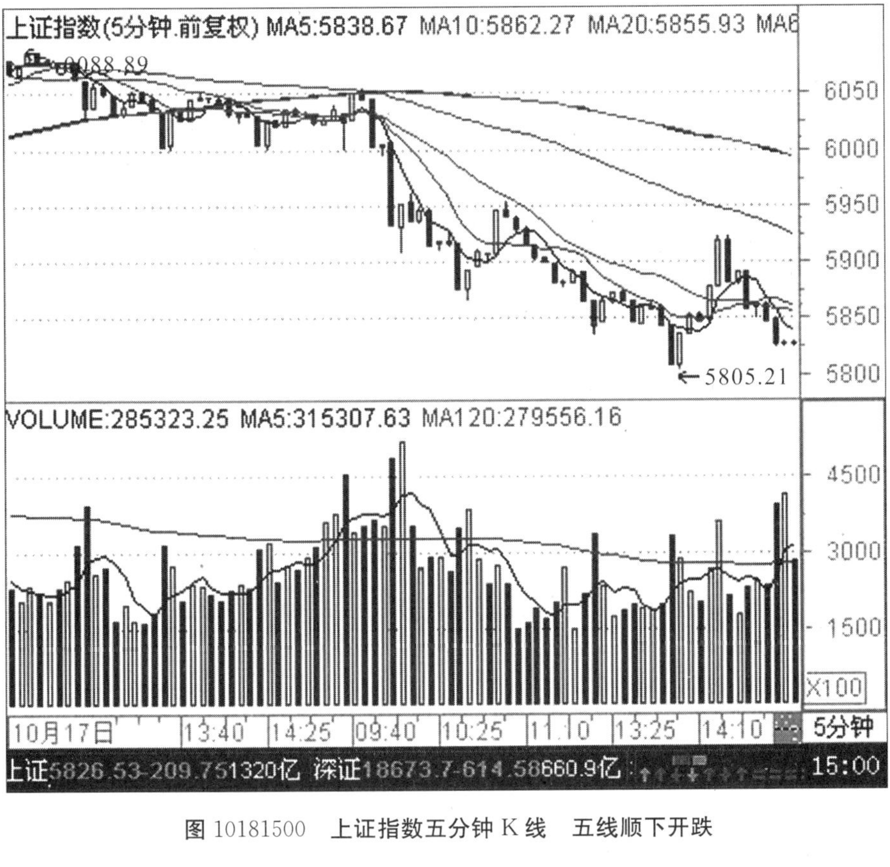

图 10181500　上证指数五分钟 K 线　五线顺下开跌

学生：收盘前一小时，果然发生了一波反弹，在 60 线附近受阻回落，我在那里全部清仓，不知对不对？

老师：对的！逢反弹就出货，出货了就别进货了。大盘不好，多做多输、少做少输、不做不输。

第16节

Follow Me
2007年10月18日·星期四

假突破的止损（2）

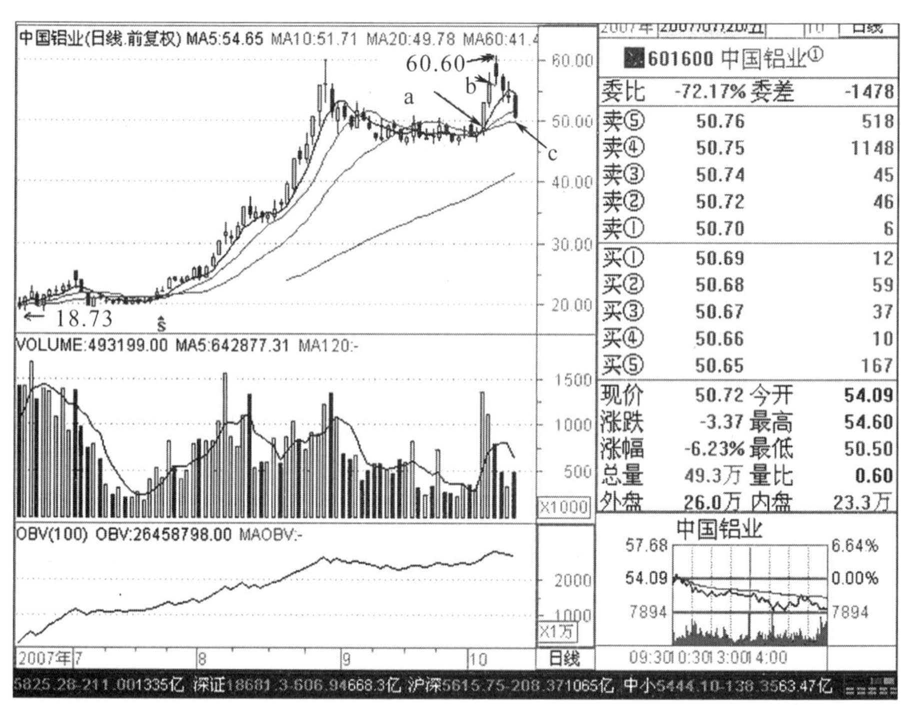

图10181615　中国铝业假突破的止损（2）

学生：我是在50元处买的中国铝业，见a所示，当时以为是放量过前头。到60元时未及时出货，结果下跌四天，现在只有50.72元，请教如何

是好？

老师：按照“二线止损法”，你现在要卖出两个三分之一库存。当跌破20日平均线49.78元时，再卖三分之一库存。这种“三线止损法”能保证我们不踏空、不套牢，必须严格执行。

第 17 节

Follow Me
2007 年 10 月 18 日 · 星期四

四连阴下破五日均线

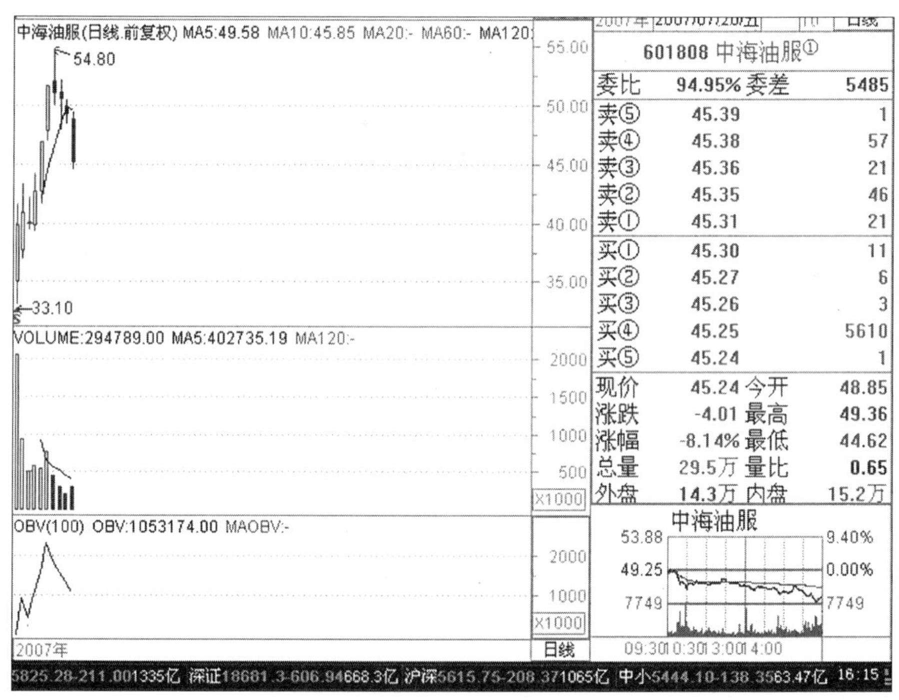

图 10181615 中海油服 601808 四连阴下破五日均线

学生：我在 40 元附近买了 2000 股中海油服，怎么操作好？

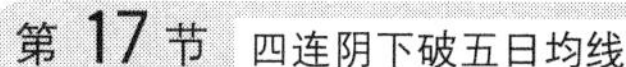

第17节 四连阴下破五日均线

老师：当大盘不好时，原来暴涨过的个股，如果连续拉 n 根小阴线，有可能是庄家在连续出货，最终拉出长阴线向下突破。向下突破的明显标志是跌破 5 日平均线。图 10181615 中海油服是在 3 条小阴线后拉出长阴，基本上判定庄家已出走，股价已泄气。那么，持有中海油服还想干什么？没庄的个股是根草，拿着等于拿稻草，中海油服 54.80 元可能是一两年内的天价了。

第 18 节 Follow Me 2007 年 10 月 18 日 · 星期四

上证指数二线止损法

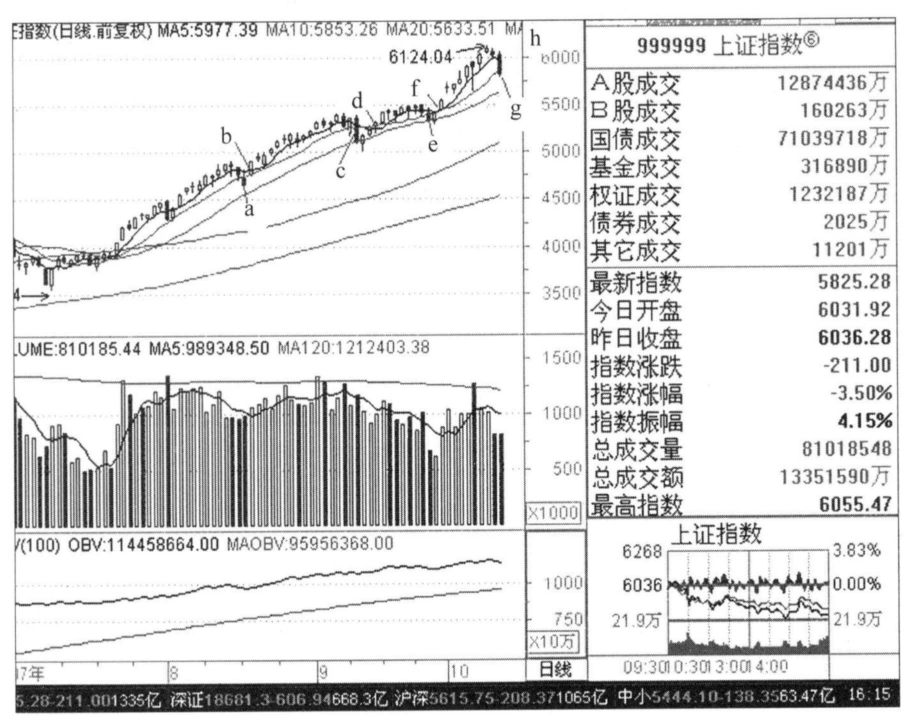

图 10181615　**上证指数二线止损法**

学生：今天上证指数跌了 211 点，算是暴跌了，明天该怎么办？

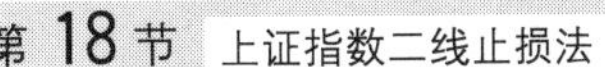

第18节 上证指数二线止损法

老师：上证指数10日平均线是5853.20点，而今日收盘指数是5825.28点，10日平均线已被跌破。今天上证指数跌幅之大，算得上是暴跌。一轮大牛市过渡到大熊市时，往往用一根长阴线作转折。“二线止损法”是一种既灵敏又稳定的止损法，被广泛采用。它的原理是跌破10日均线再减仓三分之一，但股价爬上10日均线时，再补仓三分之一。当然，“跌破10日均线”或“爬上10日均线”是以收盘价为准的，也可以用“三三过滤法”确定。图10181615中，a点减仓两个三分之一，b点补仓两个三分之一。c点减仓两个三分之一，d点补仓两个三分之一。e点减仓两个三分之一，f点补仓两个三分之一。g点减仓两个三分之一，未来当上证指数爬上5日均线时，在h点再补仓两个三分之一。显然，“二线止损法”比“一线止损法”少操作一两次，但也能确保不踏空、不套牢。

第19节 Follow Me

2007年10月19日·星期五

下边带

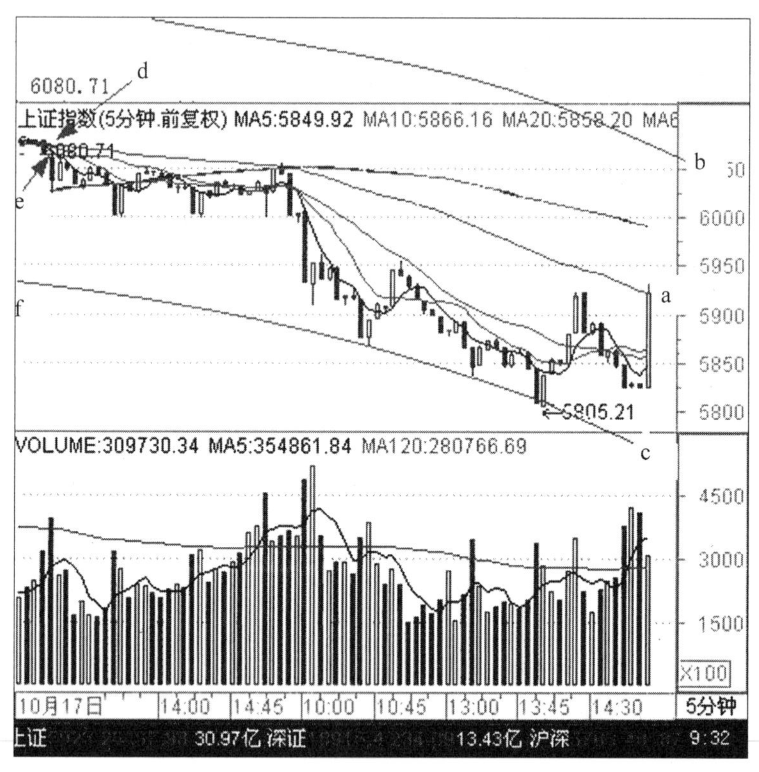

图 10190932　上证指数五分钟 K 线　下边带

学生：今日开盘才两分钟，上证指数就涨了 97 点，是不是又有大行情了？

第19节 下边带

老师：图10190932中，e箭头所示是上证指数6080.71点，上证指数在此跌破60线后，一路下跌。这种跌势有没有规律呢？有！我们看e箭头所示至a处是60日均线，当然是一条弧线。把这条弧线向上平移一个距离，比如平移150点，形成d—b弧线，我们把e—a与d—b两条弧线之间的带宽称为“上边带”。同样，把e—a弧线向下平移150点，形成f—c弧线，我们把e—a与f—c两条弧线之间的带宽称为“下边带”。我们发现上证指数在下跌过程中，运行在“下边带”中，很少进入“上边带”。这个规律成立的话，那么现在上证指数冲击到“下边带”的上轨时，应该受阻回落。在弧线没有向上弯曲时，我们根本不用去想会发生什么大行情。在本图中，e箭头所示的上证指数跌破60平均线6080.71点，是很重要的“转折点”信号，即上证指数由上升行情转折到下跌行情。

第 20 节

Follow Me
2007 年 10 月 19 日 · 星期五

牛熊转折点

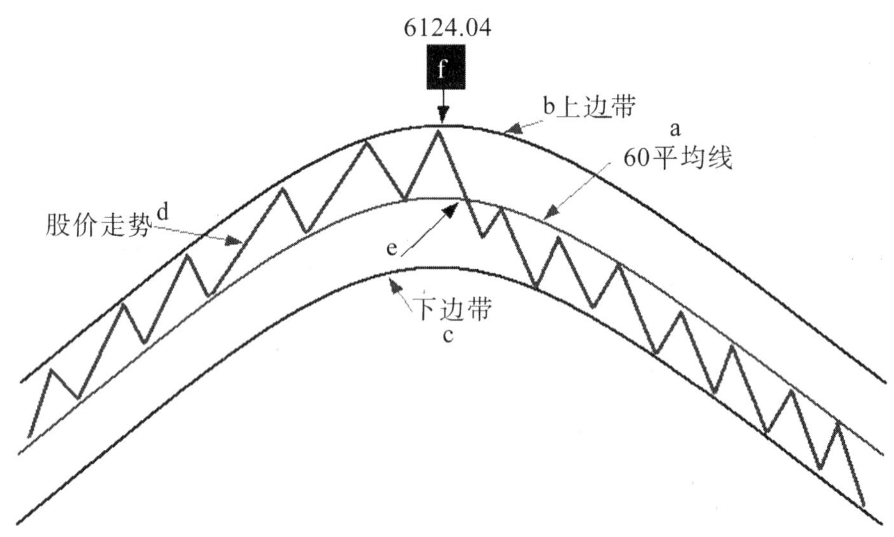

图 10190933　上证指数五分钟 K 线　牛熊转折点

学生：关于“转折点”信号，能不能讲得更详细一些？

老师：图 10190933 是一波上升行情与一波下跌行情，中间有个“转折点”，即 f 箭头所示处。图中有三条弧线，e 箭头所示是中位线（一般把 60 线作为中位线）。c 箭头所示是下边带，b 箭头所示是上边带。三条弧线的最高点就是 f 箭头所示的“转折点”。d 箭头所示是股价走势，我们可以发

现，在股价上升时，它走的是上边带。而在股价下跌时，它走的是下边带。假如这个规律成立的话，那么股价走势是从什么时间、什么位置上，从上边带走到下边带来的呢？就是 e 箭头所示的跌破中位线的时间、位置上，从上边带走到下边带来的。假如这个规律成立的话，我们只要找到 e 箭头所示的跌破中位线（一般取 60 线为中位线），转折点就找到了。假设 6124.04 点是 f 箭头所示处，e 箭头所示是跌破 60 线的 6080.71 点，那么我们就应该认识到，上证指数的牛市上升行情已转折到熊市下跌行情。综观上证指数的历史，股价走势确实存在着“上边带”、“转折点”、“下边带”的规律。也就是说，我们只要找到 e 箭头所示的牛熊转折点，我们就能在股价头部准确地全身而退，避免套牢的噩运。

第21节

Follow Me

2007年10月19日·星期五

金　　芽

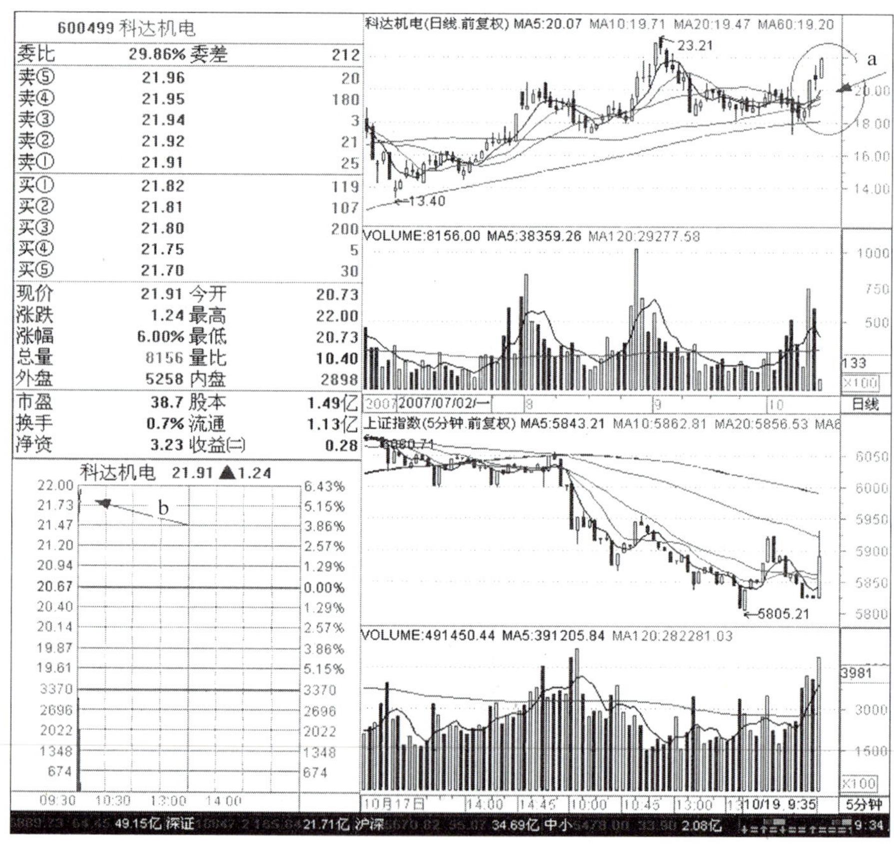

图 10190934　上证指数五分钟K线　科达机电 600499　金芽

学生：b箭头所示600499科达机电快速上升，能买吗?

老师：可以买。这是典型的“金芽”形态，有涨的可能。我们把5日、10日平均线黄金交叉称为“金叉”。把5日、10日、20日、60日和120日平均线多头排列称为“黄金排列”。出现“黄金排列”时，股价已经涨高了。于是我们就寻找“黄金排列”的源头，就像一根树枝是由一个萌芽而长成那样，“黄金排列”也有萌芽状态，它就是“黄金萌芽”，简称“金芽”。

“金芽”由5日、10日、20日、60日和120日平均线“金叉”或“五线顺上”形成，但股价涨幅又不大。当然，“金芽”只是从形态上确认该股可能会涨，至于到底能不能涨?能涨多少?还得分析该股的基本面资料。

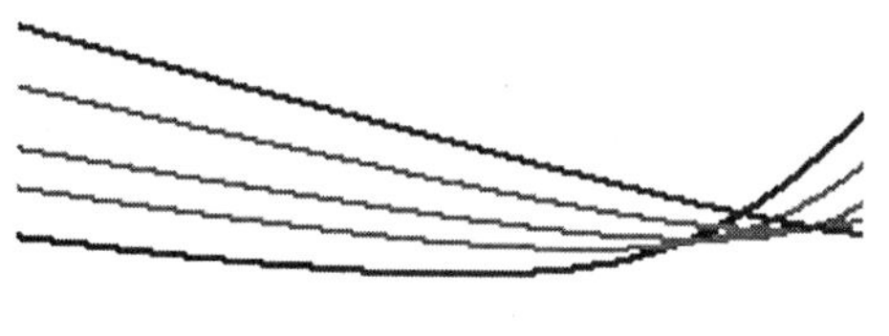

五线交叉的“金芽”

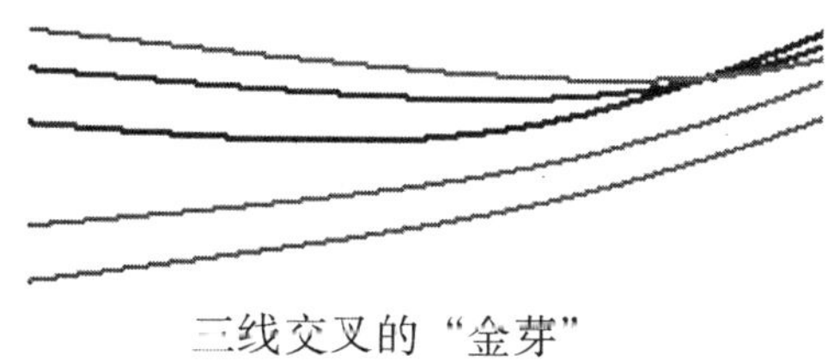

三线交叉的“金芽”

图 10190935 **“金芽”**

有资料显示：

过去3年我国建筑陶瓷机械装备市场以年均33%的速度递增，市场容量两年翻了近一倍，预计未来3年增长率仍将保持在30%以上。具备和国际巨头竞争的潜力，出口空间巨大。募资项目中的新型节能环保墙材料能够替代进口，并可享受多项财政和税收优惠。储备的煤气化能源循环利用项目将是未来的利润增长点。此外，一旦一方制药成功上市，公司可获得巨额一次性转让收益。主要不确定因素：股权激励授权日确定；钢材、重油等原材料价格波动；房地产行业景气度。过去3年我国建筑陶瓷机械装备市场以年均33%的速度递增，年销售总量由2004年的45亿元猛增至2006年的80亿元，市场容量两年翻了近一倍，预计未来3年该行业年均增长率也将在30%以上。该行业集中度非常高，以科达机电（600499）、恒力泰为代表的一线陶瓷装备供应商在陶瓷装备技术领域全面接近或赶超世界水平，成了拉动中国建陶产业发展的主导力量。公司是国内唯一可以提供整套陶瓷机械设备的供应商，主要产品为压机、窑炉、抛光线等瓷砖生产线上附加值较高的产品，生产周期各为4个月、6个月、45天。具体来看，公司抛光线国内市场占有率为60%，多位24头和36头系列产品，由于产品节能效果显著，比同类产品价格高四分之一至三分之一。大吨位压机（3000吨以上）产品市场占有率为45%以上，毛利率在27%－28%左右，由于近几年需求旺盛，公司还在去年年底提价了5%。压机方面，目前公司已研制出全球最大的7800吨的压机（单价接近400万元/台），在今年7月新上一条压机生产线的基础上，压机最新总产能达200－250台左右。募资项目——大吨位压机扩产项目准备将压机产能提高到350台/年，2008年预计可生产300台左右。窑炉产品方面，公司由于2005年才开始进入，产能不足，目前年产20台，募资项目准备把产能扩充到80－100台，2008年可陆续投产。公司在上述产品上的主要竞争优势在整体工艺参数的设计和节能指标方面，通常公司产品比同类产品节能15%－20%左右。这一方面得益于多年来的人才队伍建设和培养，技术骨干很多来自江西景德镇陶瓷研究所；另外公司拥有一条完整的瓷砖生产线，运行成本每天只有8万－10万元，相比普通瓷砖生产企业30万元/天的成本低很多，这为公司进行技术研发和创新提供了优良的平台。公司压机在国内的竞争对手主要是佛山的恒力泰公司，该公司主要生产3000吨以下的中小吨位压机，去年刚刚改制，经营尚未走上正轨。应该说，公司三种系列产品真正意义上的竞争对手是全球建筑陶瓷机械龙头意大利的萨克米（SACMI），

2006 年萨克米的产值为 6.95 亿欧元，占到了全球市场份额的二分之一。2006 年科达机电陶机销值占国内陶机总产量 80 亿的 10%以上。中国制造的实力在国际陶机装备市场上已是事实，巨大的市场需求、迅猛的发展势头和自身综合实力的提升，给中国企业尤其是具有整线工程实力的科达机电提供了广阔的市场前景，仅是替换意大利制造就有 15 亿美元的市场潜力，而近几年出口的增长更是迅速。公司募资项目中新建加气混凝土砌砖/板材（填充用）成套生产线和蒸压粉煤灰砖（承重用）生产线属于节能环保型产业，建设期 2 年，建成后形成新建加气混凝土砌砖/板材成套生产线 35 套、蒸压粉煤灰砖生产线 55 套的生产能力。如果按照目前每年新增 10000 亿标准块砖来保守计算，到 2010 年如果新型墙体材料全部采用加气混凝土砌砖和蒸压粉煤灰砖，则需加气混凝土砌砖和蒸压粉煤灰砖 6500 亿标准块，按照 1 条生产线年产 20 万立方米、售价 250 万元计算，则市场容量为 118.85 亿元。目前能够提供该生产线的供应商主要是德国的海斯，该公司只租不售，2006 年租金收入为 7000 万－8000 万元。公司从 2006 年开始研制新型墙体材料成套设备，目前已攻克了新型墙体材料成套设备的技术难关，部分产品已小规模投入试生产。该产品市场空间巨大，同时所用原料电厂煤灰、矿山矿渣成本低廉，也符合国家节能环保政策的鼓励条件，可以享受多项财政和税收优惠。陶瓷生产线的窑炉所用燃料主要为重油、水煤浆等，耗能大，成本高，公司聘请了一位资深技术专家，通过煤气化技术提供新型的节能、燃烧值高的燃料替代重油和水煤浆，同时窑炉产生的余热可收集用来发电，实现了能源的充分循环利用，节能 30%以上，该专家以此项技术专利作为股本入股公司新成立的能源公司，目前该项目正在积极进行当中，下游瓷砖生产企业对该储备项目非常看好，纷纷表示只要该项目通过验收批量生产，一定会积极采购。

图 10191412 **上证指数五分钟** K **线 川投能源** 600674 **金芽**

学生： 600674 川投能源走得挺强劲，能不能买？

老师： 能买。图 10191412 中 b 箭头所示是分时走势与均价线透气，这是有人在收集筹码。a 箭头所示是三线交叉的“金芽”，正在接近前头部。今天三小时成交量较大，观察前三个月，阳量大于阴量，说明庄家悄然建仓已有一段时间。现在是拉高吸货，收盘前可能向上突破。下面是该股的基本面资料。

600674 川投能源是四川省投资集团旗下唯一上市公司，近期公司股东

大会批准非公开发行不超过1.45亿股份，募集资金主要用于收购川投集团持有的田湾河公司60%的股权及田湾河项目的后续资本金投入，优质资产的注入将使公司更具成长性。公司成功控股了双龙光通信75%的股权，大举介入光通信领域，从而拥有了涵盖光纤、光缆、光器件、XDSL宽带接入设备等一条龙的完整的产业链，具备了年生产各类光缆50万芯公里的能力。组建成都信息港有限责任公司，将作为成都市信息基础管线集约化建设的承建单位，有利于该公司快速发展并为公司创造良好效益。投资2.37亿元置入国电大渡河流域开发公司10%股份，2005年实现了2004年3200万元的现金股利；投资1.4多亿元控股组建四川彭州凤鸣桥电力有限责任公司；置入四川嘉阳电力有限责任公司95%股份。与四川巴蜀电力开发公司、四川西部能源股份有限公司共同组建四川巴蜀江油燃煤发电有限公司，新公司注册资本为2亿元，第二台机组于1月5日结束吹管，即将进入整套启动，并网发电阶段。控股50%的成都交大光芒实业有限公司，注册资本3000万元，主营开发、生产工业、铁路自动化控制设备等。风险提示：公司的总资产、净资产、控股的电力装机规模均较小。电力供需形势总体上将由紧张趋于缓和，随着发电装机规模的增长，发电设备利用小时数可能下降，同时公司参、控股火电企业还将面临电煤价格上涨及环保设备投运等因素的影响，将直接导致企业生产成本增大。

田湾河梯级水电站是川投集团在建资产质量最好的电力项目之一，川投集团最初持股80%，2006年11月川投能源已经向川投集团收购了田湾河开发公司20%股份。而此次定向增发完成后，川投能源将拥有田湾河开发公司80%的股权，实现绝对控股。由此，川投能源的可控电力装机容量将从目前的13.8万千瓦增加到近90万千瓦，同比增长5倍以上，电力资产占总资产的比例超过90%，规模、效益和抗风险能力将得到大幅提高。公司预计，随着2008年6台机组全面建成，田湾河公司的盈利能力将大幅提升，公司所持股权对应的投资收益也将大幅增长。公司在加强主营业务的同时，还大举介入光通信领域。公司成功控股了四川长飞双龙光纤光缆有限公司75%的股权，从而拥有了涵盖光纤、光缆、XDSL宽带接入设备等一条龙的完整产业链，具备了年生产各类光缆50万芯公里的能力，其光纤、光缆等产品在电信网络建设中得到广泛应用，使得公司具有典型的

IPV6 题材，并获得信息产业部、广电总局、总参通信部的进网许可证书。同时公司还投资组建成都信息港，积极进军网络产业，全权负责成都市范围内的信息化基础管线和光缆的集约化建设、维护工作等。随着铁路电力自动化系统和轨道交通市场将随着全国铁路的提速和铁路运营里程、电气化里程的增加，以及城市化建设进程的加快而有较大的市场空间，尤其是公司控股 50%的成都交大光芒实业公司主营铁路自动化设备，随着我国经济的飞速发展，对铁路的需求不断增大，因而铁路设备制造行业景气度极佳，这将为公司带来巨大投资收益。

第22节 Follow Me
2007年10月19日·星期五

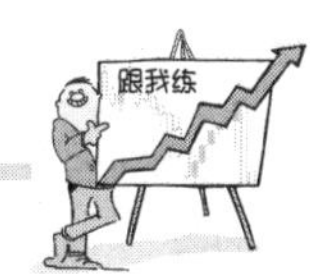

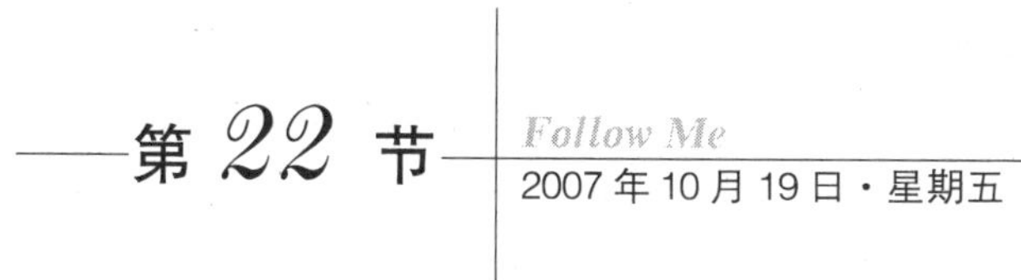

两死叉见顶

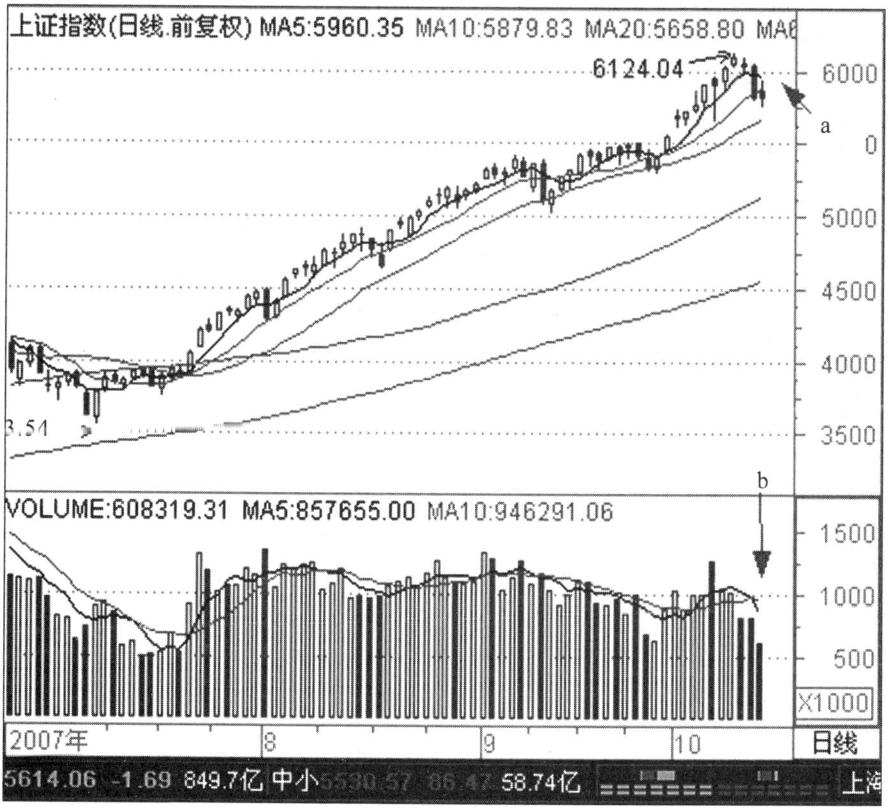

图 10191500 上证指数日K线 两死叉见顶

学生：上证指数已下跌三天了，是不是回档结束该涨了？

老师：上证指数正在走弱，恐怕还有进一步的下跌。a箭头所示是5日、10日均线有死亡交叉的趋势，而b箭头所示的成交量均线已出现死亡交叉，这是比较可怕的“两死叉见顶”形态。“三死叉见顶”是《短线是银》图书的一大发明，这几年被许多炒股书转载，可见受欢迎的程度。经过这几年观察，我认为“三死叉见顶”中的MACD死亡交叉可以简化掉，只要价均线、量均线“两死叉”就足以预测跌势。在一波大的上升行情中，会出现几次“两死叉见顶”的形态，每次都会出现局部跌势，即牛市中的回档行情。但最后一个“两死叉见顶”的形态就不是回档了，而是确确实实的顶部。回避每一个“两死叉见顶”，是短线客的任务，回避最后一个“两死叉见顶”是长、短线客共同的任务。随着上证指数的屡创新高，累计涨幅已大，这时，尤其要防范最后一个“两死叉见顶”。一旦最后一个“两死叉见顶”出现，很可能伴随着暴跌。当然，即使到了上证指数的头部，个股行情也会有的，只是牛股的数量少了，炒作的风险大了。

第 23 节

Follow Me

2007 年 10 月 22 日 · 星期一

开盘急跌操作法

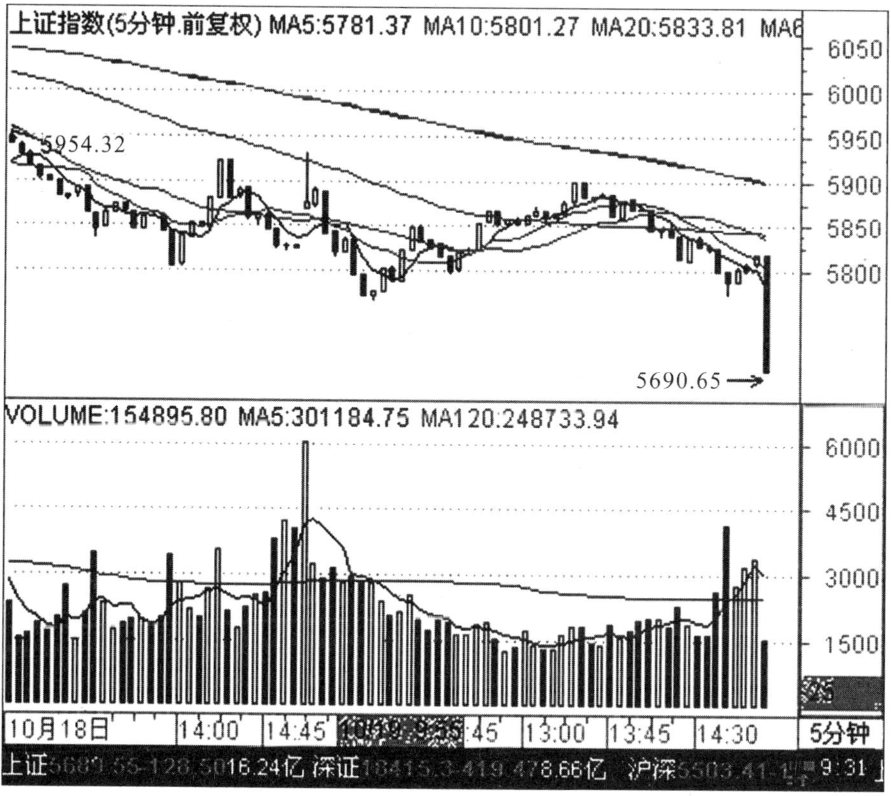

图 10220931－1 上证指数五分钟 K 线 开盘急跌操作法

学生：天哪！开盘一分钟上证指数就下跌了128点，怎么办？

老师：开盘急跌不要强行卖出股票，其实这时想卖也卖不出去，即使卖出，也是很低的价格。这时要回避一下，等待恐慌性杀跌盘穷尽时，就会发生强烈反弹。可以等待反弹的顶部及时出货。当然，这种暴跌中别去买进股票，因为反弹虽然会发生，但高度有限。今天的最低价，明天的最高价，很难有赢利。

威胁 20 均线

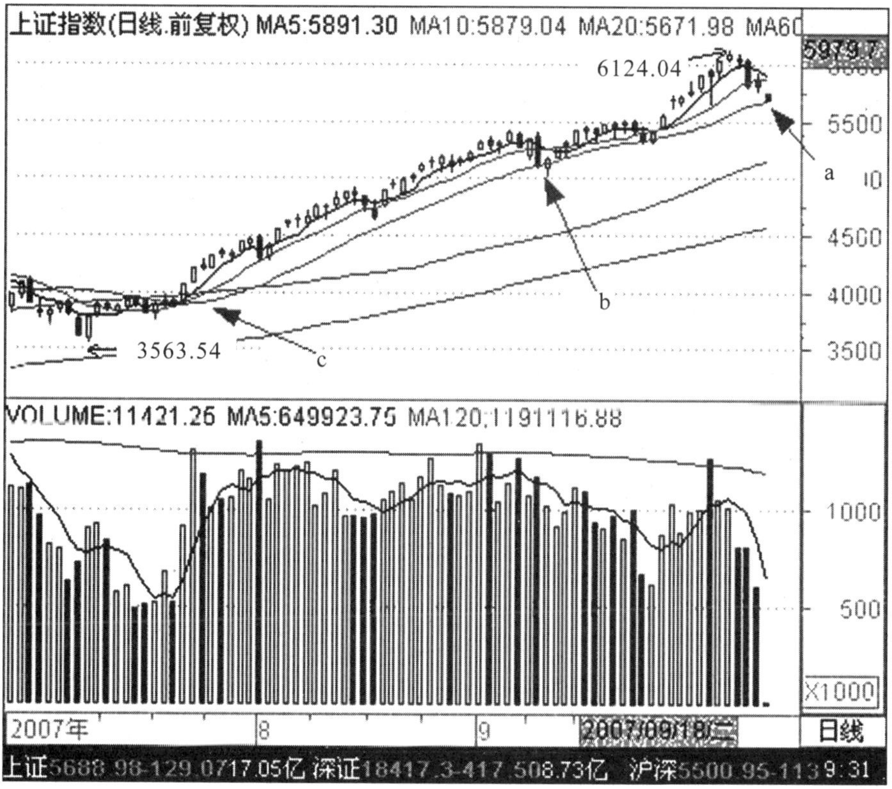

图 10220931—2　上证指数日 K 线　威胁 20 均线

学生：上证指数已跌到 5688 点，离 20 日平均线 5671 点仅差 17 点，看来 20 日平均线是保不住了，老师你说呢?

老师：上证指数已经威胁到 20 日平均线，这应引起我们充分的警惕。上证指数从 c 箭头所示处上涨，那里是 4000 点附近。到 6124 点整整涨了 2100 点，这其中只有两次威胁 20 日平均线。一次是在 b 箭头所示处有过瞬间下破 20 日平均线，然后就是这次逼近 20 日平均线。假如未来上证指数下破 20 日平均线达到三天，跌幅大于 3%，就是有效跌破 20 日平均线，指数将下一个台阶。

第 25 节 Follow Me 2007 年 10 月 22 日 · 星期一

七线顺下必跌

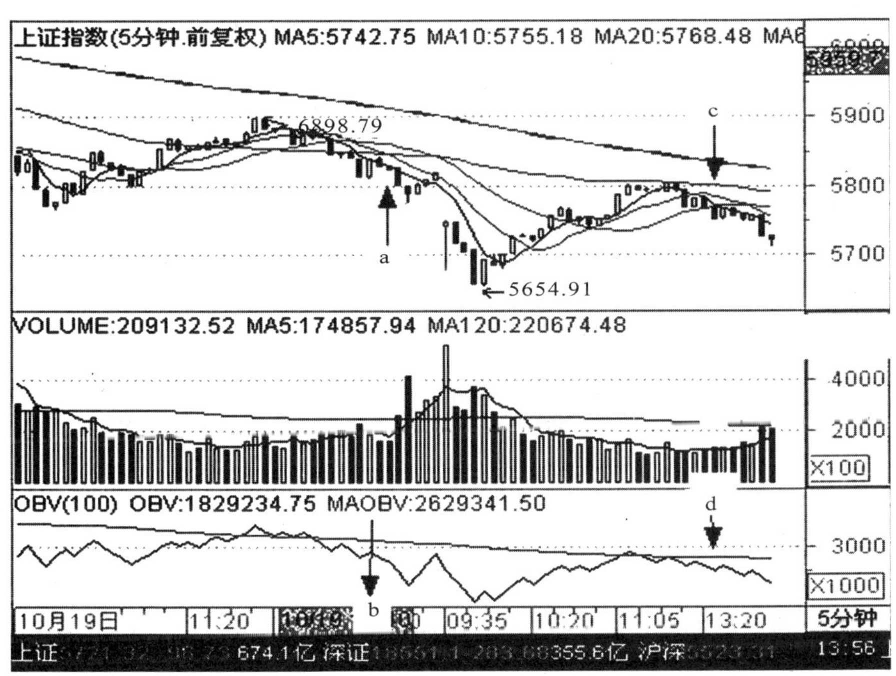

图 10221356 上证指数五分钟 K 线 七线顺下必跌

学生：上午开盘时上证指数急跌到 5654 点，按照“开盘急跌操作法”我没出货。刚才果然出现反弹，上证指数在 5800 点横盘了近半小时，见 c 箭头所示，我在那里出货清仓啦！就这个反弹，上证指数涨了 150 点，我的个股多涨了三万多元。现在我想问：上证指数还会跌多少点？

老师：上证指数肯定还要跌，精确地说要跌多少点，要跌起来才知道。有一种形态叫“七线顺下”，这是必跌无疑的形态。a 箭头所示是 5、10、20、60、120 价格平均线顺着一个方向向下，这是“五线顺下”形态。b 箭头所示是 OBV 能量潮和能量潮 100 个单位的均线向下，这是能量潮“两线顺下”。a 箭头所示和 b 箭头所示一共是“七线顺下”，这是上周五收盘前半小时的形态，怪不得今天开盘就暴跌。c 箭头所示和 d 箭头所示又是“七线顺下”形态，估计还有一波跌势。

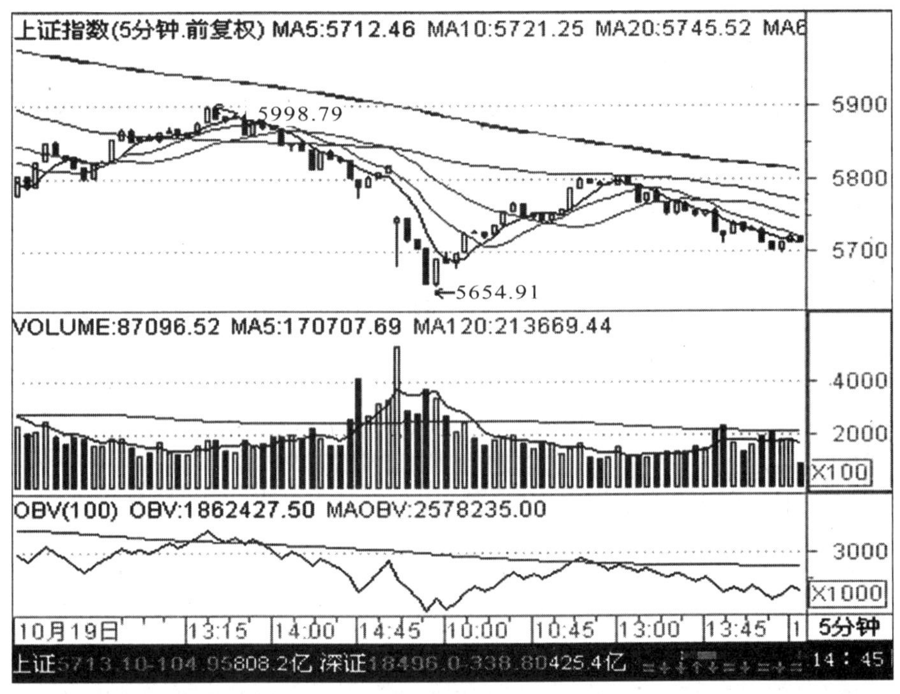

图 10221445　上证指数五分钟 K 线　七线顺下必跌

学生：上证指数在“七线顺下”后，果然又跌到前低点附近了。

老师：还会跌。

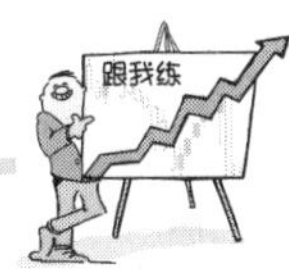

第 26 节

Follow Me

2007 年 10 月 22 日 · 星期一

三线止损法

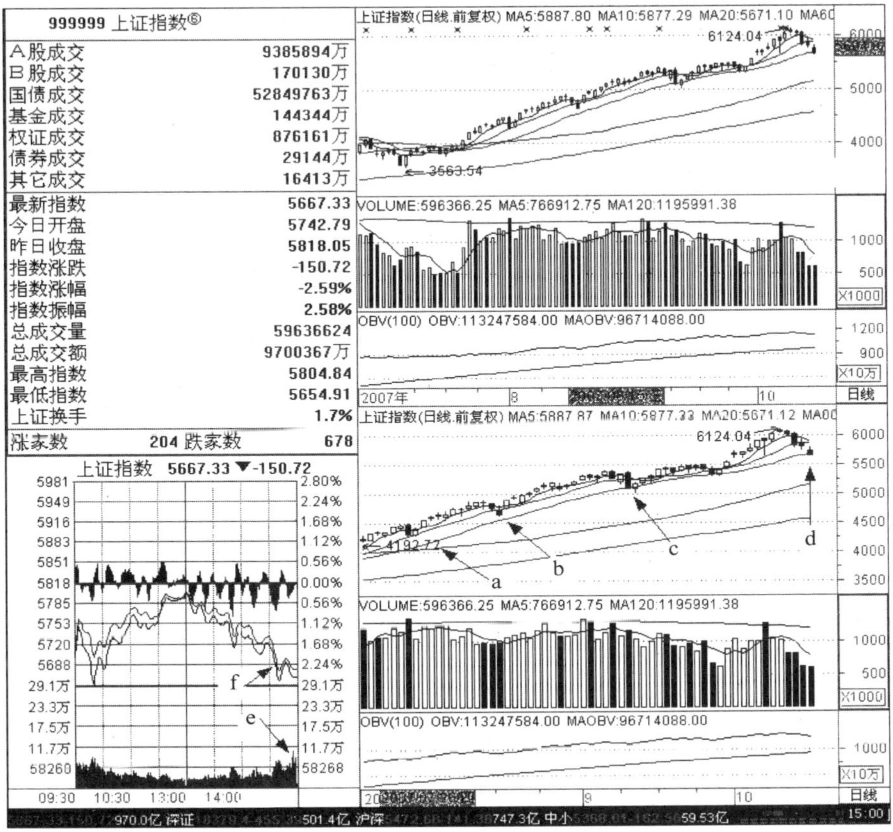
999999 上证指数
A股成交 9385894万
B股成交 170130万
国债成交 52849763万
基金成交 144344万
权证成交 876161万
债券成交 29144万
其它成交 16413万
最新指数 5667.33
今日开盘 5742.79
昨日收盘 5818.05
指数涨跌 -150.72
指数涨幅 -2.59%
指数振幅 2.58%
总成交量 59636624
总成交额 9700367万
最高指数 5804.84
最低指数 5654.91
上证换手 1.7%
涨家数 204 跌家数 678
上证指数 5667.33 ▼-150.72
上证指数(日线,前复权) MA5:5887.80 MA10:5877.29 MA20:5671.10
6124.04
3563.54
VOLUME:596366.25 MA5:766912.75 MA120:1195991.38
OBV(100) OBV:113247584.00 MAOBV:96714088.00
上证指数(日线,前复权) MA5:5887.87 MA10:5877.33 MA20:5671.12
4192.72
a
b
c
d
e
f
09:30 10:30 13:00 14:00
日线

图 10221500　**上证指数日 K 线　三线止损法**

学生：上证指数在收盘前有猛烈的跳水，见 f、e 箭头所示，明天会怎样？

老师：上证指数从 6124 点开始跌，连破 5 日均线、10 日均线，今日破了 20 日均线，到今天的 5667 点，累计跌去 457 点，这个跌幅已经很大了。从 7 月 20 日上证指数上穿 60 均线，大约是 4000 点附近（a 箭头所示），到 6124 点的过程中，上证指数还是第一次以收盘价跌破 20 均线，见 d 箭头所示。b 箭头所示并没有跌破 20 日均线，c 箭头所示只是盘中瞬间下破 20 日均线，收盘指数并未破 20 日均线。指数以收盘价下破 20 日均线是个严重的转折点，上证指数可能从此由牛市转折到熊市。“三线止损法”就是在指数跌破 20 日均线时清仓止损，从此大盘下跌引起的损失都被“止”于此。实际操作中，“三线止损法”有两种操作法。一种是最简单直接的止损，即上证指数收盘时跌破 20 均线，明日开始百分之百清仓。另一种上证指数跌破 5 日均线减仓三分之一，跌破 10 日均线减仓三分之一，跌破 20 日均线再减仓三分之一，这是分批清仓法。其他方法都是从这两种方法中衍生出来的，如利用反弹高点出货等。

第 27 节

Follow Me

2007 年 10 月 23 日 · 星期二

三个天灵盖

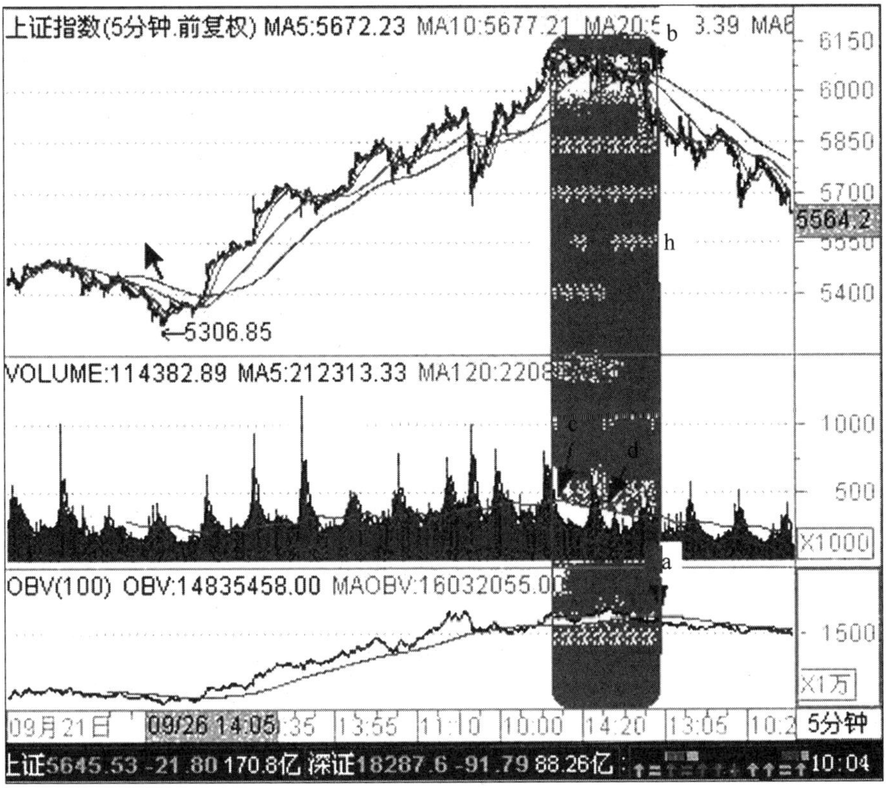

图 10231004 上证指数五分钟 K 线 三个天灵盖

学生：《短线是银》系列图书中有个“天灵盖”测顶技术，能否演示一下，看看对现在的股市有没有指导作用？

老师：从图 10231004 中的 b 箭头所示，可以清晰地看到 60 平均线已经越过最高点下滑，最高点的圆弧就是 60 线的天灵盖。而 b 箭头所示处 120 线也越过了最高点开始下滑，这最高点的圆弧就是 120 线的天灵盖。按照《短线是银》技术，凡是 60 线、120 线的天灵盖，都是股价见顶的形态。所以我们在 b 箭头所示处发出上证指数见顶的警报。在成交量柱体图上，c 箭头所示是 120 均量线的最高点，d 箭头所示是 120 均量线越过最高点下滑。c 箭头所示至 d 箭头所示的范围，是成交量 120 均线的天灵盖。按照《短线是银》技术，c 箭头所示至 d 箭头所示的范围是股价见顶的范围。今年，我发现 OBV 能量潮的 100 均线，也有“天灵盖”见顶的规律，而且能更准确地预测股价顶部。a 箭头所示是 OBV 能量潮的 100 均线通过最高点滑落，a 箭头所示就是 OBV 能量潮的 100 均线的“天灵盖”，这里就是股价的顶部。现在图 10231004 中的 b 箭头所示最高点的圆弧就是 120 线的天灵盖，c 箭头所示是 120 均量线的天灵盖，d 箭头所示是 120 均量线天灵盖后继续下滑，a 箭头所示是 OBV 能量潮的 100 均线天灵盖。把上面三项集合起来，形成从 c 箭头所示开始，到 a 箭头所示结尾的上证指数头部区间，基本上控制在 6000 点至 6124 点这个范围内，应该说“天灵盖”测顶技术是相当精确的。

第28节

Follow Me
2007年10月23日·星期二

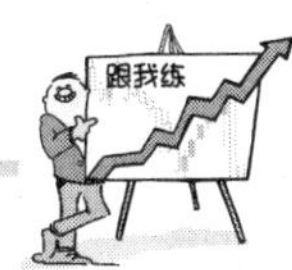

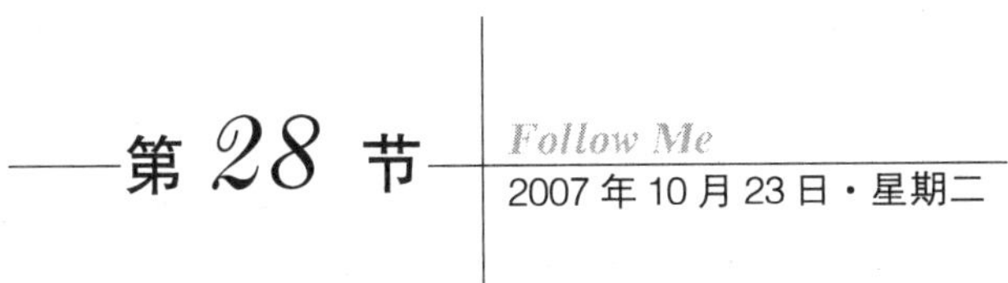

九线顺下必跌

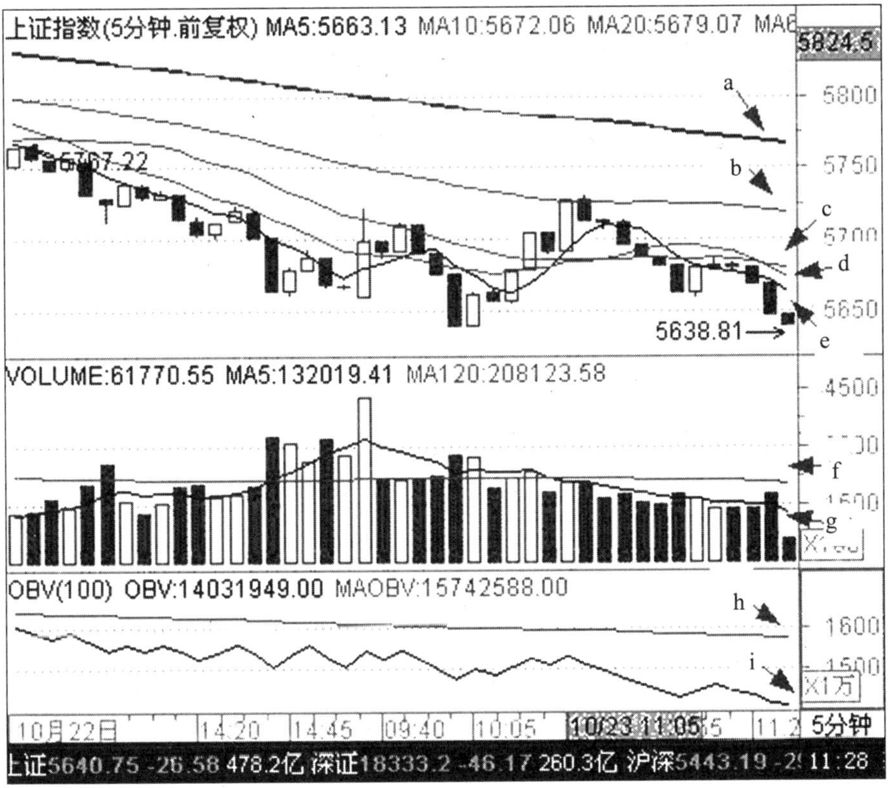

图10231128 上证指数五分钟K线 九线顺下必跌

学生：“九线顺下”测跌技术是怎么回事？

老师：图 10231128 中，a 箭头所示是 120 价格平均线，b 箭头所示是 60 价格平均线，c 箭头所示是 20 价格平均线，d 箭头所示是 10 价格平均线，e 箭头所示是 5 价格平均线。这五条均线顺着同一个方向下跌，叫“五线顺下”。f 箭头所示是 120 均量线，g 箭头所示是 5 均量线。h 箭头所示是 100 能量潮均线，i 箭头所示是能量潮线，这四条线也是顺着同一个方向下跌，叫“四线顺下”。这 a—i 九条均线都是顺着同一个方向下跌，叫“九线顺下”。“九线顺下”后面必有一段跌势。

20日均线拉锯行情

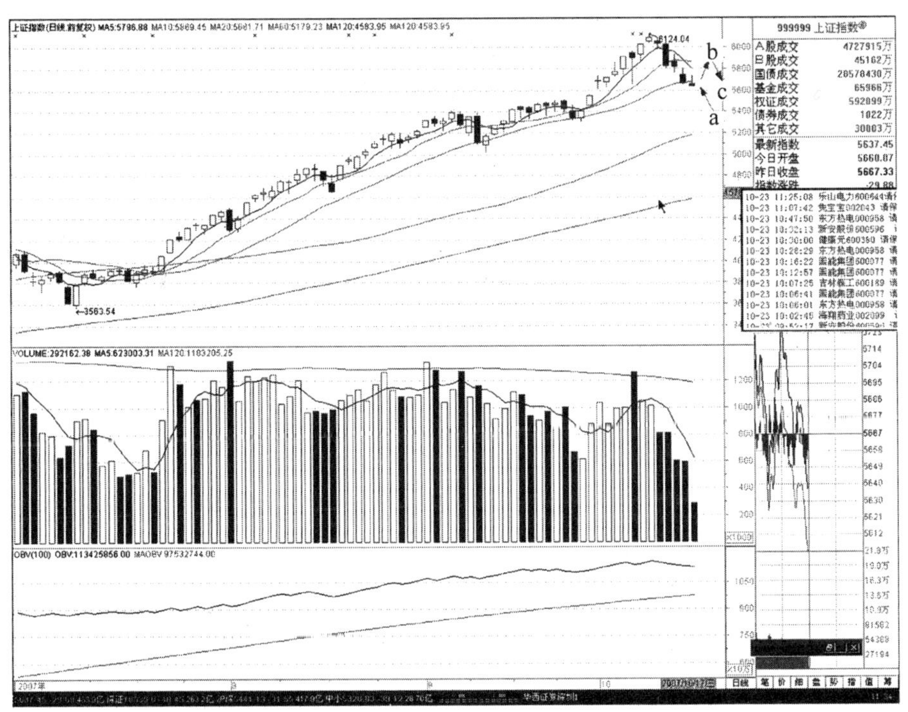

图 10231134　上证指数日K线　20日均线拉锯行情

学生：中午收盘前上证指数这一波跳水真快，现在上证指数已经跌破20日均线，下一步怎么办？

老师：现在上证指数20日均线是5681.71点，而上证指数中午收盘是5637.45点，跌破20均线44.26点。如果未来三天收盘不能回到5681.71点以上，则上证指数的老牛下岗，小熊上班啦。上证指数有效跌破20日平均线，可认为是熊市的起点，最起码是一个大回档的起点。无论熊市还是大回档，对我们来说，都是要回避的。不过也要看到，从6124.04点经过四天半的连续下跌已到5637.45点，跌去了486.59点，相当于500点呀，这个跌速也太快了。一般来说，股价快速下跌时，在20日、60日和120日均线处，都有技术上的支撑，发生技术性反弹。当然，在整数大关处也会有心理支撑，如上证指数的5500点、5000点、4500点，人们总有良好的愿望，希望不要击穿，从心理上惜售或买入，从而发生心理性反弹。现在上证指数短时间内飞流直下500点，又到了20日平均线的天然屏障，下面又有5500点心理大关，上证指数“疲军必败”，很可能遭到多军伏击，从而发生反弹行情。现在怎么办？减仓或清仓是必需的。特别是涨幅已大、涨势疲乏的个股，是清仓的对象。下午开始就清仓，考虑到上证指数可能发生的反弹，可逐步减仓。先减五分之一仓位，“一旦没有、别无所求”，清一部分仓，减轻一部分心理压力。然后看反弹力度，一旦反弹乏力，就再出五分之一仓位，再等待反弹上升浪，稍有乏力，再出五分之一仓位，直到清仓。你在干这活儿的时候，庄家们在干什么呢？他们也在出货，只是价格跌得太快，对他们的出货价和出货量都不利，所以在股价太低时，他们会出钱拉高股价，吸引散户追风，然后在高位出货。你要记住，不要追风买入，只要在反弹乏力时卖出就行了。拉高是庄家的任务所在，散户如果追涨就中了庄家的套。散户如果逢高出货，庄家眼巴巴看着你把他当做取款机，他拉高你出货，何乐而不为。这种一边拉高、一边出货的行情，就是“拉锯”行情，在20日、60日、120日均线附近最容易发生。

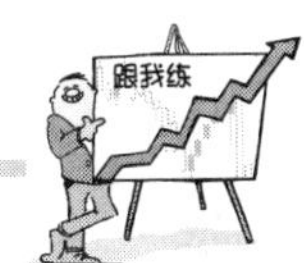

第 30 节

Follow Me

2007 年 10 月 23 日 · 星期二

五线止损法

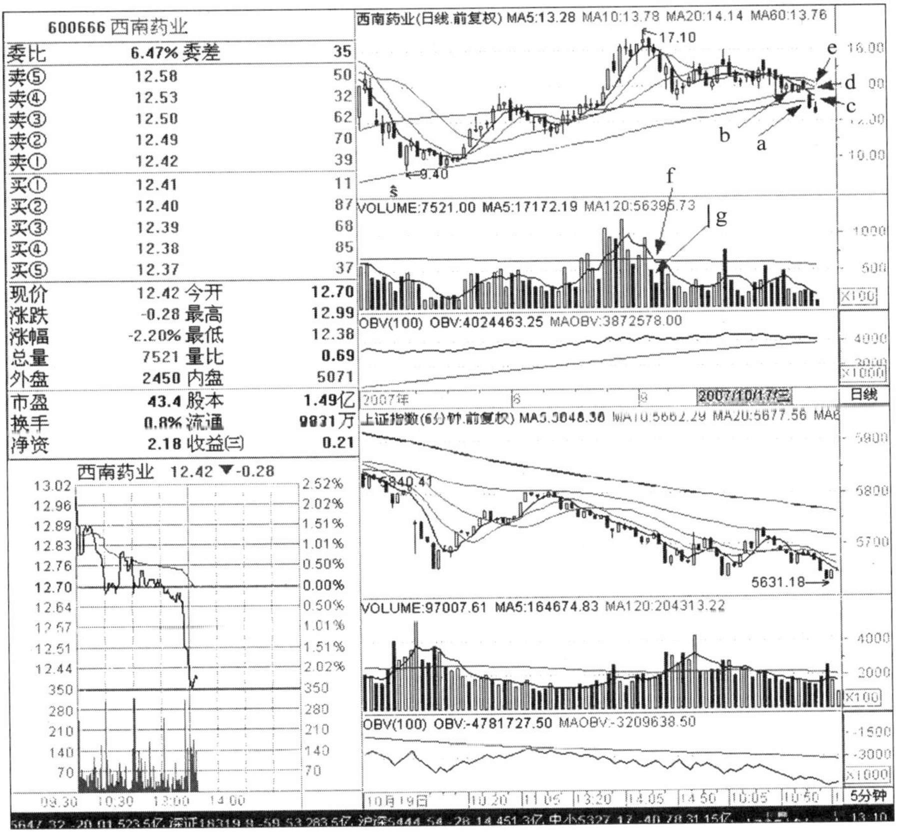
600666 西南药业
委比 6.47% 委差 35
卖⑤ 12.58 50
卖④ 12.53 32
卖③ 12.50 62
卖② 12.49 70
卖① 12.42 39
买① 12.41 11
买② 12.40 87
买③ 12.39 68
买④ 12.38 85
买⑤ 12.37 37
现价 12.42 今开 12.70
涨跌 -0.28 最高 12.99
涨幅 -2.20% 最低 12.38
总量 7521 量比 0.69
外盘 2450 内盘 5071
市盈 43.4 股本 1.49亿
换手 0.8% 流通 9831万
净资 2.18 收益(三) 0.21
西南药业 12.42 ▼-0.28
西南药业(日线,前复权) MA5:13.28 MA10:13.78 MA20:14.14 MA60:13.76
17.10
9.40
a
b
c
d
e
f
g
VOLUME:7521.00 MA5:17172.19 MA120:56395.73
OBV(100) OBV:4024463.25 MAOBV:3872578.00
2007/10/17/三
日线
MA5:5648.38 MA10:5662.29 MA20:5677.56
5840.41
5631.18
VOLUME:97007.61 MA5:164674.83 MA120:204313.22
OBV(100) OBV:-4781727.50 MAOBV:-3209638.50
10月19日
5分钟

图 10231310 上证指数五分钟 K 线 西南药业 600666 五线止损法

学生：下午一开盘，西南药业就直线下跌，怎么办？

老师：还好，才跌了2.20%，抓紧出货，且要清仓。这是典型的“五线止损法”，就是5日、10日、20日、60日、120日这五条平均线，一旦都被击穿，就清仓。图10231310中c箭头所示是5日均线，d箭头所示是10日均线，e箭头所示是20日均线，b箭头所示是60日均线，a箭头所示是120日均线，现在股价连破五条线，按照“五线止损法”就应该立刻清仓。另外，按照“断头铡刀”的理论，现在也该清仓。f箭头所示是5日量均线与120日量均线的死亡交叉点，是头部信号。g箭头所示是“黑洞”，对多方能量有无限吸空的力量，也是头部信号。

补救的“三线止损法”

■600362 江西铜业①

委比	82.51%	委差	585
卖⑤	58.68		2
卖④	58.65		1
卖③	58.60		39
卖②	58.55		14
卖①	58.54		6
买①	58.50		8
买②	58.40		333
买③	58.38		215
买④	58.36		7
买⑤	58.35		84
现价	58.54	今开	60.76
涨跌	-3.30	最高	62.88
涨幅	-5.34%	最低	57.10
总量	48132	量比	0.85
外盘	22493	内盘	25639
市盈	42.5	股本	29.0亿
换手	1.7%	流通	2.03亿
净资	4.60	收益(二)	0.69

江西铜业 58.54 ▼-3.30

江西铜业(日线,前复权) MA5:64.80 MA10:68.44 MA20:60.95 MA60:44.77

78.50 c b a 23.08

VOLUME:48132.00 MA5:81089.80 MA120:184155.44

d e

OBV(100) OBV:9269718.00 MAOBV:6991002.00

上证指数(5分钟,前复权) MA5:5624.67 MA10:5642.90 MA20:5669.05

5831.05 5596.38

VOLUME:41371.24 MA5:179564.55 MA120:202248.88

OBV(100) OBV:-4992950.00 MAOBV:-3299438.00

5618.96 -48.37 587.3亿 深证18219.7 -159.73 315.4亿 沪深5415.85 -56.83 507.3亿 中小5298.96 -68.99 34.61亿 13:22

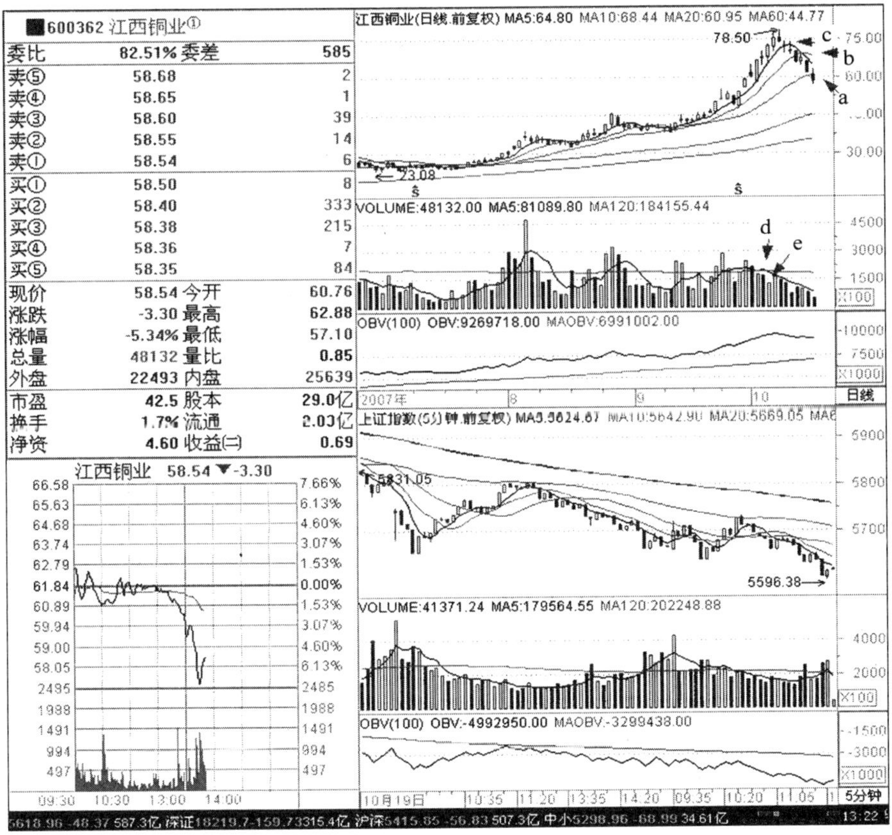

图 10231322 上证指数五分钟 K 线 江西铜业 600362 补救的“三线止损法”

学生：我是30元满仓了江西铜业，78元时没卖，现在怎么办？

老师：分批卖出。在a箭头所示的20平均线附近卖三分之一。运气好的话，上证指数反弹时，江西铜业也会反弹。反弹到b箭头所示的10日平均线再卖三分之一。如果能反弹到c箭头所示的5日平均线附近，再卖三分之一。总之，在20日平均线附近要卖完，能卖得更贵一些，算是捡来的利润。利用反弹，每上一根均线减三分之一仓，是补救的“三线止损法”。主动的“三线止损法”是每跌破一条均线减三分之一仓。虽然两者的出货成本差不多，但补救的“三线止损法”要有反弹的机会，如无反弹或反弹力度不大，则出货价格会降低。

补救的“四线止损法”

601168 西部矿业①			
委比	8.45%	委差	36
卖⑤	50.78		43
卖④	50.75		126
卖③	50.72		3
卖②	50.71		3
卖①	50.70		20
买①	50.68		19
买②	50.66		43
买③	50.65		6
买④	50.60		162
买⑤	50.58		1
现价	50.70	今开	52.68
涨跌	-1.40	最高	53.20
涨幅	-2.69%	最低	50.30
总量	73402	量比	0.71
外盘	35132	内盘	38270
市盈	71.2	股本	23.8亿
换手	1.6%	流通	4.60亿
净资	4.06	收益(二)	0.53

西部矿业(日线,前复权) MA5:53.64 MA10:55.77 MA20:55.64 MA60:54.15

上证指数(5分钟,前复权) MA5:5624.67 MA10:5642.90 MA20:5669.05

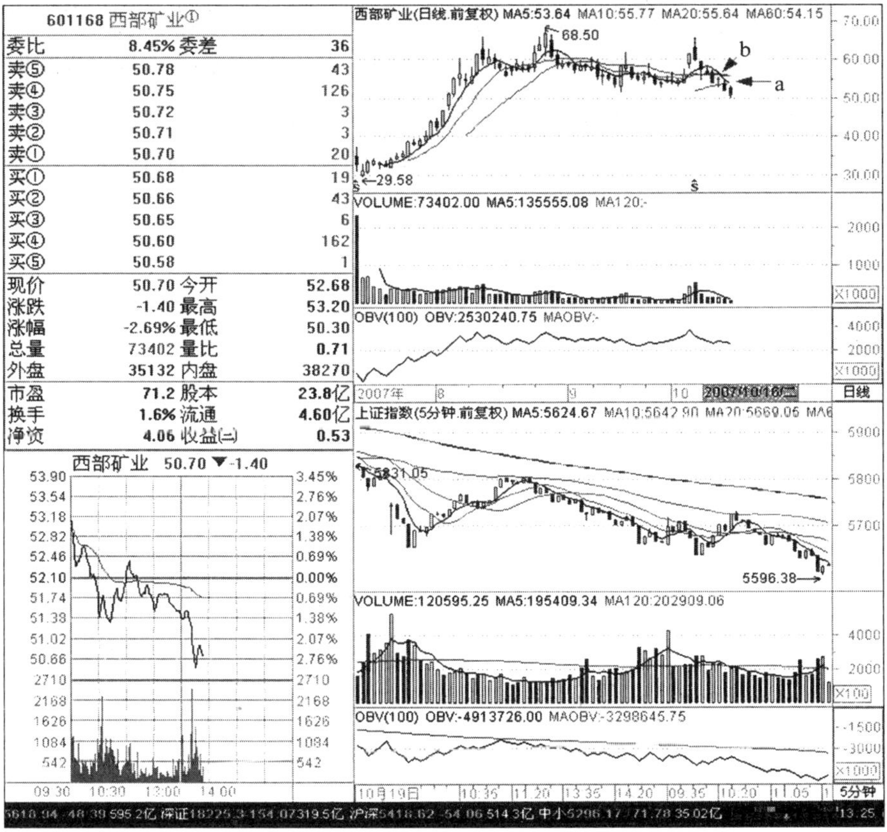

图 10231325 上证指数五分钟 K 线 西部矿业 601168 补救的四线止损法

学生：我有3000股西部矿业，是收到小精灵信号后买的，进价35元，现在怎么办？

老师：b箭头所示是5日、10日、20日三条均线的死亡交叉点，价格是55.64元附近。这个死亡交叉点具有强大的压力，所以反弹很难过55.64元，你能在这个价附近清仓就很好了。a箭头所示是60日平均线，是54.15元，跌破这条“生命线”，后市不乐观。一般来说，股价从5日、10日、20日、60日平均线之上下跌，每跌破一条均线就应卖出三分之一，下破三条均线应该无货了，这是“三线止损法”。而“四线止损法”是，股价从5日、10日、20日、60日平均线之上下跌，每跌破一条均线就应卖出四分之一货，下破四条均线就应该无货了。你现在是错过了四次卖出机会，只能期望有反弹出货。反弹时，股价由下向上每冲过一条均线减四分之一仓，比如上冲60日均线卖四分之一，再上冲20日均线再卖四分之一……直到空仓。这是补救的“四线止损法”，需要有反弹的机会。

第 33 节

Follow Me

2007 年 10 月 23 日 · 星期二

没线支撑没底了

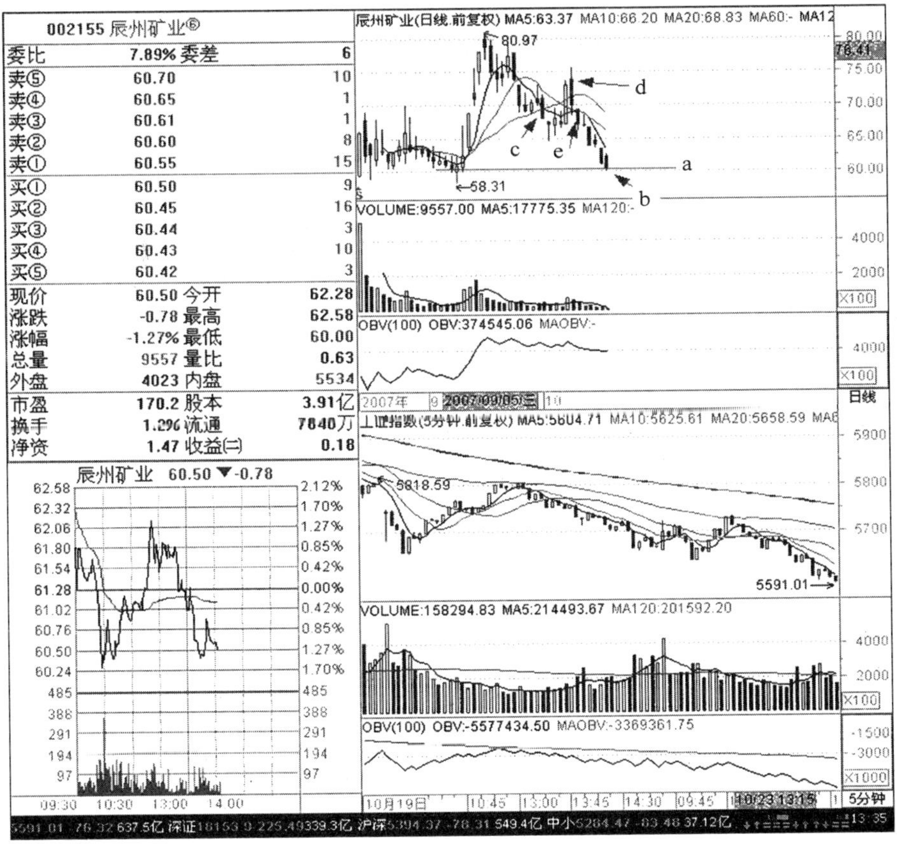

002155 辰州矿业		
委比	7.89% 委差	6
卖⑤	60.70	10
卖④	60.65	1
卖③	60.61	1
卖②	60.60	8
卖①	60.55	15
买①	60.50	9
买②	60.45	16
买③	60.44	3
买④	60.43	10
买⑤	60.42	3
现价	60.50 今开	62.28
涨跌	-0.78 最高	62.58
涨幅	-1.27% 最低	60.00
总量	9557 量比	0.63
外盘	4023 内盘	5534
市盈	170.2 股本	3.91亿
换手	1.29% 流通	7840万
净资	1.47 收益(三)	0.18

图 10231335　上证指数五分钟 K 线　辰州矿业 002155　没线支撑没底了

学生：我是65元买的辰州矿业，到过80元，可惜没走人，现在套牢4.5元了，要补仓吗？

老师：不要补仓，反而要清仓。为什么呢？因为a箭头所示的是前最低收盘价60.50元水平线。股价从80元下跌过程中，曾经有5日、10日、20日三条均线和前最低收盘价60.50元水平线的支撑，这四条支撑线无论如何不结实，也是心理上的防线。现在，四条防线全被击穿，再往下看，画不出支撑线了，这就叫“没线支撑没底了”！其实底总是有的，只是不知底在哪里。一个不知底在哪里的股价，就是一个无底洞，约等于没底，这种个股迟抛不如早抛，迟割肉不如早割肉。按照广通“2T－1H”公式，该股的下跌空间是2×60.50－78.7=42.3元，有点恐怖吧？

第 34 节

Follow Me

2007 年 10 月 23 日・星期二

两条冷气带（1）

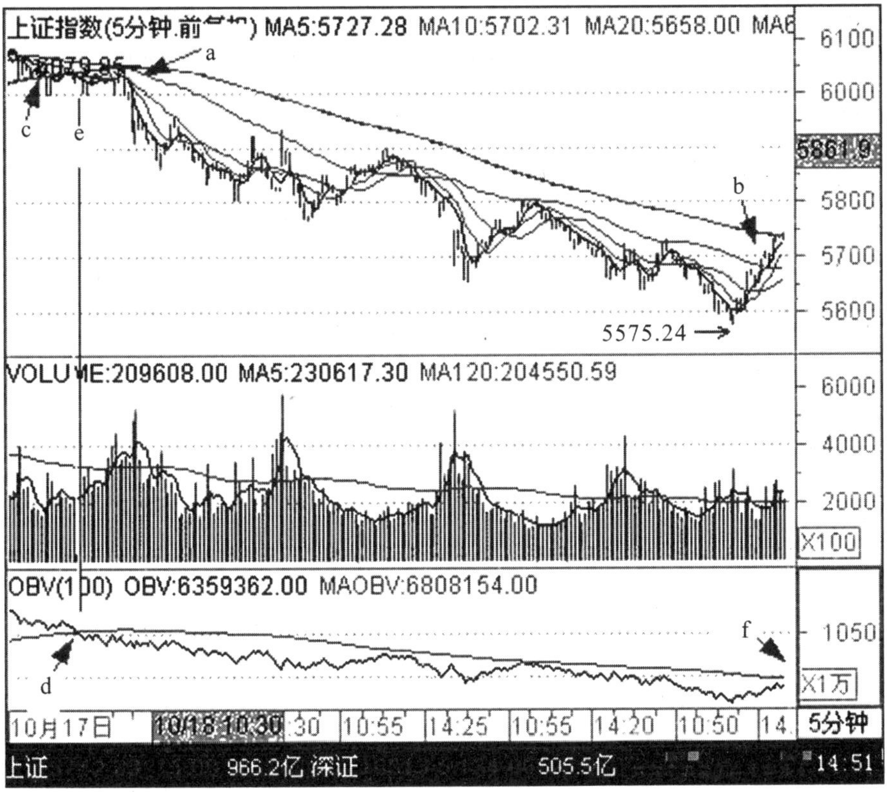

图 10231451 上证指数五分钟 K 线 两条冷气带（1）

学生：这几天老师总说上证指数跌、跌、跌，有什么窍门吗？

老师：图 10231451 上证指数五分钟 K 线上，c 箭头所示是上证指数跌破 60、120 均线，就是 6000 点大关失守的地方。从此我开始说上证指数要跌。a 箭头所示是价格平均线 120 线、60 线呈冷气带开口，而 d 箭头所示是 OBV100 线与 OBV 线呈冷气带开口，这两条冷气带开口了，就有大跌了。所以，这波跌势之开端就是两条冷气带开口，就是 d 箭头所示与 a 箭头所示的区间，即 e 垂直线附近。回头看，这个预报很准确。以后两条冷气带强力向下延伸，我敢说接下来还要跌，就这么简单。现在，b 箭头所示是价格冷气带在收敛，f 箭头所示的 OBV 冷气带有封闭的趋势，我就不能再说“还要跌”了。一旦两条冷气带封闭了，我就该预报：“跌势趋缓，可能有反弹”。不懂“两条冷气带”预测指数技术的人，对此等准确的预报，当然会感到神奇，其实就这点窍门：两条冷气带，通气就跌，闭气就不跌。

第 35 节

Follow Me

2007 年 10 月 23 日・星期二

死叉下反弹高点估算法

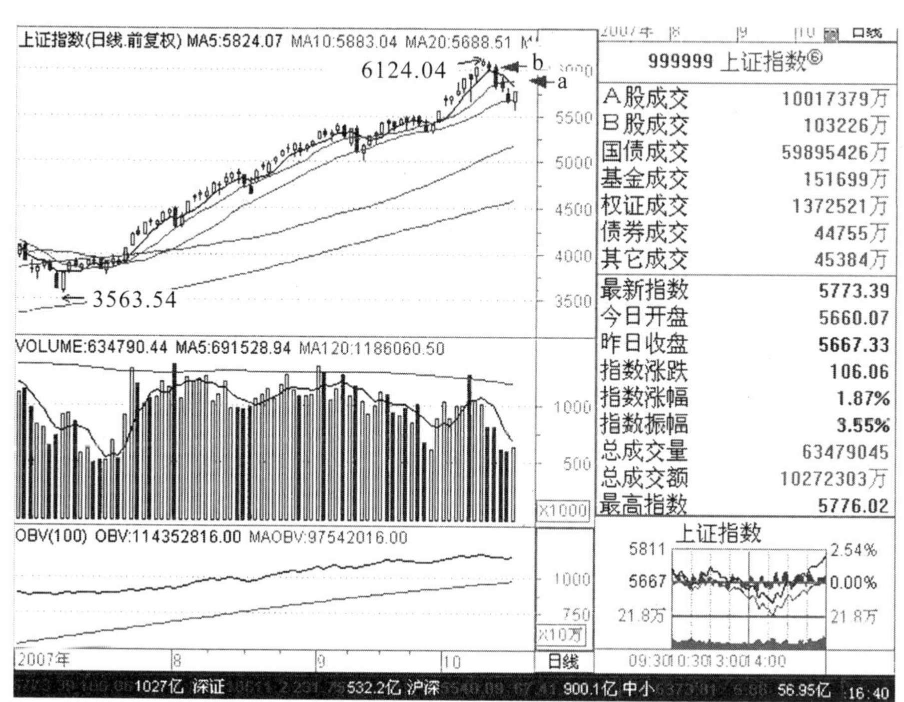

图 10231509 上证指数日 K 线 死叉下反弹高点估算法

学生：下午上证指数大涨 106.06 点，还会涨多少？

老师：首先要定性：这是反弹浪，不是大行情。a 箭头所示是死亡交叉点，在死亡交叉点以下的反弹，一般是以 10 日均线的高点、5 日均线的高点为极限。今天，10 日均线的高点是 5880 点、5 日均线的高点是 5994 点，一般在这两点之间，反弹浪会受阻回落。也就是说，5880－5994 点是出货的机会。现在我可以说，上证指数还会涨到 6000 点差 6 点的位置。

第36节 Follow Me

2007年10月23日·星期二

上涨台阶递减

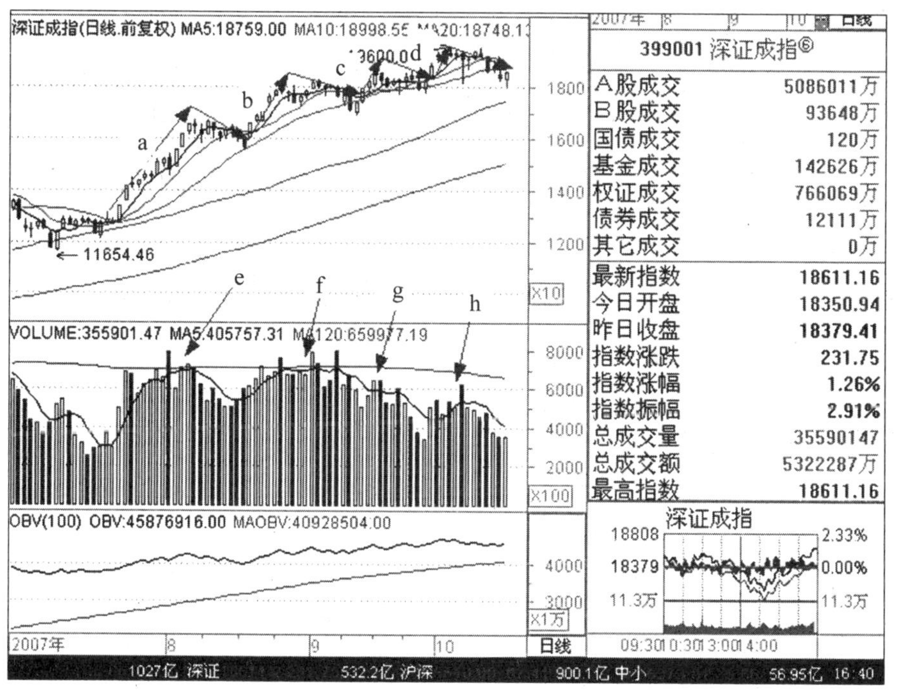

图10231509 深证成指日K线 上涨台阶递减

学生：深证成指也在筑头吗？

老师：图 10231509 中，a 箭头所示是第一波上涨，b 箭头所示是第二波上涨，c 箭头所示是第三波上涨，d 箭头所示是第四波上涨。四波上涨像四个台阶，但每个台阶的高度是逐个递减的。这说明越涨越累，有点抬不起脚的感觉。e 箭头所示是推动 a 箭头涨势的量，f 箭头所示是推动 b 箭头涨势的量，g 箭头所示是推动 c 箭头涨势的量，h 箭头所示是推动 d 箭头涨势的量，显然这四堆量是越来越小。这说明推动深证成指上涨的能量越来越少，而涨幅是越来越小，这不是筑头的信号吗？

第 37 节

Follow Me

2007 年 10 月 24 日・星期三

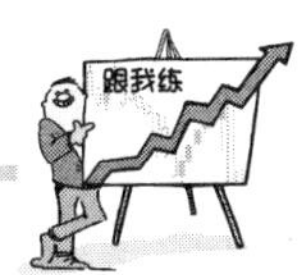

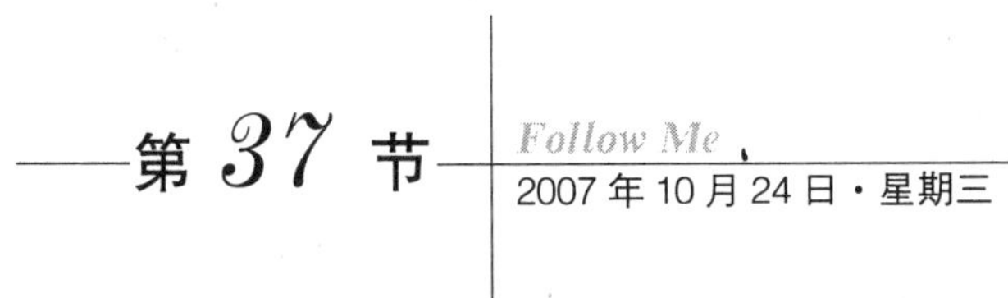

价、量、能量潮三金叉

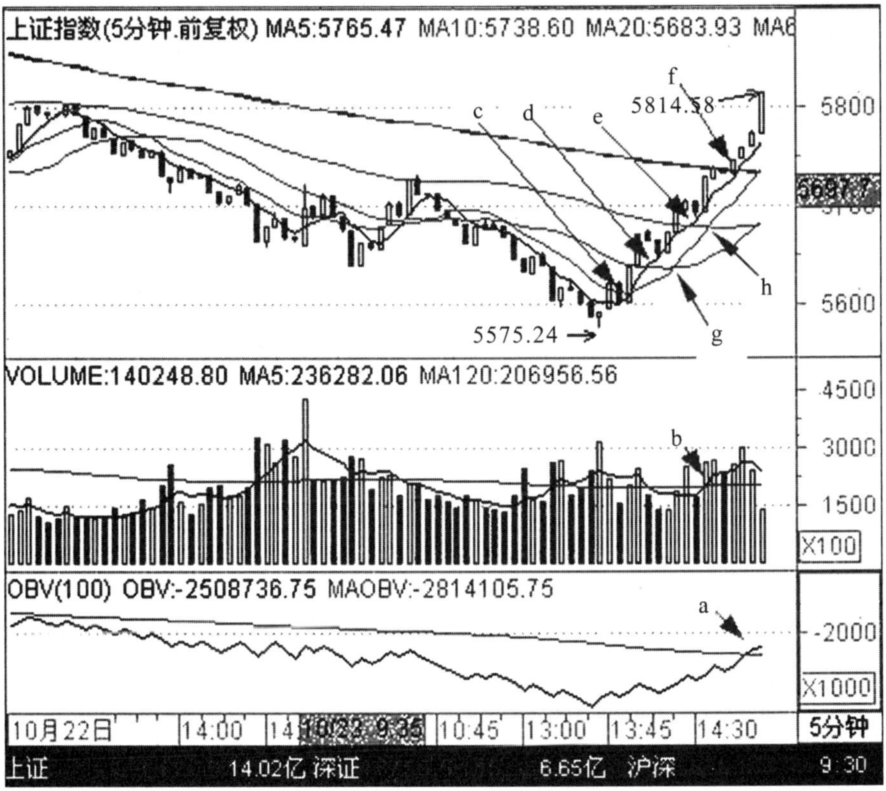

图 10240900 上证指数五分钟 K 线 价、量、能量潮三金叉

学生：上证指数开盘即涨 41.19 点，好像是要反弹了，是吗？

老师：a 箭头所示是 OBV 能量潮冷气带封闭，这是能量潮黄金交叉。b 箭头所示是成交量 5 均线与 120 均线黄金交叉。f 箭头所示是价均线 5 线与 120 线的黄金交叉。当它们同时出现时，就叫“价、量、能量潮三金叉”，这是反弹信号。另外注意观察：c 箭头所示是 5、10 均线黄金交叉，d 箭头所示是 5、20 均线黄金交叉，e 箭头所示是 5、60 均线黄金交叉，f 箭头所示是 5、120 均线黄金交叉，这是一线上穿四线的形态。g 箭头所示是 10、20 均线黄金交叉，h 箭头所示是 10、60 均线黄金交叉，未来还可能有 10、120 均线黄金交叉。这是“三线上穿两线”形态，即 5、10、20 均线上穿 60、120 均线，这是底部信号。如果发生在日 K 线图上就有一波中期上升行情，可惜这里是 5 分钟 K 线图，5 分钟 K 线图上的“一波中期上升行情”充其量只是日 K 线图意义上的一个小反弹行情。

第 38 节

Follow Me

2007 年 10 月 24 日 · 星期三

反弹难过双头

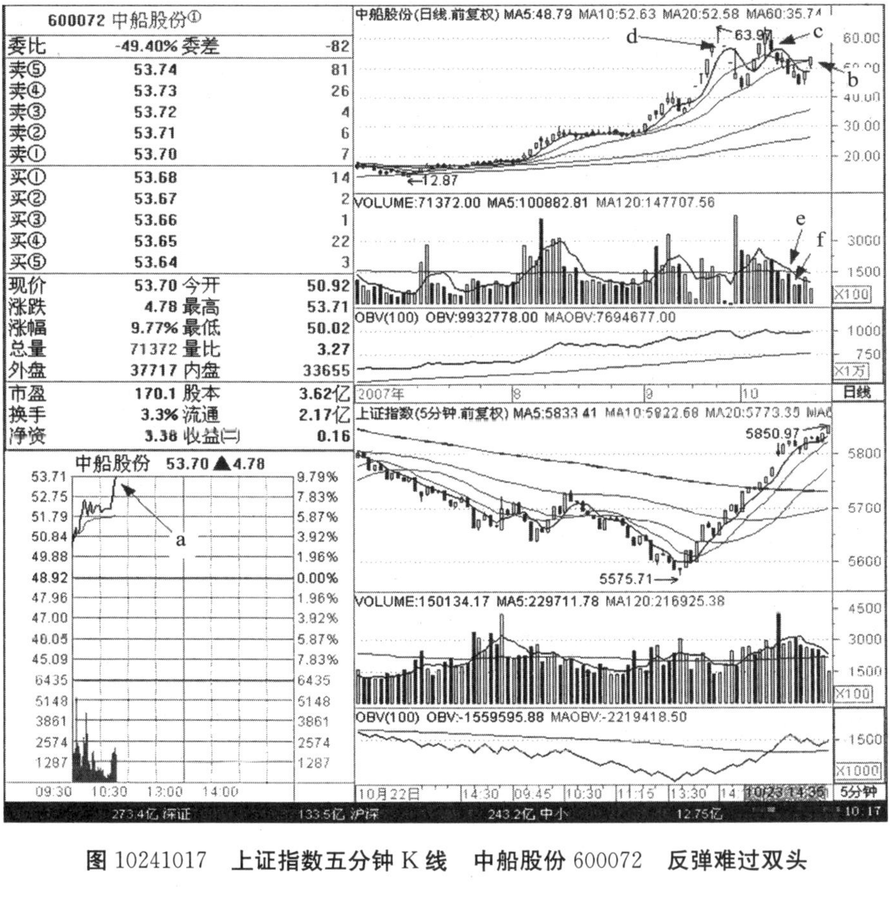

600072 中船股份①			
委比	-49.40%	委差	-82
卖⑤	53.74		81
卖④	53.73		26
卖③	53.72		4
卖②	53.71		6
卖①	53.70		7
买①	53.68		14
买②	53.67		2
买③	53.66		1
买④	53.65		22
买⑤	53.64		3
现价	53.70	今开	50.92
涨跌	4.78	最高	53.71
涨幅	9.77%	最低	50.02
总量	71372	量比	3.27
外盘	37717	内盘	33655
市盈	170.1	股本	3.62亿
换手	3.3%	流通	2.17亿
净资	3.38	收益(二)	0.16

中船股份 53.70 ▲4.78

中船股份(日线,前复权) MA5:48.79 MA10:52.63 MA20:52.58 MA60:35.74

VOLUME:71372.00 MA5:100882.81 MA120:147707.56

OBV(100) OBV:9932778.00 MAOBV:7694677.00

上证指数(5分钟,前复权) MA5:5833.41 MA10:5822.68 MA20:5773.35

VOLUME:150134.17 MA5:229711.78 MA120:216925.38

OBV(100) OBV:-1559595.88 MAOBV:-2219418.50

273.4亿 深证　133.5亿 沪深　243.2亿 中小　12.75亿　10:17

图 10241017　上证指数五分钟 K 线　中船股份 600072　反弹难过双头

学生：我有2000股中船股份，20元买的，可以卖了吧？

老师：可以卖了。图10241017中，a箭头所示是快速拉升，b箭头所示是上穿5、10、20日平均线，c箭头所示是前一头部，d箭头所示是前二头部63.97元。这两个头部上套牢的人很多，有较大的压力。所以，按目前的放量速度，要上冲前头部区间是不可能的。e箭头所示是5日均量线下穿120日均量线，说明上升成交量不足，f箭头所示是“黑洞”，这是明显的头部信号。综上分析，中船股份股价难过双头，应逐步卖出为宜。

第 39 节

Follow Me

2007 年 10 月 24 日・星期三

反弹难过死蜘蛛

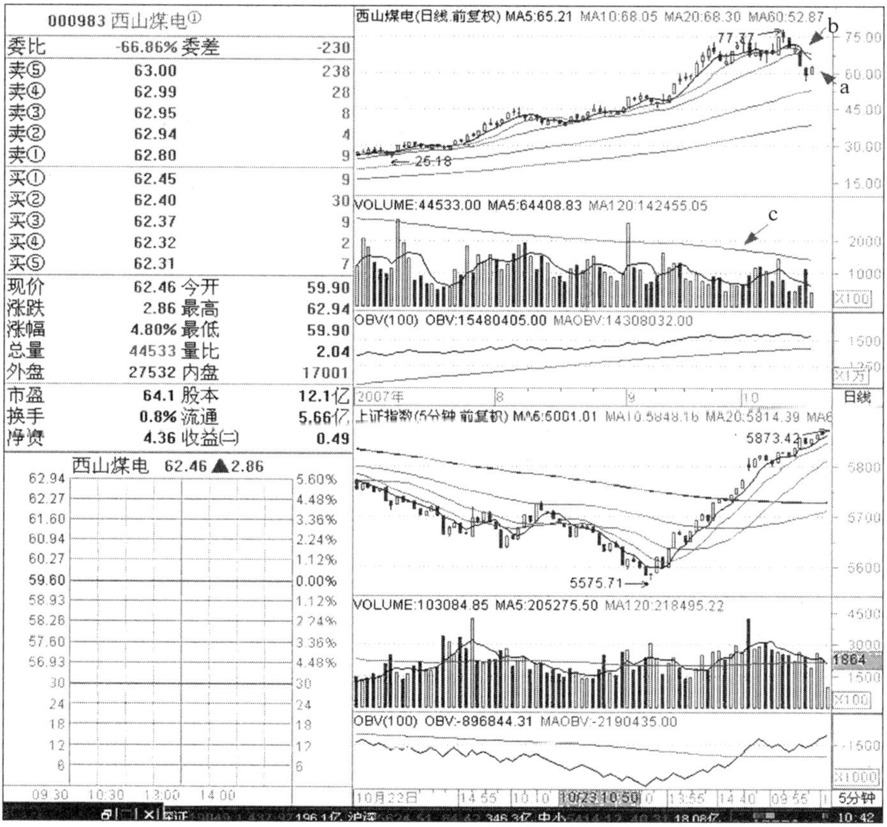

000983 西山煤电①

委比	-66.86%	委差	-230
卖⑤	63.00		238
卖④	62.99		28
卖③	62.95		8
卖②	62.94		4
卖①	62.80		9
买①	62.45		9
买②	62.40		30
买③	62.37		9
买④	62.32		2
买⑤	62.31		7
现价	62.46	今开	59.90
涨跌	2.86	最高	62.94
涨幅	4.80%	最低	59.90
总量	44533	量比	2.04
外盘	27532	内盘	17001
市盈	64.1	股本	12.1亿
换手	0.8%	流通	5.66亿
净资	4.36	收益(二)	0.49

西山煤电 62.46 ▲2.86

西山煤电(日线,前复权) MA5:65.21 MA10:68.05 MA20:68.30 MA60:52.87

77.37 b a 25.18

VOLUME:44533.00 MA5:64408.83 MA120:142455.05 c

OBV(100) OBV:15480405.00 MAOBV:14308032.00

上证指数(5分钟,前复权) MA5:6001.01 MA10:5848.16 MA20:5814.39

5873.42 5575.71

VOLUME:103084.85 MA5:205275.50 MA120:218495.22

OBV(100) OBV:-896844.31 MAOBV:-2190435.00

图 10241042 上证指数五分钟 K 线 西山煤电 000983 反弹难过死蜘蛛

学生：我是35元买进的西山煤电，77元没抛，现在怎么办？

老师：图10241042中，a箭头所示是反弹上升浪，b箭头所示是5、10、20日平均线同时死亡交叉，这叫“死蜘蛛”形态，有强大的阻力，很难穿越。c箭头所示是120均量线持续下降，说明庄家持续地出货。如此说来，该股应该清仓了。

第40节

Follow Me

2007年10月24日・星期三

反弹难过前头

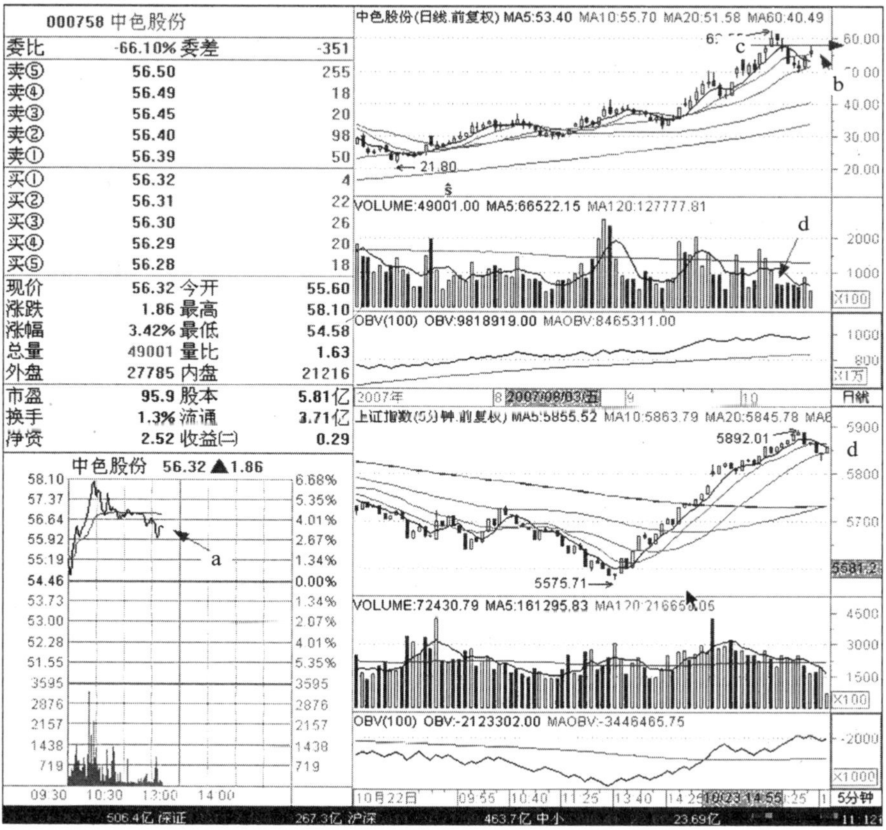

000758 中色股份			
委比	-66.10%	委差	-351
卖⑤	56.50		255
卖④	56.49		18
卖③	56.45		20
卖②	56.40		98
卖①	56.39		50
买①	56.32		4
买②	56.31		22
买③	56.30		26
买④	56.29		20
买⑤	56.28		18
现价	56.32	今开	55.60
涨跌	1.86	最高	58.10
涨幅	3.42%	最低	54.58
总量	49001	量比	1.63
外盘	27785	内盘	21216
市盈	95.9	股本	5.81亿
换手	1.3%	流通	3.71亿
净资	2.52	收益(二)	0.29

图 10241112　上证指数五分钟K线　中色股份 000758　反弹难过前头

学生：中色股份股价现在是 56.32 元，是揸住还是卖出？

老师：简单地说，前头部就是压力区，反弹浪到此结束。但前头部是指什么呢？我认为有这么几种确认前头部的方法：

1. 前股价最高点；
2. 前股价最高收盘价；
3. 前股价 5 日平均线最高点；
4. 前股价 10 日平均线最高点，等等。

反弹浪容易在这几个位置上结束并再次下跌。

本图中，成交量柱体图 100 平均线呈下降趋势，预示着上升动力不足。如果我有这个股票，一定在 c 箭头所示的 5 日均线最高点出货。

跟我练

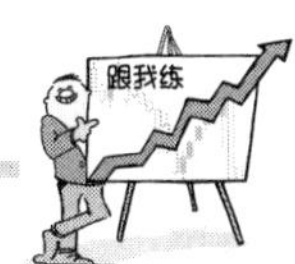

第 41 节

Follow Me

2007 年 10 月 24 日 · 星期三

反弹难过压

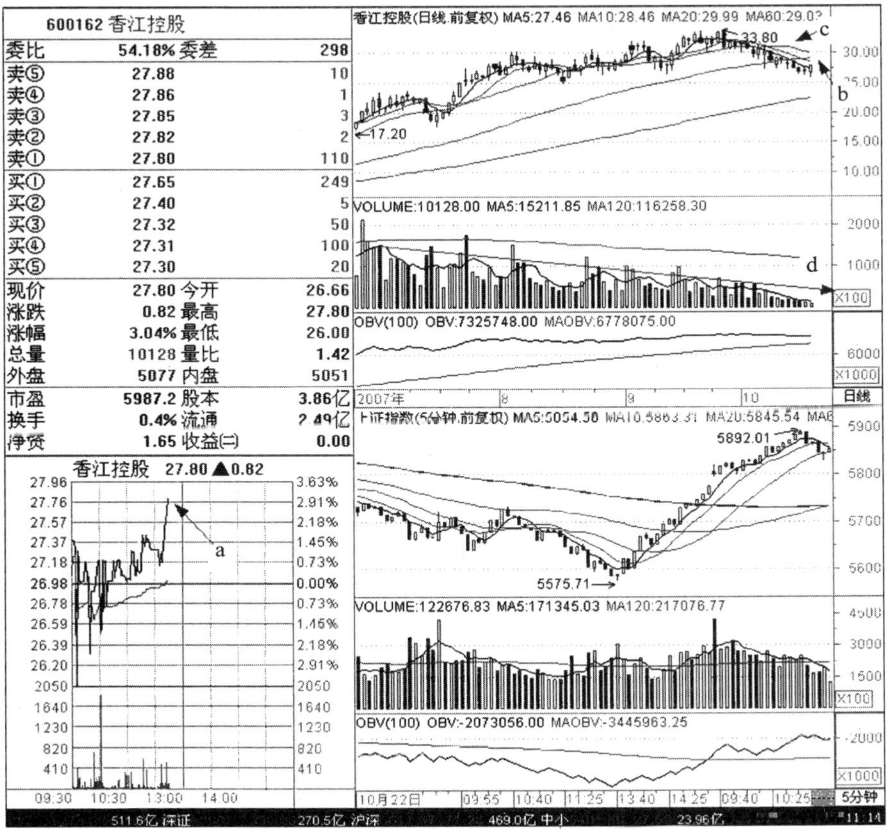
600162 香江控股
委比 54.18% 委差 298
卖⑤ 27.88 10
卖④ 27.86 1
卖③ 27.85 3
卖② 27.82 2
卖① 27.80 110
买① 27.65 249
买② 27.40 5
买③ 27.32 50
买④ 27.31 100
买⑤ 27.30 20
现价 27.80 今开 26.66
涨跌 0.82 最高 27.80
涨幅 3.04% 最低 26.00
总量 10128 量比 1.42
外盘 5077 内盘 5051
市盈 5987.2 股本 3.86亿
换手 0.4% 流通 2.49亿
净资 1.65 收益(二) 0.00
香江控股 27.80 ▲0.82
a
香江控股(日线,前复权) MA5:27.46 MA10:28.46 MA20:29.99 MA60:29.02
33.80
c
b
17.20
VOLUME:10128.00 MA5:15211.85 MA120:116258.30
d
OBV(100) OBV:7325748.00 MAOBV:6778075.00
日线
上证指数(5分钟,前复权) MA5:5854.50 MA10:5863.31 MA20:5845.54
5892.01
5575.71
VOLUME:122676.83 MA5:171345.03 MA120:217078.77
OBV(100) OBV:-2073056.00 MAOBV:-3445963.25
5分钟

图 10241114 **上证指数五分钟 K 线 香江控股** 600162 **反弹难过压**

学生：我有香江控股 1 万股，现在还是赚的，再下跌就没得赚了，该怎么操作？

老师：图 10241114 中，c 箭头所示是两个压，一个是 5、10、20 日均线的压，另一个是 5、10、60 日均线的压。我们知道一个压由三个死亡交叉组成，两个压由六个死亡交叉组成，而每一个死亡交叉点就是一条水平压力线。所以说，c 箭头所示至 b 箭头所示的区间，是压力密集区，即使发生反弹，也很难穿越这个压力密集区。既然如此，不如先出货再说。没指望的形态千万不能捂着再说。

第42节

Follow Me
2007年10月24日・星期三

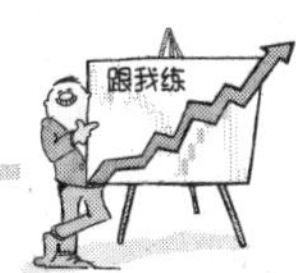

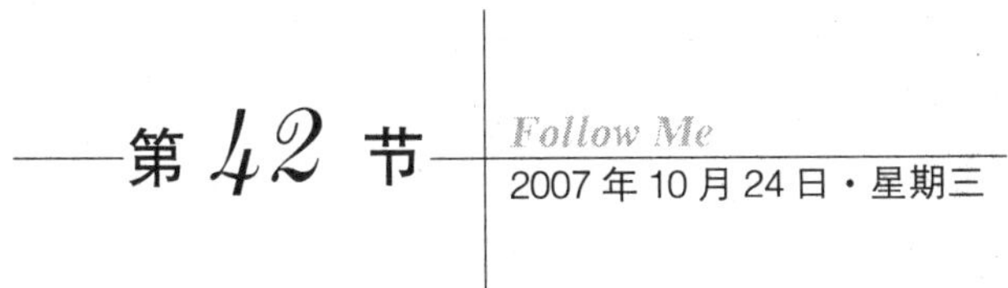

反弹理论高度

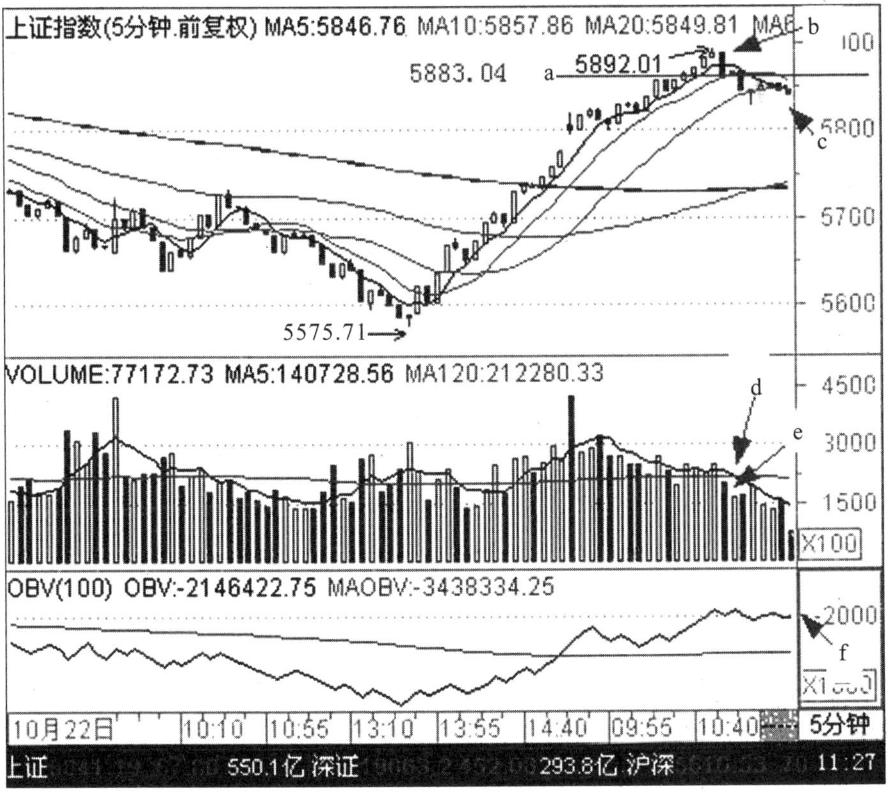

图10241127 上证指数五分钟K线 反弹理论高度

学生：上证指数果然发生反弹了，还会涨吗？

老师：昨天我分析过上证指数的反弹高点是5880点至5994点。大概地说，上证指数还会涨到6000点差6点的位置。刚才上证指数到过5892.01点，见b箭头所示。c箭头所示是上证指数有些回落，但f箭头所示是OBV能量潮不减，说明反弹行情没完。d箭头所示是5量均线跌破120量均线，这表示推动反弹浪的成交量不充分，涨不高的。综合以上分析，结论是反弹浪还没结束，但反弹空间是有限的，“上证指数的反弹高点是5880点至5994点”这个观点不变。

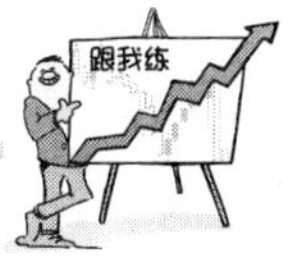

能量潮不死叉反弹继续

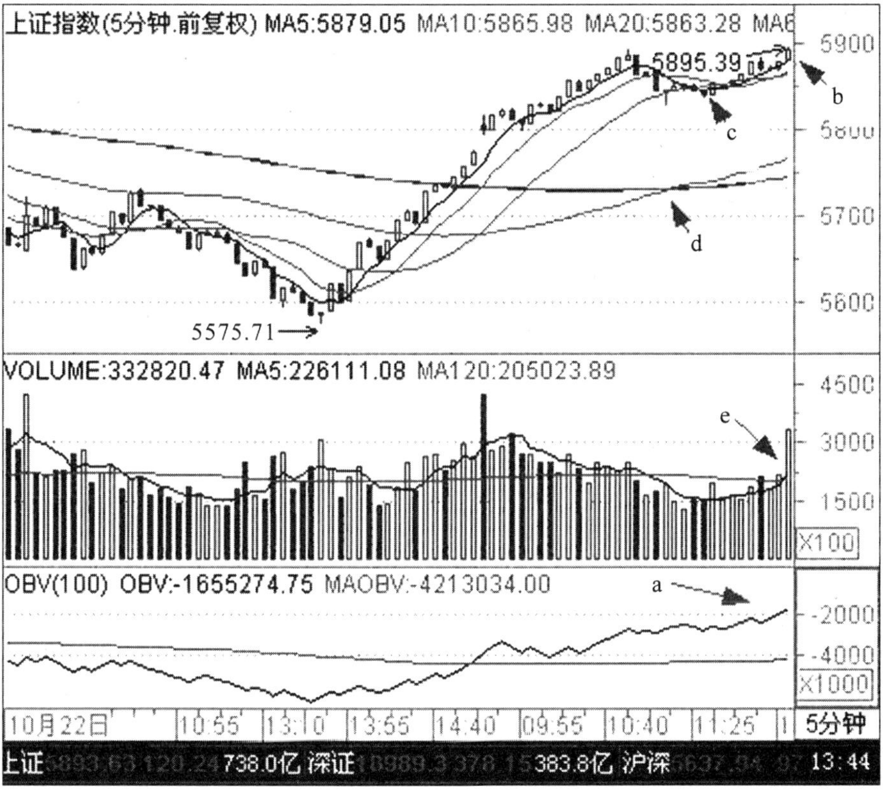

图 10241344 上证指数五分钟 K 线 能量潮不死叉反弹继续

学生：上证指数在c箭头所示处回档后，又涨了，并创了新高，请问会有大涨吗？一旦大涨，我这空仓人可就踏空了。

老师：图10241344中，d箭头所示是60、120线金叉，这里有时会出现“金叉引力”现象，把指数吸引下来，蛮吓人的。但决定反弹是否结束，要看a箭头所示的OBV能量潮有没有耗尽？或者说OBV能量潮与能量潮100均线死亡交叉了没有？如没有，则反弹继续。e箭头所示是成交量放大，支持上证指数创新高。但是，我们不仅从局部上承认反弹正在继续，还要从整体上把握上证指数的上升空间还有多少？这就是我昨天的结论：“上证指数的反弹高点是5880点－5994点”。

第44节 Follow Me
2007年10月24日·星期三

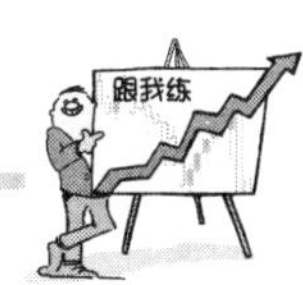

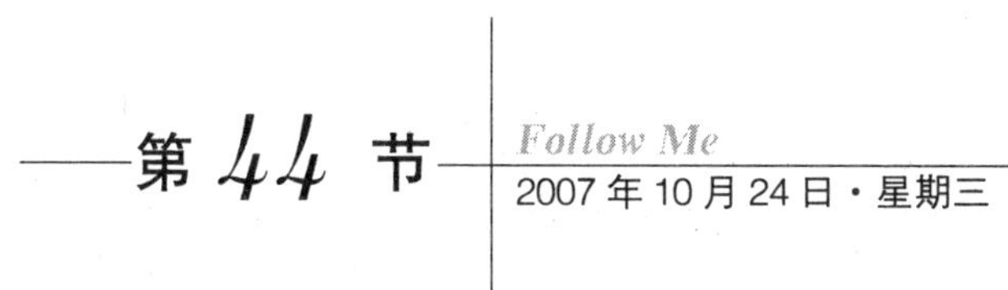

能量潮大减反弹乏力

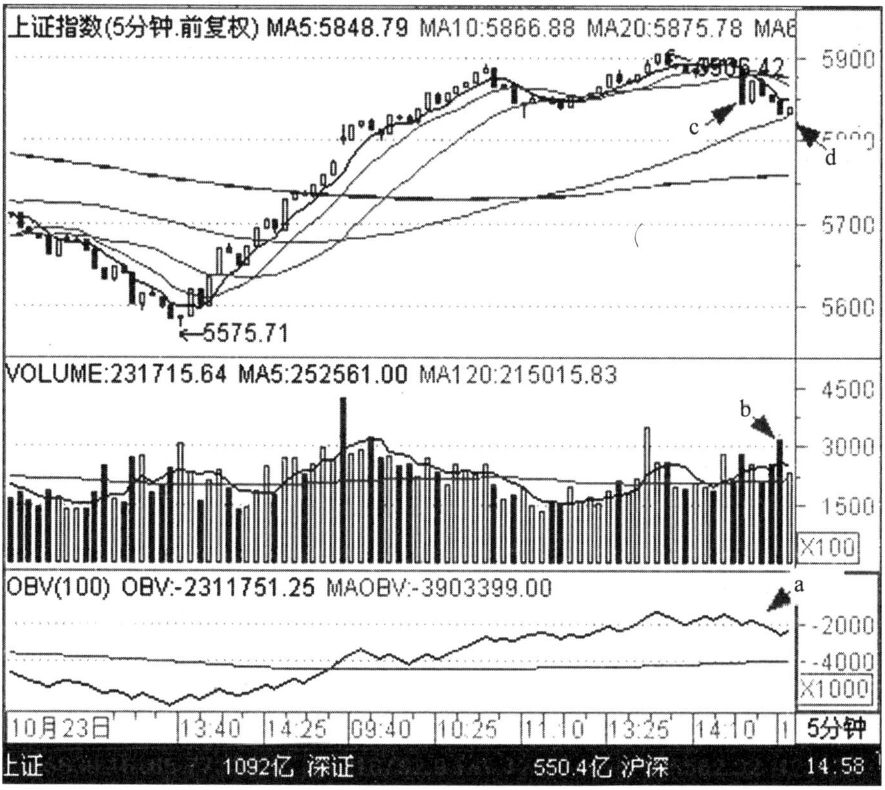

图10241458 上证指数五分钟K线 能量潮大减反弹乏力

学生：上证指数从 5906.69 点开始下跌，见 c 箭头所示。现在已逼近 60 均线，见 d 箭头所示，反弹结束了吗？

老师：图 10241458 中，b 箭头所示处有连续阴量出逃，这是上证指数下跌的动力，它会使 OBV 能量潮快速下跌，这会使反弹浪越走越弱，甚至掉头向下，反弹结束。所以，现在要密切关注两点：（1）上证指数是否跌破 120 均线？（2）OBV 能量潮是否跌破 100 均线？如是，反弹结束，需要抓紧清仓。

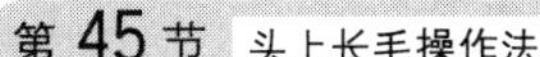

——第 45 节——

Follow Me

2007 年 10 月 24 日 · 星期三

头上长毛操作法

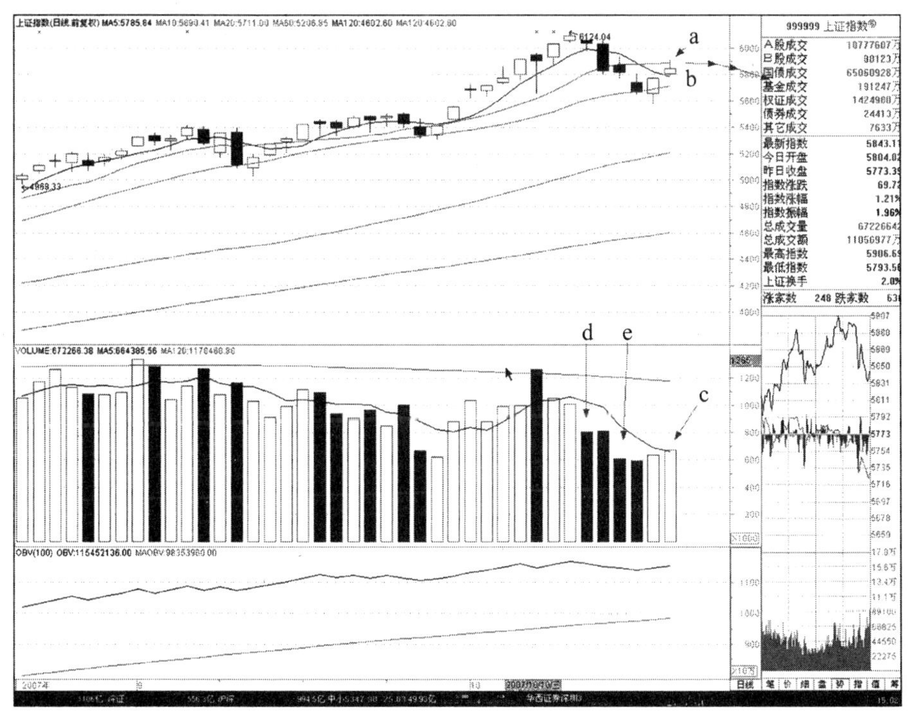

图 10241502 上证指数日 K 线 头上长毛操作法

学生：《短线是银》技术中，有一个“头上长毛、全部剃掉”的技术，据说是很管用的逃顶技术，能讲讲吗？

老师：图 10241502 中，5 日平均线的最高点是 5994.98 点，是个拱顶，像人的头顶。a 箭头所示是 10 平均线的拱顶 5890.41 点，也是拱顶，像人的头顶。如果日 K 线图上冲这两个“头顶”，由于上方压力大，当天股价就可能回落，日 K 线图上留下长长的上影线，就像几根毛发。《短线是银》技术认为这些“毛发”是多余的涨，是捡来的利润，要快快卖出，所以有了“头上长毛、全部剃掉”的说法。观察了很多股价头部形态，确实有不少“头上长毛”的上影线，是反弹出货的最好机会。

第 46 节

Follow Me

2007 年 10 月 25 日 · 星期四

反弹回落下破 60 线

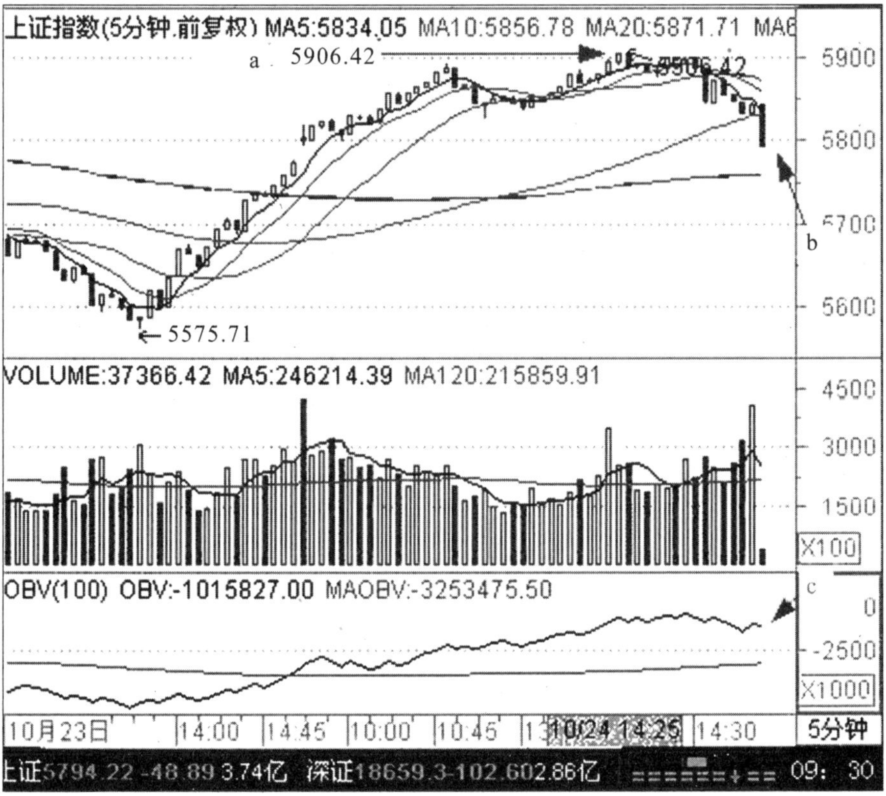

图 10250930　上证指数五分钟 K 线　反弹回落下破 60 线

学生：昨天你对上证指数日K线图分析道："5日平均线的最高点是5994.98点，是个拱顶，像人的头顶。a箭头所示是10平均线的拱顶5890.41点，也是拱顶，像人的头顶。如果日K线图上冲这两个'头顶'，由于上方压力大，当天股价就可能回落"。结果上证指数在5906.42点回落，见a箭头所示处。今天开盘就下跌，已到5794.22点，问：反弹结束了吗？

老师：现在上证指数已跌破60均线，见b箭头所示处，这是走弱的趋势。不过，很难说反弹已经结束，它也有继续上行的可能。真正确定上证指数反弹结束，还要OBV曲线封闭，见c箭头所示处。

第 47 节

Follow Me

2007 年 10 月 25 日 · 星期四

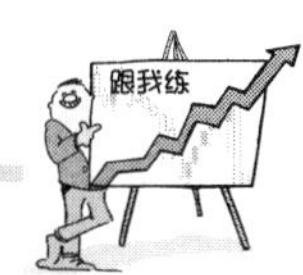

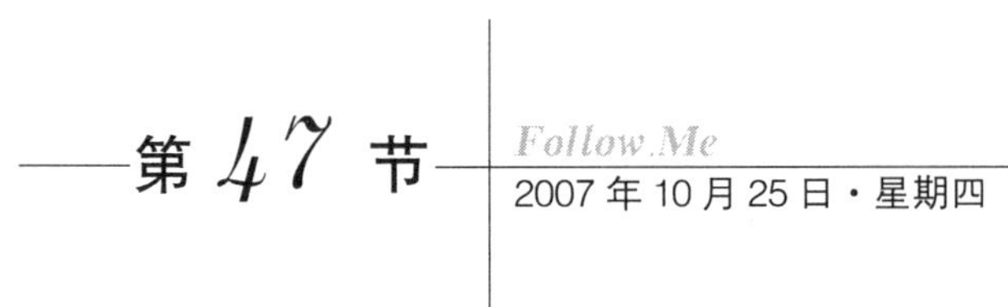

反弹回落下破 120 线

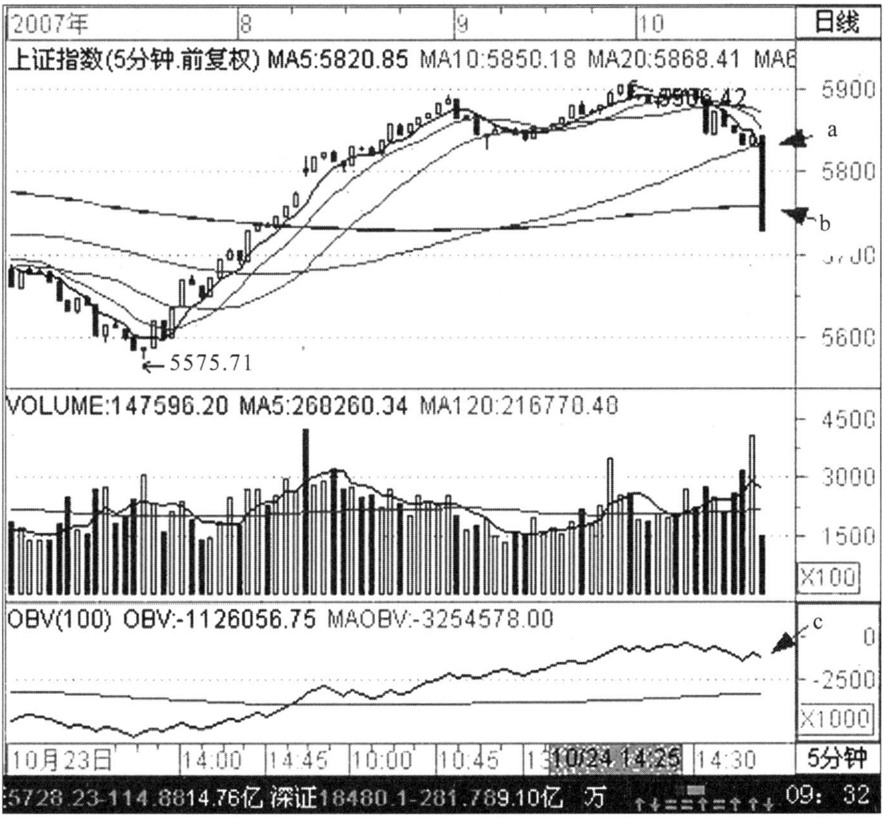

图 10250932－1　上证指数五分钟 K 线　反弹回落下破 120 线

学生：上证指数已下破120均线，见b箭头所示处。现在该如何操作？

老师：开盘两分钟就下跌114个点，预示市场有溃逃性卖盘，这是不祥之兆。因此，可以少量卖出，减轻仓位。一旦c箭头所示的OBV能量潮封闭，还要加大出货力度。

第48节

Follow Me

2007年10月25日·星期四

红绿灯出货法

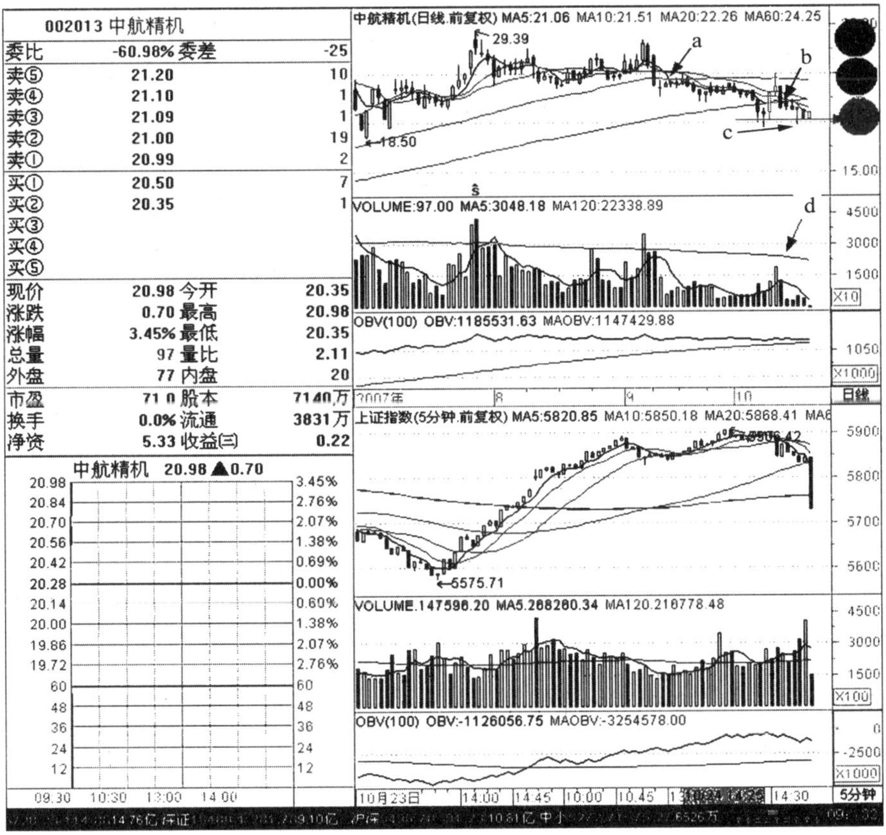

图 10250932－2　上证指数五分钟 K 线　中航精机 002013　红绿灯出货法

学生：我有中航精机 3000 股，现在要出货吗？是分批出还是一下清仓？

老师：a 箭头所示是股价跌破 60 均线，你应该减三分之一仓。b 箭头所示是股价跌破 120 均线，你应该再出三分之一货。c 箭头所示是 120 下小平台，一旦跌破，再出三分之一货。这种“红绿灯出货法”是以“绿灯区、黄灯区、红灯区”各出三分之一的方法，简单易学。

要是我的话，我立即卖出三分之二货，把绿灯区、黄灯区的出货量先出掉。然后等待股价下破 c 箭头所示的小平台，一旦跌破，再卖三分之一。

第 49 节

Follow Me

2007 年 10 月 25 日 · 星期四

60 线 120 线涂满向下突破

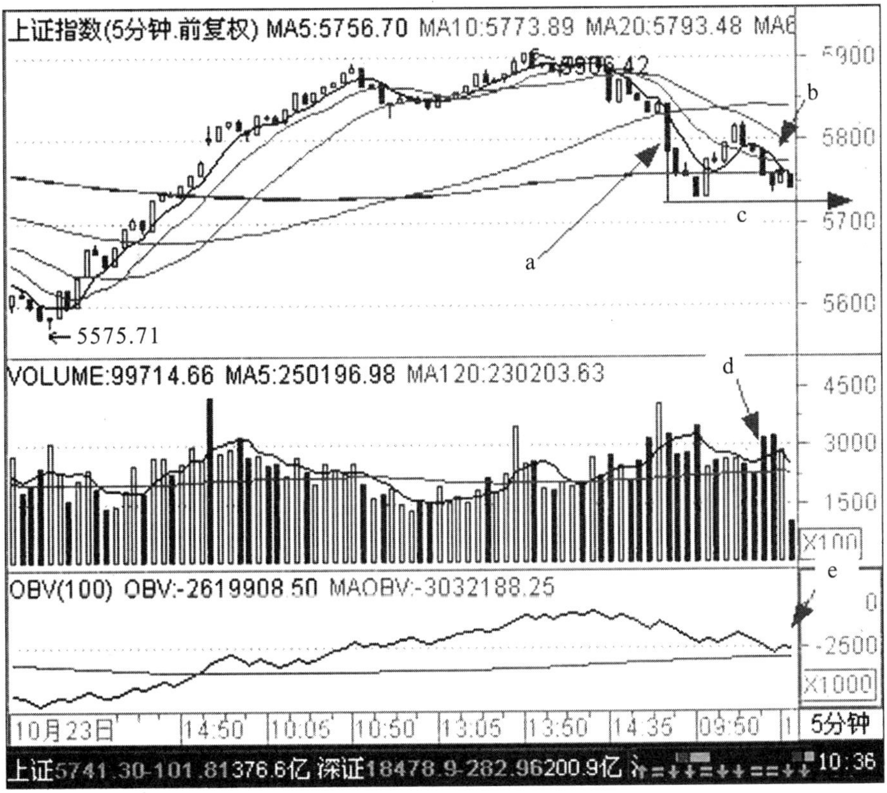

图 10251036　上证指数五分钟 K 线回到五线下　60 线 120 线涂满向下突破

学生：上证指数反弹后又下跌，怎么看？

老师：这种反弹叫“涂满”60线和120线之间的空间，见a箭头所示至b箭头所示这段K线，从而让套牢筹码堵死未来可能的反弹空间。d箭头所示是反弹后下跌时逃盘滚滚、阴量放大。e箭头所示是OBV几乎已闭合，这次反弹浪基本结束。所以，c箭头所示的120下小平台一旦失守，其下跌是没有反弹的，此时就要作好全面出货的准备。

第50节

Follow Me

2007年10月25日・星期四

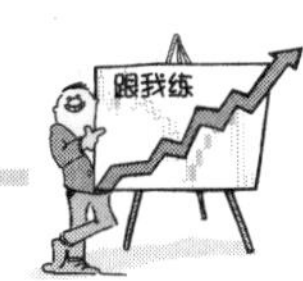

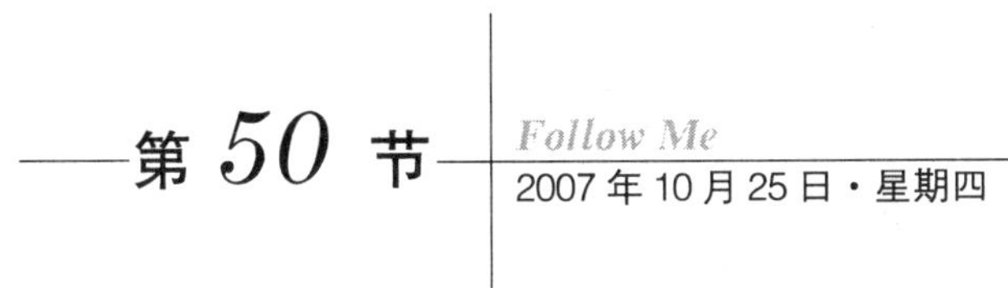

60线下空方炮向下突破

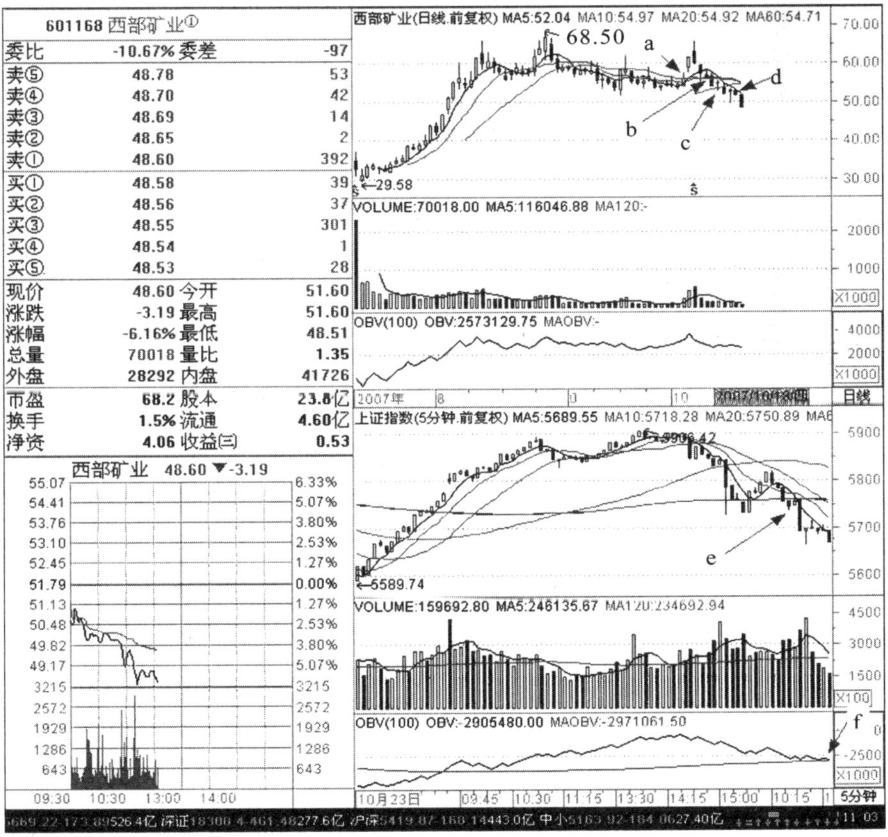

图 102511103 **上证指数五分钟K线 西部矿业** 601168 60 **线下空方炮向下突破**

学生：我是 41 元买的西部矿业，要出货吗？

老师：图 102511103 中，e 箭头所示是上证指数 5 分钟 K 线向下突破，这是出货信号。f 箭头所示是 OBV 封闭，肯定了出货信号。从大盘环境来看，当务之急是出货。a 箭头所示是向上假突破，很容易跟进买入。b 箭头所示是三线下卖出点，这是对误买入动作的纠正。c 箭头所示是跌破 60 生命线，是清仓信号。d 箭头所示是两阴夹一阳“空方炮”，且在 60 线之下，一般是向下开炮。由于离 60 线的距离太近，此下跌的反弹不会重上 60 线。反弹空间小而下跌空间较大，为规避风险，迟出不如早出。

第51节

Follow Me

2007年10月25日・星期四

股在压下走

图 102511104 深证成指日K线 股在压下走

学生： 深证成指已出现"压"，后市怎么看？

老师：a 箭头所示是 5、10 均线死亡交叉，b 箭头所示是 5、20 均线死亡交叉，c 箭头所示是 10、20 均线死亡交叉。三个死亡交叉形成一个封闭的三角形，叫“压”。压的力量无穷大，股价一旦处在“压”之下，就会压垮。有句老话“人在檐下走，不得不低头”，我把它改成“股在压下走，不得不低头”。一轮大的上升行情，累积了很大的涨幅，一旦出现“压”，绝对是清仓信号。另外，d 箭头所示和 c 箭头所示是成交量呈下降趋势，不支持股价的上升。也是清仓的重要信号。

第 52 节

Follow Me

2007 年 10 月 25 日・星期四

黑　洞

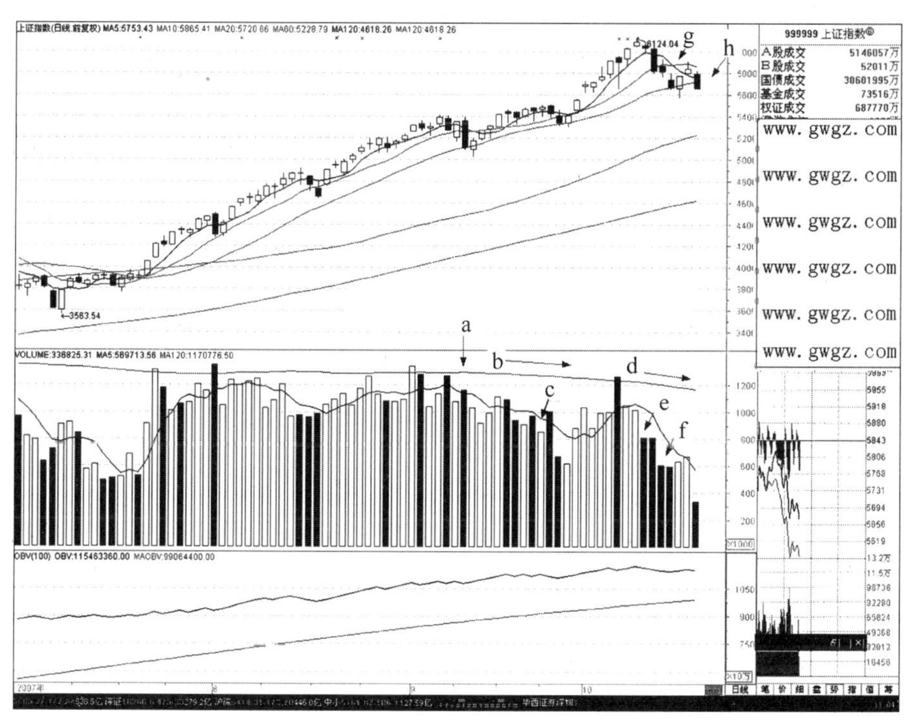

图 10251104　上证指数日 K 线　黑洞

学生： 听说《短线是银》技术中有一种“黑洞”技术，对判断股价头部特别准确，能介绍一下吗？

老师："黑洞"技术对判断股价头部确实有效，特别对大盘头部有很好的预测功能，大家可以对照任何股价或大盘，也可以对国外任何大盘指数试分析，看看准不准？

1. 首先把成交量柱体图的均线参数设为5日、120日。

2. 找到成交量柱体图120均线的最大值；在图102511104中，a箭头所示是120均线的最大值，即拱的顶部。b箭头所示与d箭头所示是个下坡，证明a箭头所示是拱顶。

3. 在b箭头所示与d箭头所示的下坡途中，找5日均量线的下坡段，其下方的成交量柱体图与5日均量线的空洞，就是所谓的"黑洞"。在图102511104中，c箭头所示是个"黑洞"，e、f箭头所示也是一个"黑洞"，且洞体积较大。

所以，我把c箭头所示处的上证指数称为头部，只是因为权重股虚涨，上证指数又发生了一波"弹跳"。我把e、f箭头所示的大"黑洞"，称为大头部，是因为它的5日、120日成交量柱体图均线下坡明显，e、f的"黑洞"体积大。更重要的是g、h箭头所示处，上证指数正在构筑"压"。而成交量"黑洞"与价"压"的同时出现，是很经典的头部形态。

第 *53* 节

Follow Me

2007 年 10 月 25 日・星期四

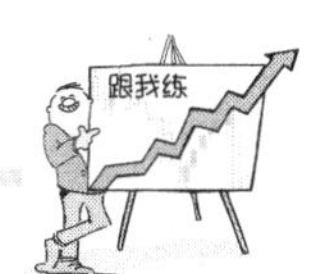

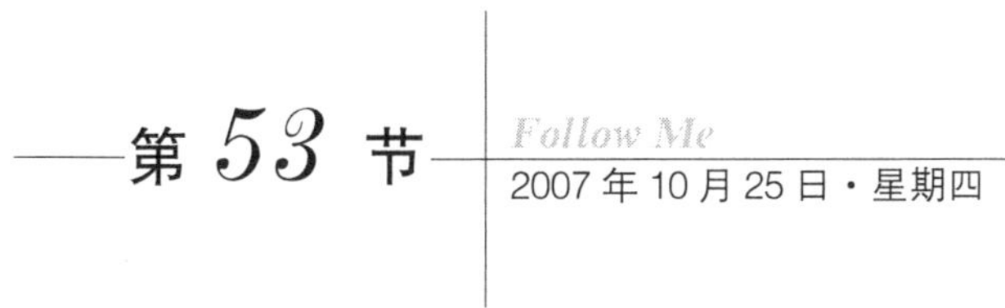

能量潮耗尽反弹结束

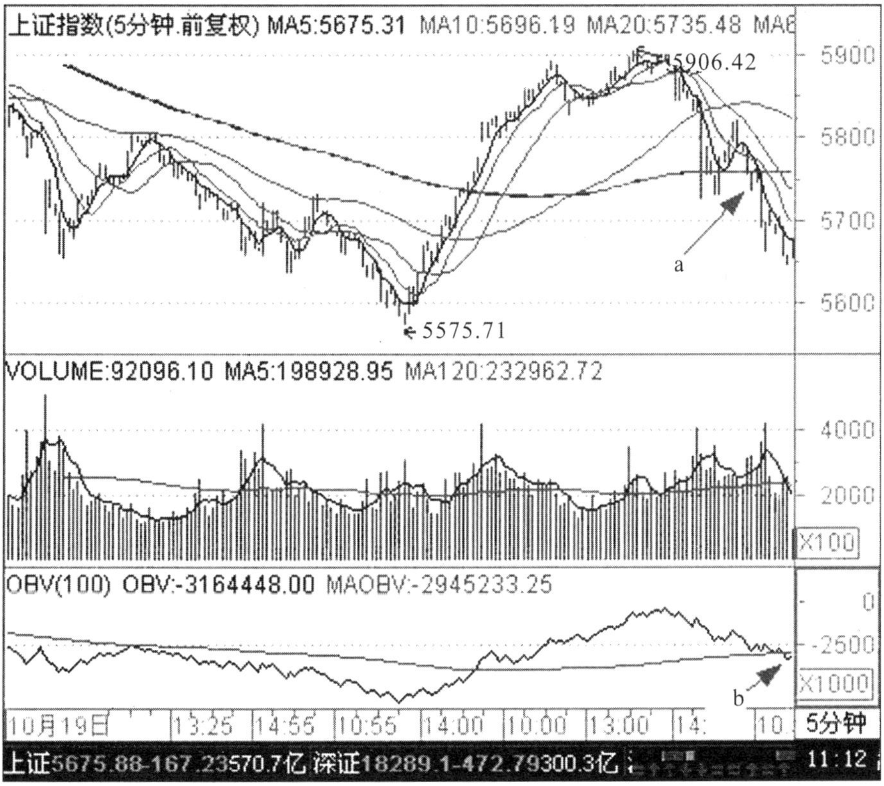

图 10251112 上证指数五分钟 K 线 能量潮耗尽反弹结束

学生：a 箭头所示是上证指数 5 分钟 K 线跌破 120 均线，b 箭头所示是 OBV 能量潮跌破 100 均线，下一步上证指数会怎么走？

老师：5 分钟 K 线是短线行情，OBV 能量潮跌破 100 均线是“能量潮耗尽”，表明反弹已经结束了，下一步的短线行情是向下跌。

第 54 节

Follow Me

2007 年 10 月 25 日 · 星期四

傻瓜买卖法

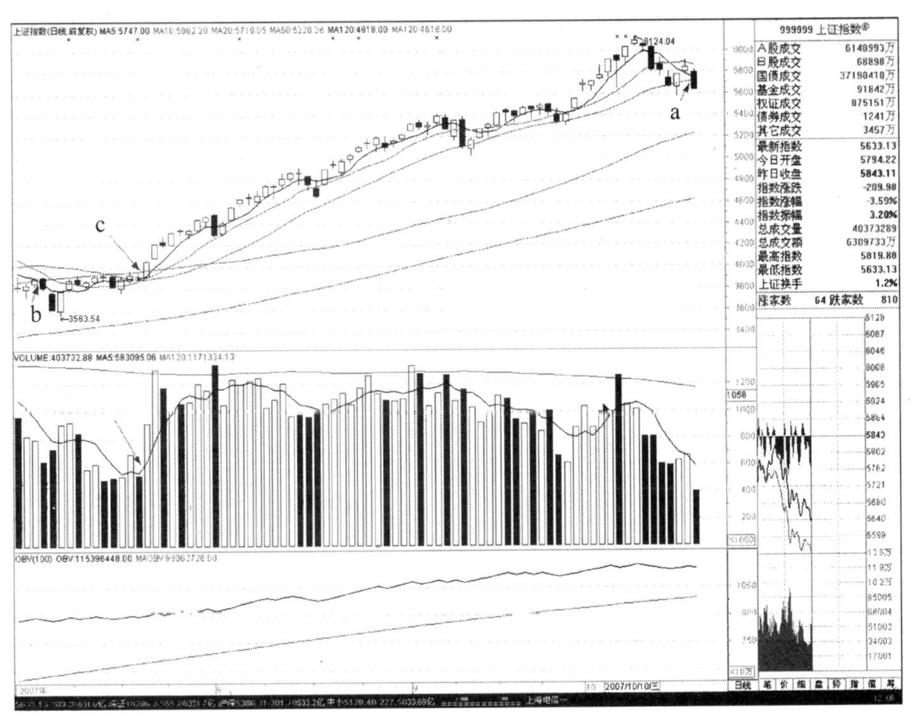

图 102511206 上证指数日 K 线 傻瓜买卖法

学生：听说《短线是银》有一种技术叫“傻瓜买卖法”，是一种像傻瓜照相机那样的傻瓜操作法，还能稳定赢利，请讲讲好吗？

老师：“傻瓜买卖法”就是“五买三卖”，它能确保你少输多赢，稳定赢利。“五买”就是在股价上穿5日、10日、20日、60日、120日五条均线之上就买进。“三卖”就是在股价下穿5日、10日、20日三条均线之下就卖出。以日收盘价为准，按部就班地买卖。请大家把各自炒过的股票日K线图打出来，按“傻瓜买卖法”对比分析，看看你赢得多还是“傻瓜买卖法”赢得多。我在图102511206上先表演一下：b箭头所示是上证指数下穿5日、10日、20日三条均线之下就卖出。c箭头所示是上证指数上穿5日、10日、20日、60日、120日五条均线之上就买进。a箭头所示是上证指数下穿5日、10日、20日三条均线之下就卖出。你看看，比你自己费尽心机地研究、分析大盘走势是否高明一些？

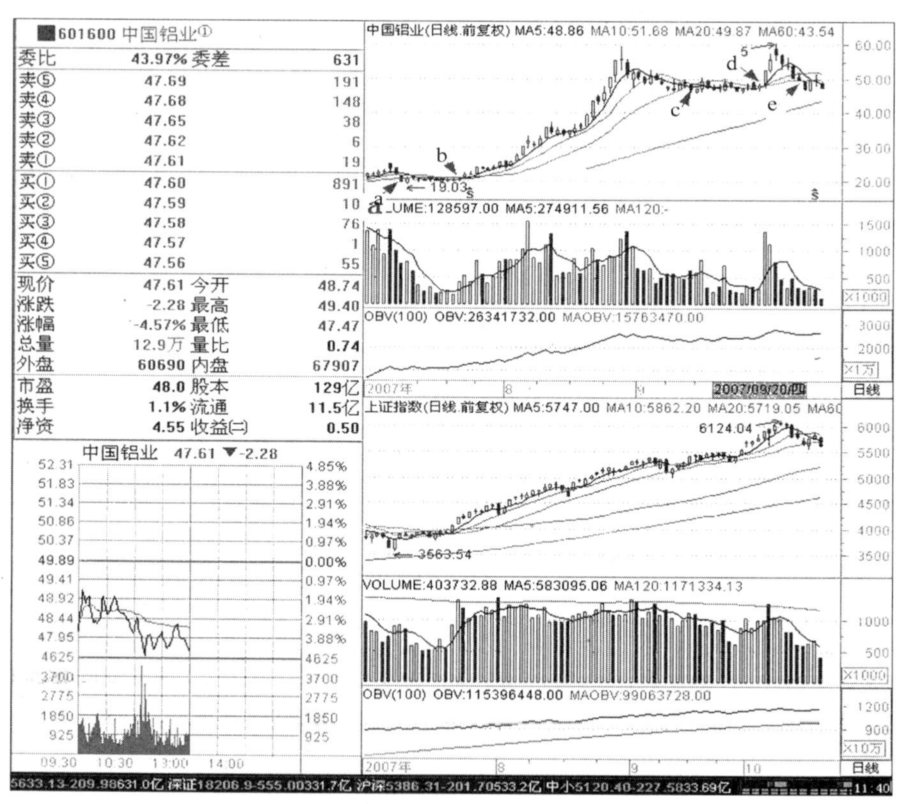

图 10251140－1　**上证指数五分钟K线　中国铝业**601600　**傻瓜买卖法**

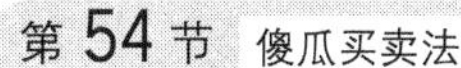

第 54 节 傻瓜买卖法

学生：我在 31 元时买入中国铝业 3 万股，现在是 47.61 元，赚了 16.61 元，请用“傻瓜买卖法”和我比一比，谁赚得多？

老师：图 10251140 中，a 箭头所示是卖出。b 箭头所示是 21 元附近买入，c 箭头所示是 49 元附近卖出，约赚 28 元。d 箭头所示 50 元买进，e 箭头所示是 49 元卖出止损，此笔买卖亏 1 元。两笔买卖共赚 27 元。而你却只赚了 16.61 元，还不如“傻瓜买卖法”吧！

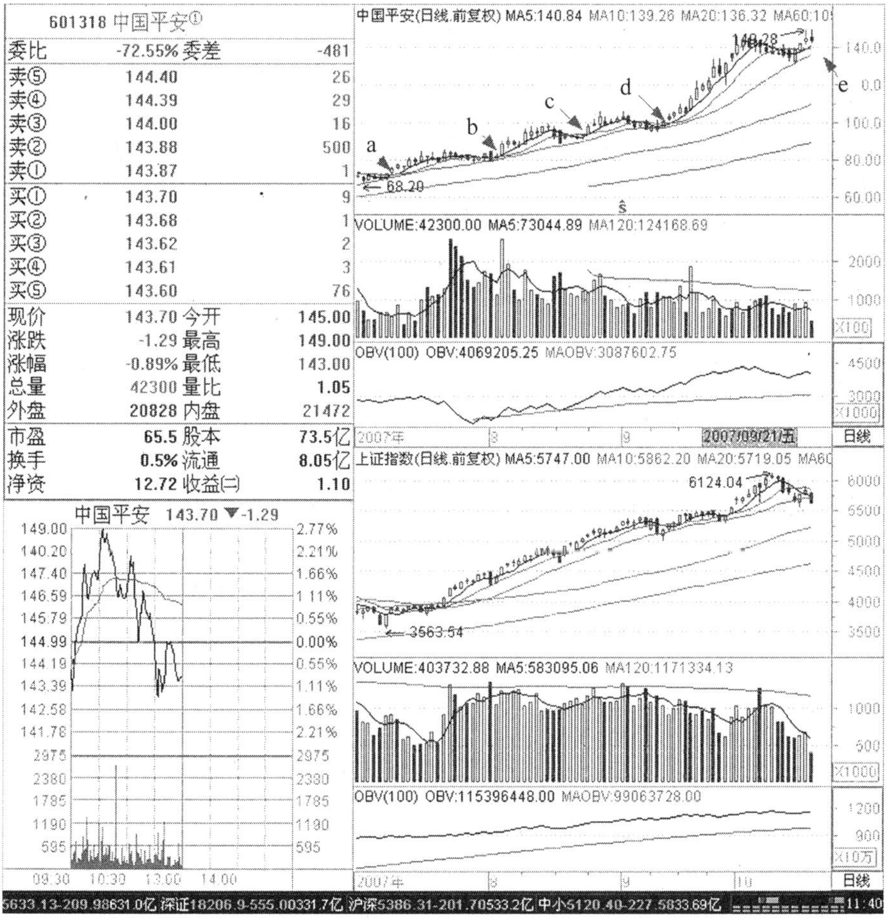

图 10251140－2　上证指数五分钟 K 线　中国平安 601318　傻瓜买卖法

学生：我来与“傻瓜买卖法”比一比。我是81元买进的中国平安，是121元卖出的，每股赚了40元。

老师：图10251140中，a箭头所示是73元买入，以后在b、c、d箭头所示再提示买入，e箭头所示股价还没有下穿5、10、20日均线，一旦下穿，可在20日均线136.32元处清仓，可赚到136.32－73＝63.32元，比你的40元可要赚得更多。

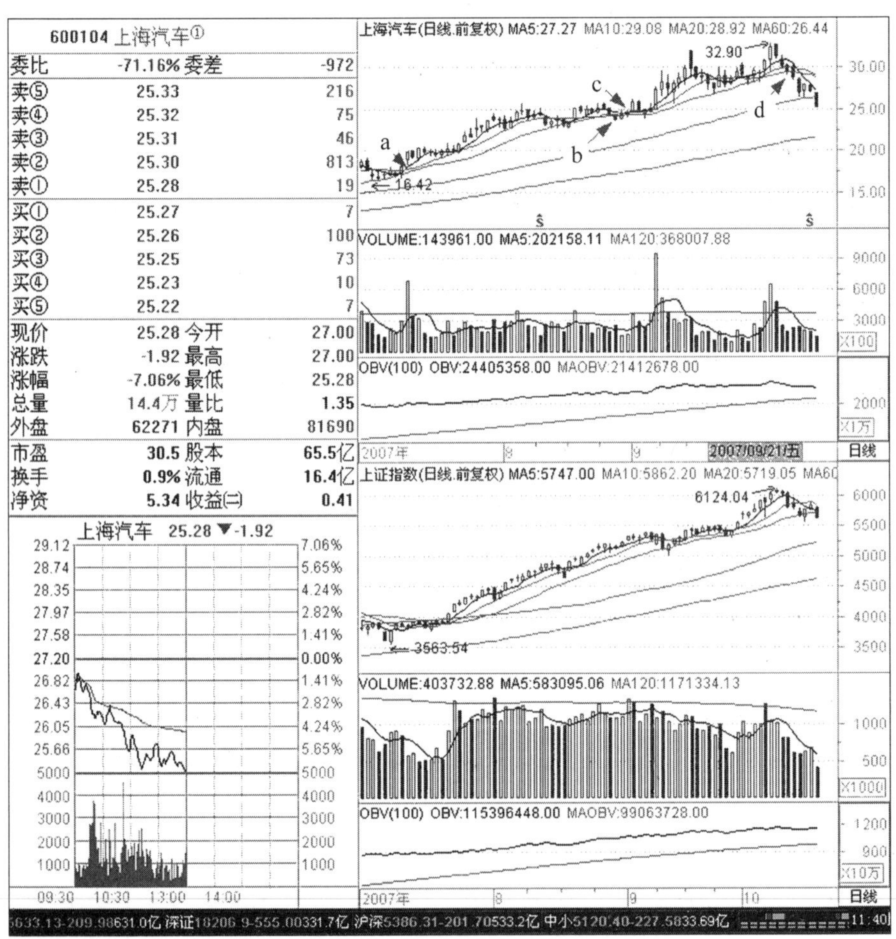

图10251140－3 **上证指数五分钟K线 上海汽车600104 傻瓜买卖法**

学生：我是21元买的上海汽车，25.50元卖出，每股赚了4.50元。

老师：图10251140中，a箭头买入是15.50元，b箭头23.20元卖出，赚了7.70元。c箭头25.70元买入，d箭头29.30元卖出，赚了3.60元。两笔买卖共赚了11.30元，而你只赚了4.50元，赚少了吧。当然，在b、c箭头附近，有些“杂波”信号，需用其它《短线是银》技术过滤一下，这内容以后再介绍。

今天就不多举例讲“傻瓜买卖法”了，大家可以自己练习。一般来说，“傻瓜买卖法”是以输小钱来换取赢大钱的，能自动避开大熊市，追逐大牛市。在使用中，要结合其他单一技术，效果会更好。

第 55 节

Follow Me
2007 年 10 月 25 日 · 星期四

分时走势价量背离

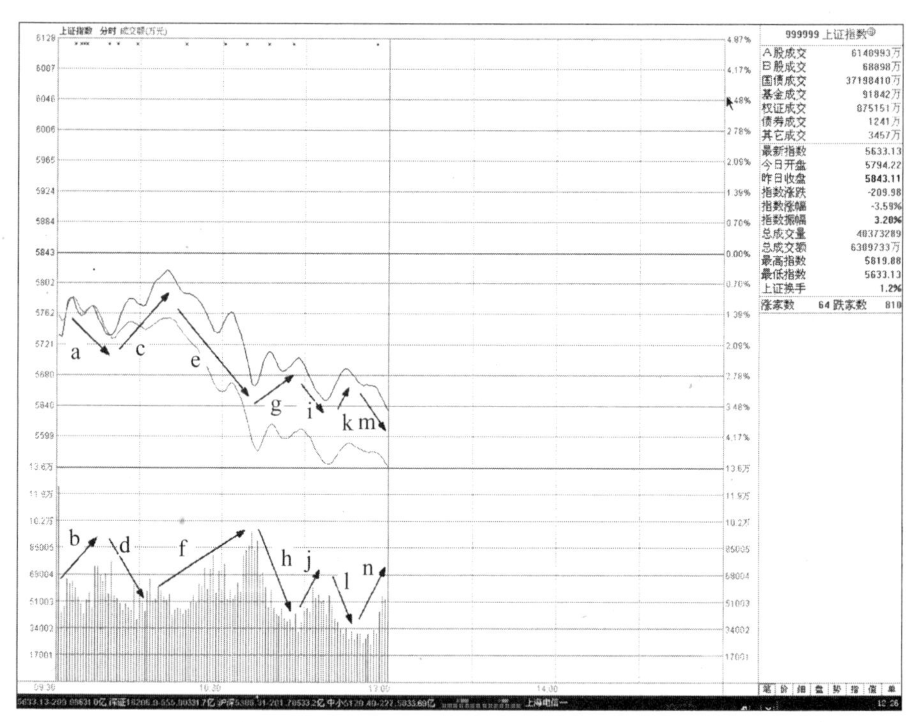

图 10251141—1　**上证指数分时走势　分时走势价量背离**

学生：今天上午，上证指数飞流直下，已跌了 209.98 点，实属罕见。图 10251141 是上证指数分时走势图，老师能不能讲讲这幅图的特点，以及

上证指数的后市走势。

老师：图10251141上证指数分时走势图的特点是：

1. 跌速快。半天跌了210个点，这说明有人在不计成本地卖出，有人卖出的决心很大。这么集中统一地卖出，不会是散户的统一行动，只能解释为某个或某几个市场主力的统一行动。

2. 半天成交631个亿，由此推算今天成交1262亿，这个成交量比前几天要大得多。今天上证指数必定是以下跌收盘，而下跌放量必然是有资金外逃。如此大的成交量统一出货，只能是主力行为。散户是散的，不可能有如此集中统一的市场动作。

3. 分时走势价量背离。我们知道一个常识，股价下跌无量，可能是洗盘。股价下跌有量，肯定是出货。a箭头所示是指数下跌，b箭头所示是成交量放大，必有人在出货。这种情况还出现在e、f箭头所示，i、j箭头所示和m、n箭头所示处。另一个常识是，股价上升，成交量同步放大，这是量推动价格上涨，涨势能持久。而股价上升，成交量同步缩小，这是缩量上涨，是引诱散户买进，这种涨势不能持久。图中c箭头所示股价上涨，d箭头所示是成交量下降，这种上涨不会长久。同样的缩量上涨走势还发生在g、h箭头所示和k、l箭头所示处，它们都是缩量上涨，都是涨不高的。价涨量增，价跌量缩，这种分时走势图叫“价量配合”。价涨量缩，价跌量增，这种分时走势图叫“价量背离”，这是市场主力大规模出货的分时走势图特征。

4. 由此可见：市场主力去意已重，后市还会下跌。

第 56 节

Follow Me

2007 年 10 月 25 日 · 星期四

强弱比较法

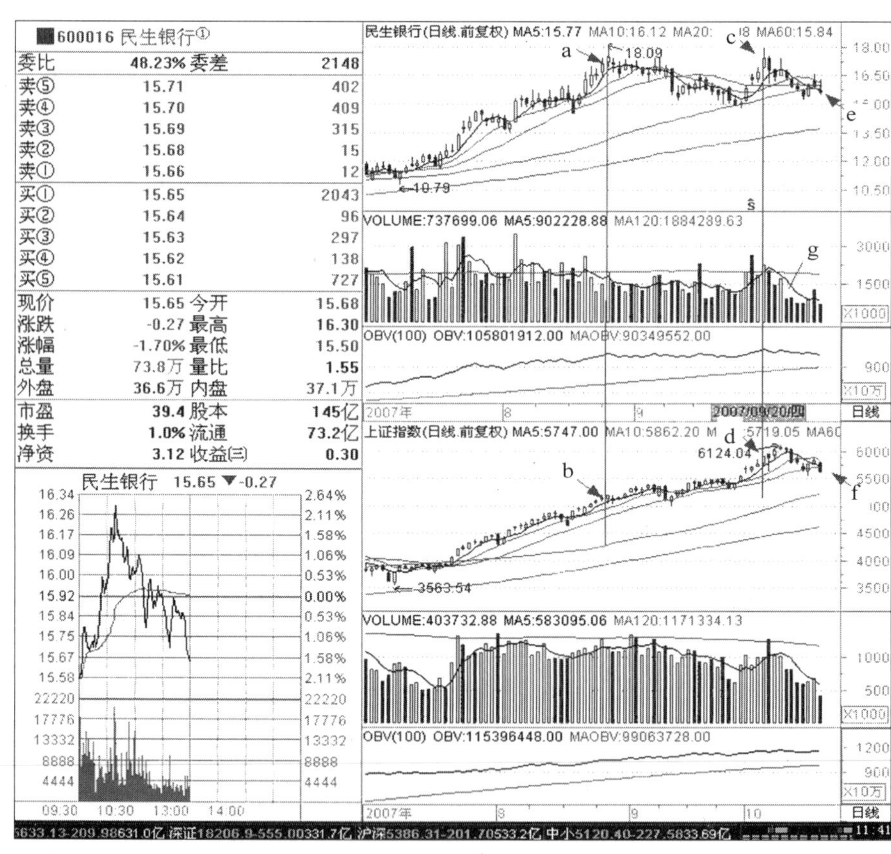

图 10251141—2　上证指数日 K 线　民生银行 600016　强弱比较法

第56节 强弱比较法

学生：有人说某个股走得很弱，这是怎么判断的？

老师：一般来说是以上证指数为衡量标准。图10251141中b、d箭头所示是上证指数上涨的两点，而a、c箭头所示是民生银行股价下降的两点。对应于上证指数的b、d箭头，民生银行从a箭头所示到c箭头所示是走得弱了。这是用股价两个高点之距离与上证指数两个高点之距离的比较法。另外，看现在民生银行的价格已跌破60日平均线，见e箭头所示。而上证指数的位置离60日平均线还远得很，见f箭头所示处，很明显，民生银行的走势弱于上证指数。而一轮大行情的末期，弱于指数的个股，往往是下跌的领头羊，或叫“领跌股”。

第57节 Follow Me

2007年10月25日·星期四

白浪滔天

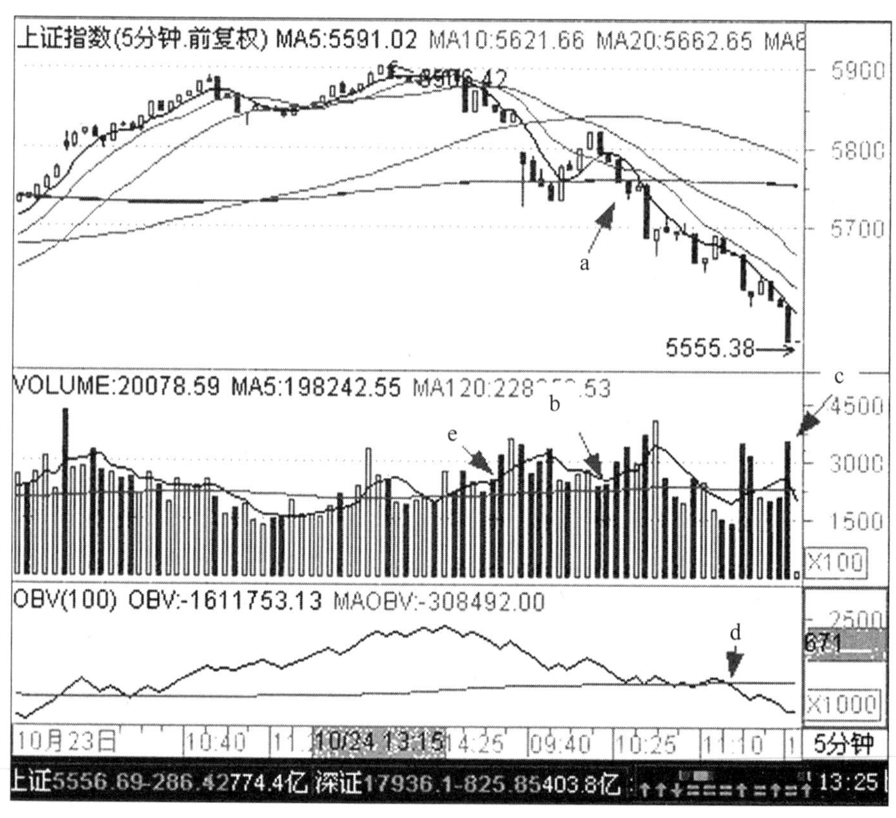

图 10251325　上证指数五分钟K线　白浪滔天

第57节 白浪滔天

学生：上证指数五分钟K线图上，从e箭头所示处，到b、c箭头所示处，成交量中白色的阴量比红色的阳量要多，怎么解释？

老师：图10251325上证指数五分钟K线图上，成交量中白色的阴量比红色的阳量要多，总体上呈白量，叫"白浪滔天"，取自伟人词："大雨落幽燕，白浪滔天，秦皇岛外打鱼船。一片汪洋都不见，知向谁边？"发生这种走势，指数知向谁边？上证指数未来走势令人担忧。特别是d箭头所示处是OBV能量潮下破100均线，这是市场主力强烈出货的结果。

第 58 节 Follow Me
2007 年 10 月 25 日 · 星期四

分形操作法

什么是分形？分形是一种具有自相似特性的现象、图像或者物理过程。也就是说，在分形中，每一组成部分都在特征上和整体相似，只仅仅是变小了一些而已。让我们来看下面的一个例子。下图是一棵蕨类植物，仔细观察，你会发现，它的每个枝杈都在外形上和整体相同，仅仅在尺寸上小了一些。而枝杈的枝杈也和整体相同，只是变得更加小了。那么，枝杈的枝杈的枝杈呢？自不必赘言。

图 10251427　分形

2007年10月25日·星期四

第58节 分形操作法

如果你是个有心人，你一定会发现在自然界中，有许多景物和自然现象都在某种程度上存在这种自相似特性，即它们中的一个部分和它的整体或者其他部分都十分形似。其实，远远不止这些。从心脏的跳动、变幻莫测的天气到股票的起落等许多现象都具有分形特性。这正是研究分形的意义所在。例如，在道·琼斯指数中，某一个阶段的曲线图总和另外一个更长的阶段的曲线图极为相似。

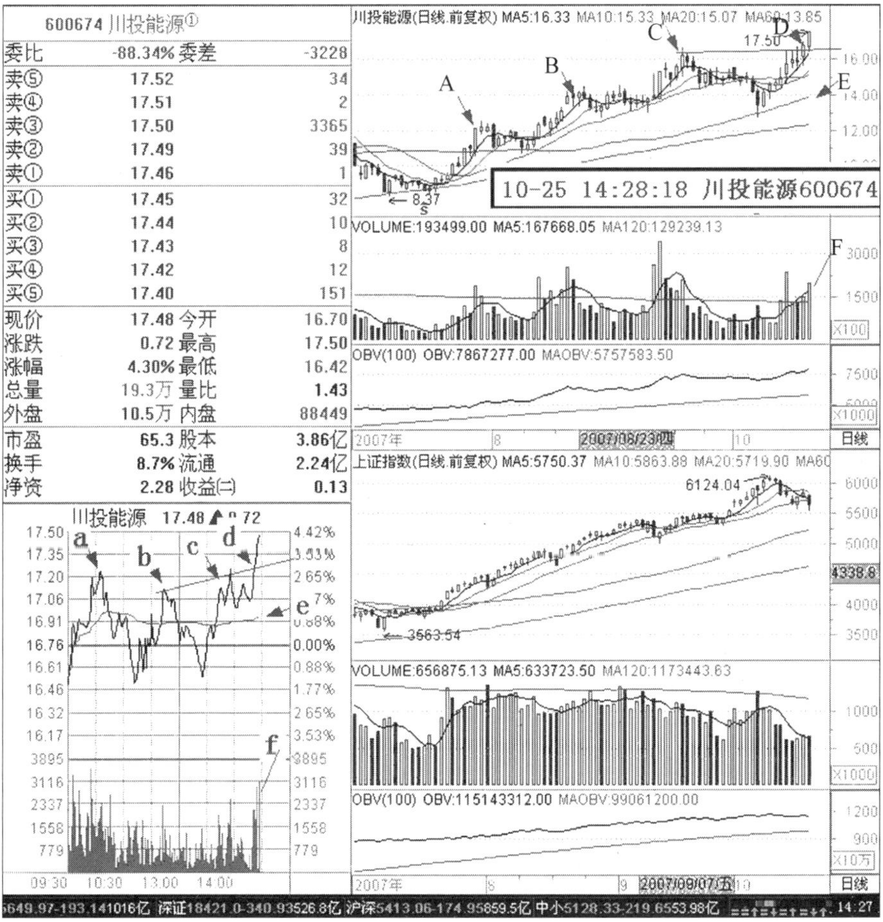

图 10251428　上证指数五分钟K线　川投能源600674　分形操作法

学生：图 10251428 中，川投能源的分时走势图与日 K 线图走势有点相像？请分析一下。

老师：川投能源的日 K 线图中，D 箭头所示的日 K 线冲击 A、B、C 三个前高点，这是日 K 线图上的上涨“临界点”。而分时走势图上，d 箭头所示的分时走势冲击 a、b、c 三个前高点，这是分时走势的上涨“临界点”。另外分时走势图上 e 箭头所示的均线与日 K 线图上 E 箭头所示的均线也相似。分时走势图上 f 箭头所示的量放大，与日 K 线图上 F 箭头所示的量放大也相似。我们把分时走势图与日 K 线图的这种“自相似”现象称为“分形”。“分形”技术是研究股价运行过程中，局部与整体的“自相似”，从中找出形态的“共振点”，它们往往是股价暴涨的“临界点”。

第59节

Follow Me

2007年10月25日・星期四

倒箱问底

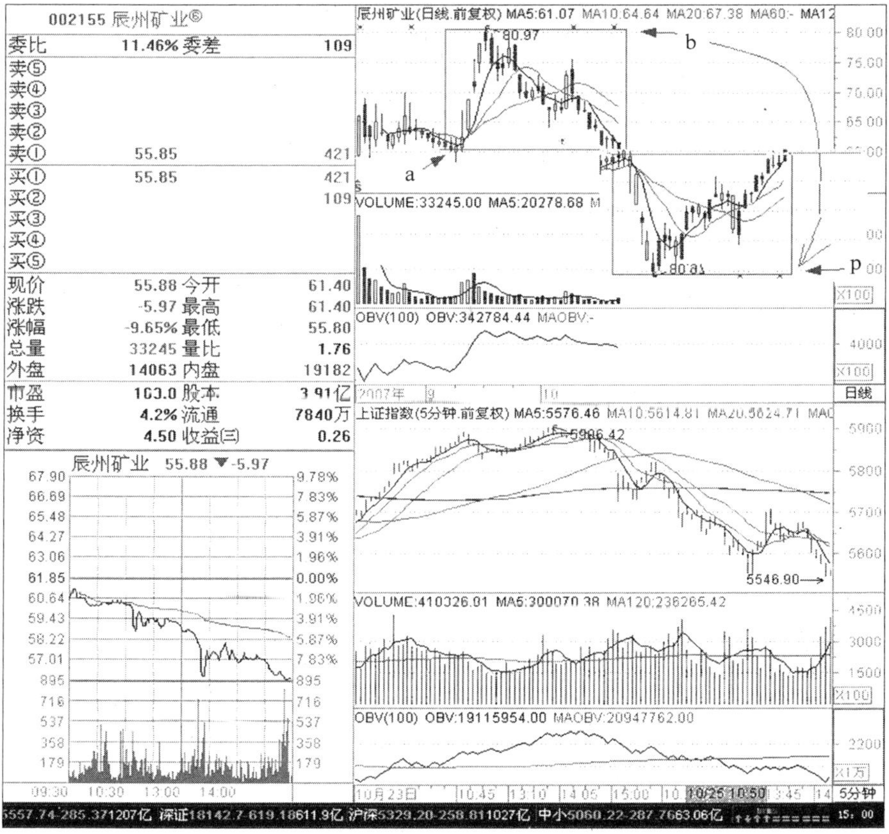

图10251500　上证指数五分钟K线　辰州矿业002155　倒箱问底

学生：前几天老师曾分析过辰州矿业是“大三角向下突破”形态，要跌一段路。现在怎么看?

老师：图 10251500 上 a 箭头所示是前低点收盘价 60.50 元。而高点收盘价是 b 箭头所示的 78.70 元。a 箭头所示与 b 箭头所示的箱体高度是 78.80－60.50=18.30 元。辰州矿业股价一旦有效跌穿 a 箭头所示的水平线，未来跌幅可用“倒箱问底”来求出，即把 b 箭头所示的“箱体”倒下来到达 p 箭头，未来箱体的底就是：a 箭头所示的 60.50 元－箱高 18.30 元=42.20 元。这是理论跌幅。

压 引 力

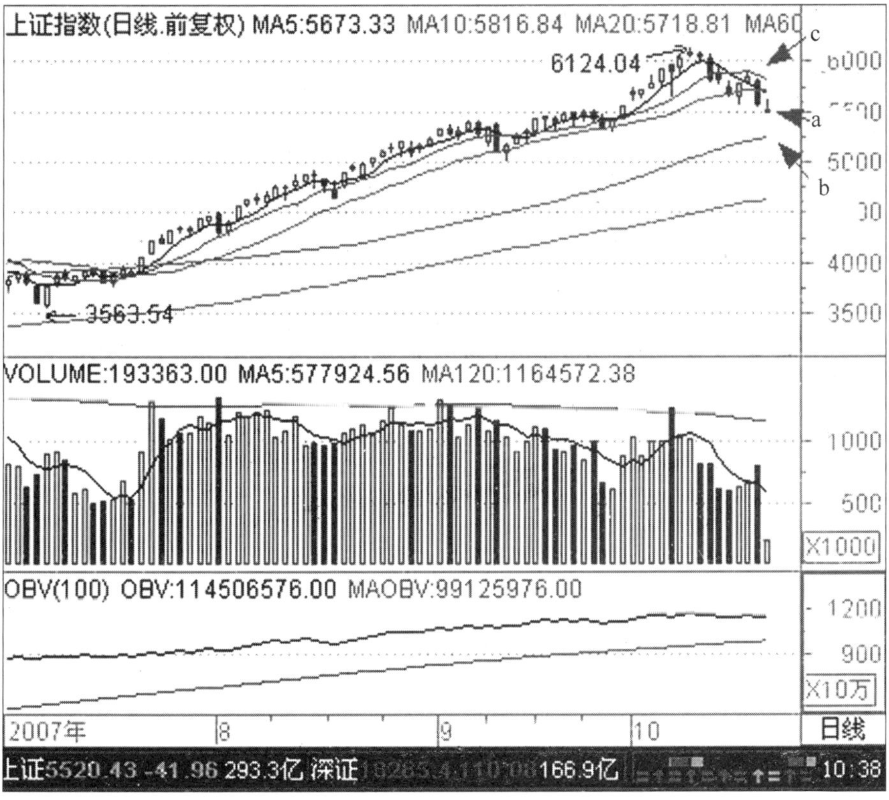

图 10261038　上证指数日K线　压引力

学生：今日开盘后八分钟，上证指数下跌 42 点。a 箭头所示是上证指数日 K 线处于 20 日、60 日平均线之中间，下一步会怎么走？

老师：图 10261038 中，上证指数跌破 20 日平均线，c 箭头所示处正在形成“价压”，从这个形态看，上证指数正在形成头部，未来上证指数下跌是主旋律。另一方面，上证指数从 6124.04 点跌到现在的 5520.43 点，已跌去 603.61 点，跌幅甚大，所以有可能发生技术性反弹。一般在“价压”之下跌幅甚大时，股价会向“价压”靠拢，这就是“压引力”。以前我们讲过“死叉引力”，而“价压”是由三个“死叉”形成的，三个死叉同时发生“死叉引力”，就等于是一个“压引力”，发生压下反弹也是可能的。跌破 20 日平均线要减仓，不能因为“压引力”而不出货。因为“压引力”并不是每一次必定会发生的，有时遇到利空，“压引力”被消耗掉了，就不吸引股价反弹了。“压引力”只是给你一次逃跑的好机会，可以逃得从容一些，价格高一些，逃量大一些，但不是捂股不放的理由。

第 61 节

Follow Me

2007 年 10 月 26 日 · 星期五

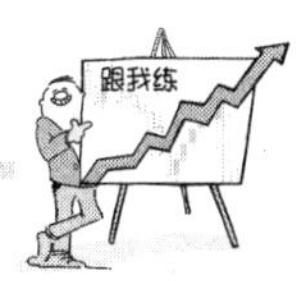

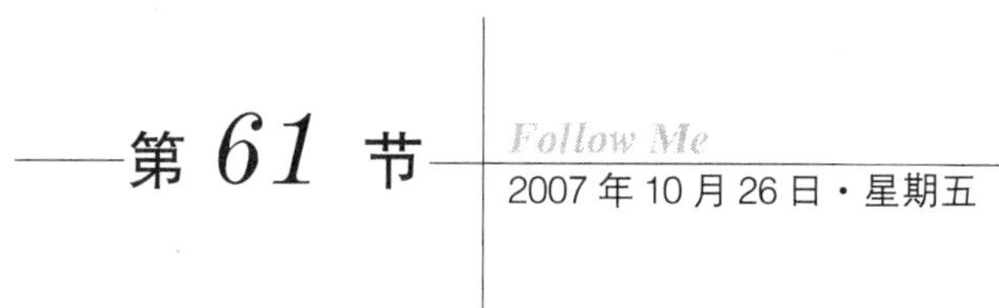

集中出货区

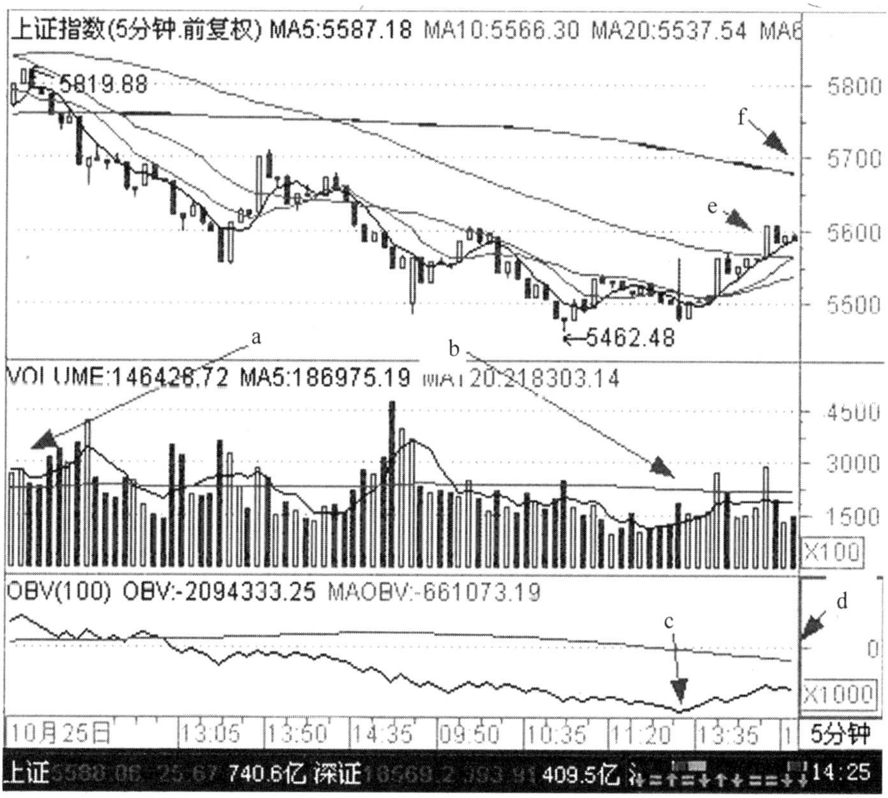

图 10261425　上证指数五分钟 K 线　集中出货区

学生：图 10261425 中，上证指数涨起来了，还会涨吗？

老师：这就是“压引力”引起的反弹浪。注意 a 箭头所示至 b 箭头所示的区间中，白色的成交量是主力集中出货的区间。它的特点是价格下跌时，阴量大，价格上涨时，阳量小。阴量柱体图比阳量柱体图个儿高得多，数量多得多。有人问主力、庄家有没有走？就要看阴量与阳量的个儿和数量。OBV 是把每一根阴量、阳量累计起来，更能看出市场主力的资金运行方向。c 箭头所示是一路下跌的 OBV 能量潮，就是一路退潮的主力资金。主力都逃了，大盘怎么涨？所以，要重点关注 OBV 能量大规模退潮的“集中出货区”，跟着主力出货。当主力出货太猛烈时，股价下跌太快，能量潮退潮也太快，这就妨碍了主力的出货，主力就会拉高股价，如 e 箭头所示处。这时能量潮会有一些上涨，见 d 箭头所示处。当上证指数冲到 f 箭头所示处，能量潮涨到 d 箭头所示处，反弹浪还会上升，当然，又一个“集中出货区”又将出现。

第 62 节

Follow Me

2007 年 10 月 26 日 · 星期五

反弹高度估计法

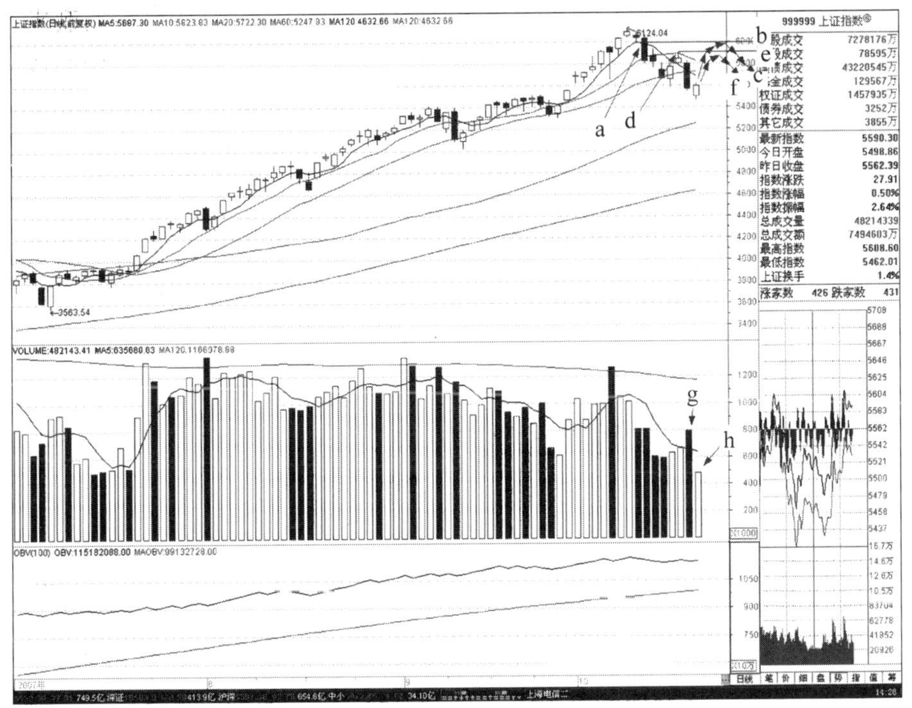

图 10261428 上证指数日 K 线 反弹高度估计法

学生：又一个"集中出货区"将在什么点位出现？反弹高度在哪里？

老师：图 10261428 中，a 箭头所示是 5 日均线的最高点 5994.98 点，作 b 水平线，这里是主力“集中出货区”。c 箭头所示是上升浪在 b 水平线的“集中出货区”受阻回落。d 箭头所示是 10 日均线的最高点 5883.04 点，作 e 水平线，这里也是主力“集中出货区”。f 箭头所示是上升浪在 e 水平线的“集中出货区”受阻回落。由此可见，上证指数的反弹高度估计在 e 水平线 5883.04 点与 b 水平线 5994.98 点之间。g 箭头所示是上证指数下跌放量，h 箭头所示是今天上证指数上涨缩量，进一步证明了上证指数的反弹力度有限，高度也有限。

第 63 节

Follow Me
2007 年 10 月 26 日 · 星期五

缩量拉高股价（1）

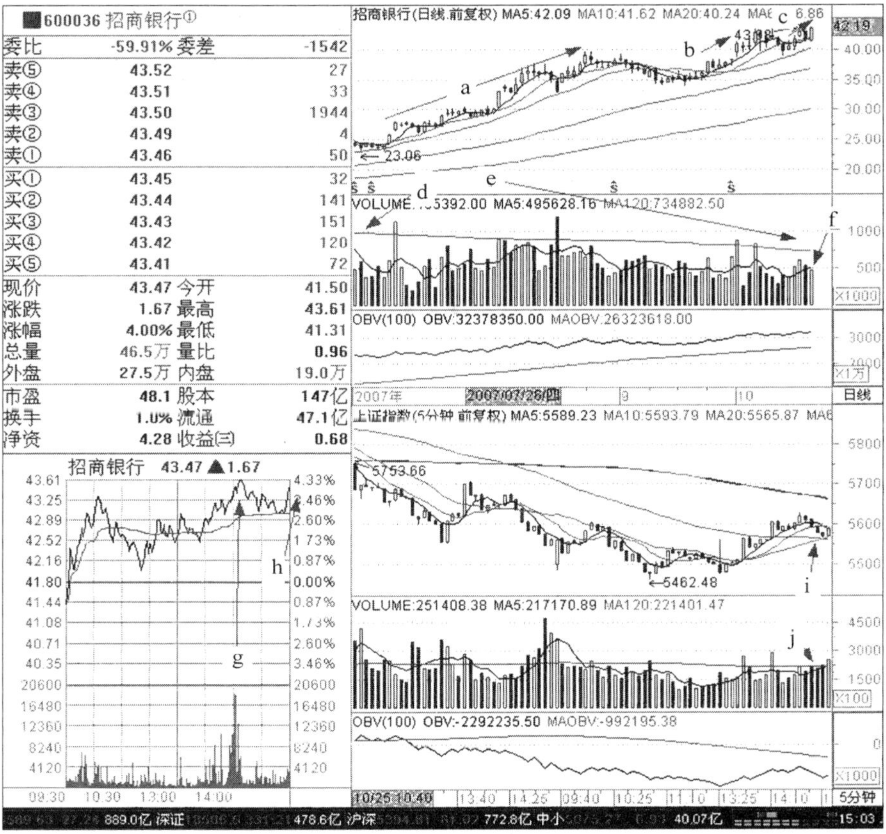

600036 招商银行①			
委比	-59.91%	委差	-1542
卖⑤	43.52		27
卖④	43.51		33
卖③	43.50		1944
卖②	43.49		4
卖①	43.46		50
买①	43.45		32
买②	43.44		141
买③	43.43		151
买④	43.42		120
买⑤	43.41		72
现价	43.47	今开	41.50
涨跌	1.67	最高	43.61
涨幅	4.00%	最低	41.31
总量	46.5万	量比	0.96
外盘	27.5万	内盘	19.0万
市盈	48.1	股本	147亿
换手	1.0%	流通	47.1亿
净资	4.28	收益(三)	0.68

图 10261500　上证指数五分钟 K 线　招商银行 600036　缩量拉高股价（1）

学生：今天招商银行走得挺强，还创了新高，老师怎么看？

老师：个股涨势强不强，要看成交量。图 10261500 中，c 箭头所示是今日招商银行股价创新高，而 f 箭头所示是成交量没有同步放大。再看以前的走势，a 箭头所示是第一波上升行情，涨幅较大。b 箭头所示是第二波上升行情，涨幅次之。c 箭头所示是第三波上升行情，涨幅更少。这就是上升幅度递减，是上升逐步乏力的表现。d、e 箭头所示是成交量 100 均线呈下降趋势，说明该股活跃程度越来越低。分时走势图上，g 箭头所示是放量上攻，但不放量时股价立刻下跌到原处，证明上方抛盘很大。h 箭头所示是“尾盘偷袭”，没等空方出货时正好收盘时间到！所以今天招商银行的阳线有点“偷”来的味道，有点“虚”。

第64节

Follow Me

2007年10月29日·星期一

跳空高开操作法

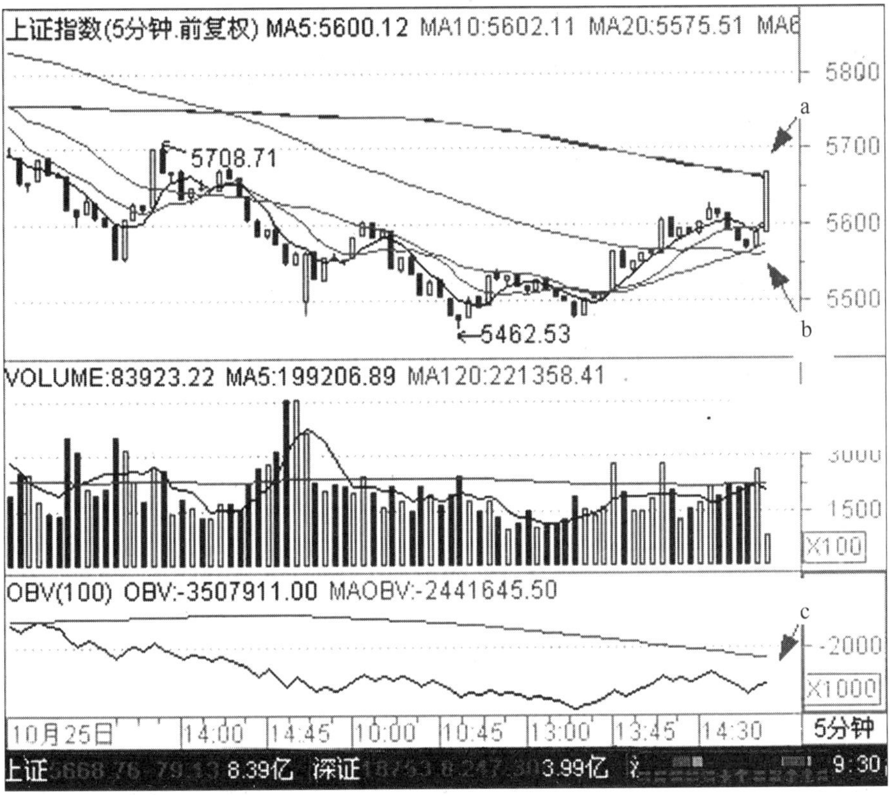

图 10290930 上证指数五分钟 K 线 跳空高开操作法

学生：今天上证指数跳空高开，怎么操作为好？

老师：图 10290930 中，b 箭头所示是上证指数昨天的收盘位置，在 60 均线之上，a 箭头所示是今天上证指数开盘在 120 均线之上，这是今天上证指数承接昨天反弹的继续。如果 c 箭头所示的 OBV 能量潮能封闭的话，反弹还会继续。跳空高开时，应判断为什么会跳空？上涨空间还有多大？现在我们判断是承接昨天的反弹，是技术原因，跌多了自然会涨，图形好了自然会涨。至于能涨到哪里？我们已经分析过了：反弹高度估计在 a 箭头所示的 5883.04 点与 b 箭头所示的 5994.98 点之间。

图 10290931 上证指数五分钟 K 线 海星科技 600185 跳空高开操作法

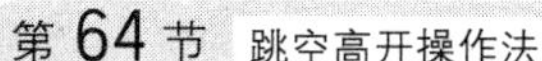

学生：上证指数还能继续反弹，个股有没有机会？

老师：图10290931中，海星科技600185也是跳空高开，这种个股往往有机会。海星科技的跳空缺口大，达到7.10%。一个跳空一个兴奋，跳得越高说明兴奋程度越高。看以前的日K线图上，b箭头所示上涨，c箭头所示放量。d箭头所示下跌，e箭头所示缩量。f箭头所示上涨，g箭头所示放量。h箭头所示下跌，i箭头所示缩量。上涨要尽量放量，如g箭头所示，下跌要尽量缩量，如i箭头所示，这就是价量配合好，有主力操盘的痕迹。j箭头所示是前头部8.86元，一旦冲过，还有上升空间。

有资料显示，海星科技现在的主营业务是计算机硬件等高新技术产品的生产，今年半年报和三季报分别显示亏损。而通过资产置换，将在原有房地产业务保留的基础上又置换进新的房地产业务，海星科技可谓“改头换面”。此次海星科技拟置出的资产约5亿元，包括流动资产89917.26万元，股权投资21805.98万元，固定资产约11564万元，以及相关债务。而拟置入的资产则为格力集团全资拥有的两家珠海房地产公司100%股权，分别为珠海格力房产有限公司和格力置盛房产有限公司。资料显示，珠海格力房产在今年前10月主营业务收入达16096万元，利润总额82949万元，净利润70841万元。该公司目前正在开发的项目有位于珠海市中心区的珠海格力广场，总建筑面积60万平方米，项目分三期开发，建筑面积18万平方米的一期项目正在紧张施工，预计在2008年5月开始销售。另外公司正在着手规划设计的项目还有珠海拱北夏湾项目，该项目位于商业最繁华地段，紧靠珠海、澳门的过境关口——拱北关口，总建筑面积约15万平方米。格力置盛房产有限公司的主要资产则是位于珠海市中心的“香樟美筑”项目的土地使用权价值，除此外近三年无任何经营活动。该项目毗邻格力广场项目，总建筑面积约15万平方米，目前已基本完成规划设计工作，预计项目于2008年初开工，2009年实现销售。

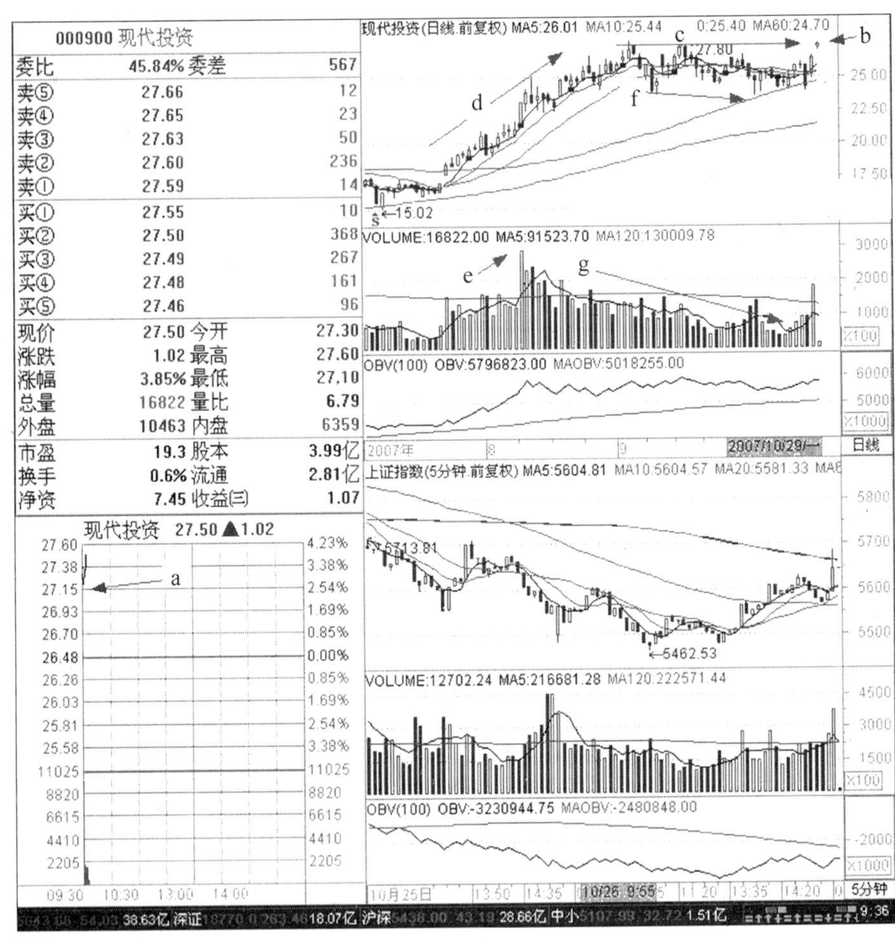

图 10290936　**上证指数五分钟 K 线　现代投资** 000900　**跳空高开操作法**

学生：现代投资 000900 也是跳空高开，a 箭头所示，可以追吗？

老师：不是所有的跳空高开都能追涨，追错了会套牢的。我们要追的个股一要形态美，二要能量足，三要题材好，“三好学生”才能追！图 10290936 中，现代投资呈“老鸭头”形态，加之“跳空高开”，形态美没有问题。d 箭头所示上涨，e 箭头所示放量，f 箭头所示是下跌，g 箭头所示是缩量，价量配合好，涨势自然来。b 箭头所示是股价正在冲击前头部 27.80 元，一旦冲过，还有上升空间。

第 65 节

Follow Me

2007 年 10 月 29 日 · 星期一

价、量、潮三金叉

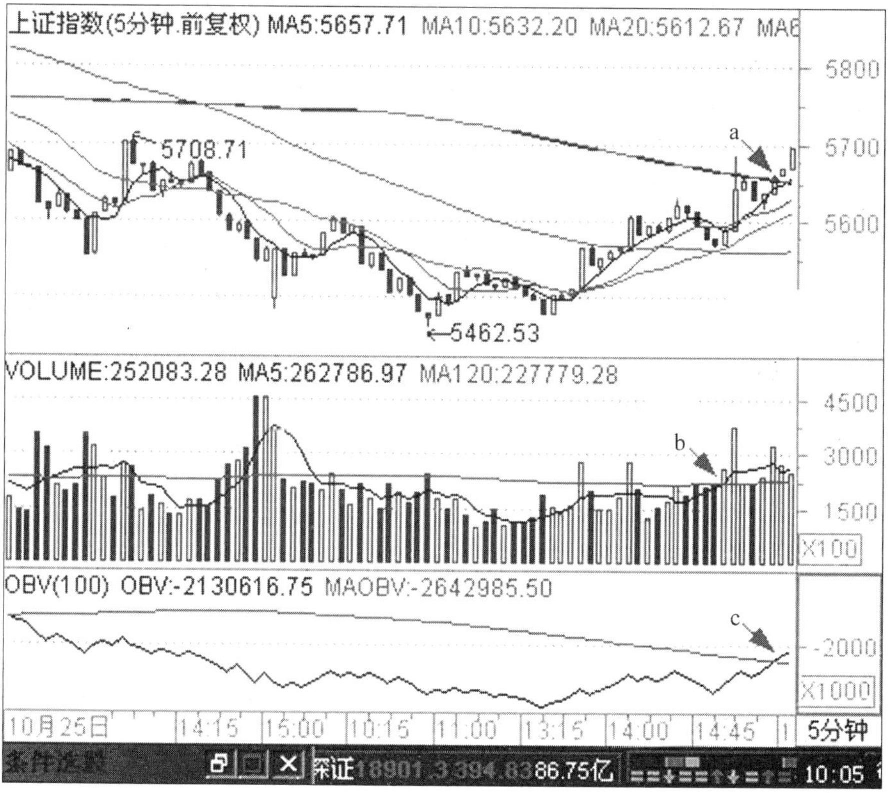

图 10291005　上证指数五分钟 K 线　价、量、潮三金叉

学生：什么叫“价、量、潮三金叉”？

老师：图10291005中，a箭头所示是股价K线与120均线“黄金交叉”，b箭头所示是成交量柱体图上，5均量线与120均量线“黄金交叉”，c箭头所示是OBV能量潮与100均线“黄金交叉”。同时出现这种“价、量、潮三金叉”，在5分钟K线图上有小反弹。若日K线图上出现“价、量、潮三金叉”，那就是大黑马有大行情了。

第 66 节

Follow Me

2007 年 10 月 29 日 · 星期一

暴量过前头（1）

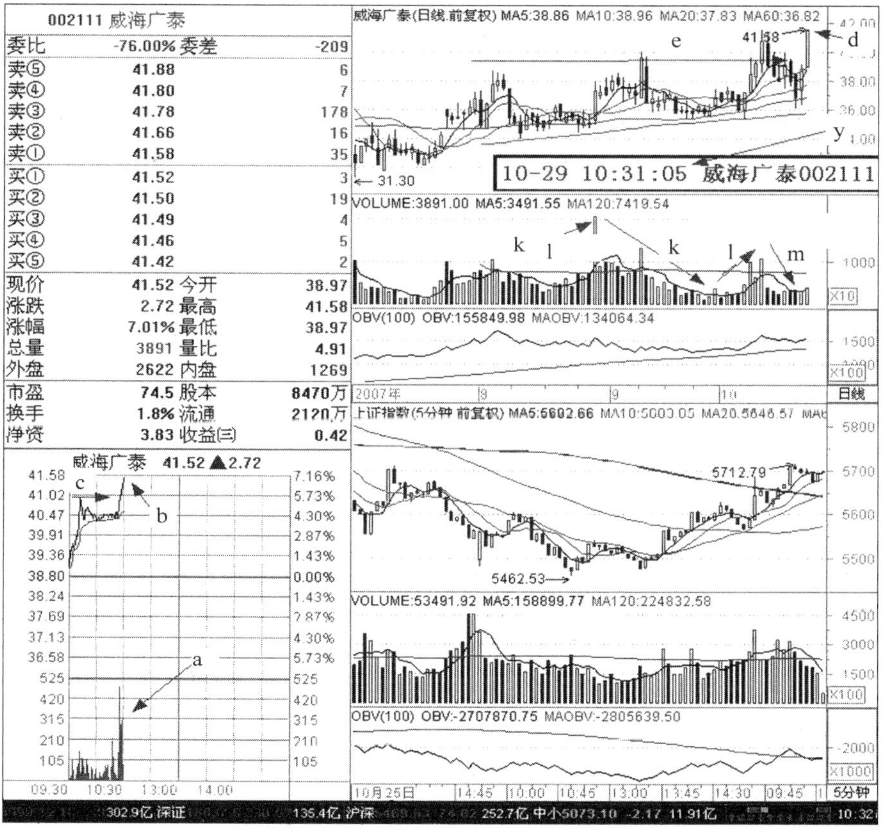

图 10291031 上证指数五分钟 K 线 威海广泰 002111 暴量过前头（1）

学生：刚收到小精灵信号，见 y 箭头所示，威海广泰能追吗?

老师：图 10291031 上，a 箭头所示是“暴量”。何为“暴量”? 就是爆炸般放量。放量可以分为温和放量、持续放量、急剧放量、爆炸放量等，它们各自描绘了不同的放量状态。显而易见，“暴量”是在几秒钟内突然巨大量成交。b 箭头所示是股价直线上升，这是“暴量”特有的涨势。c 箭头所示是股价冲过今日前头部。d 箭头所示是“暴量”使股价快速上升，过前头。仔细看，日 K 线图与分时走势图有“自相似”的特征，其中日 K 线图上的 d 箭头与分时走势图上的 b 箭头相似，日 K 线图上 e 箭头的前高点与分时走势图上 c 箭头的前高点相似。掌握好“暴量过前头”形态，就是掌握了一切黑马启动的一瞬间，买进后，只要大盘不出事，赢利性较好。

威海广泰（002111）拟与控股股东威海广泰投资有限公司签订《资产收购协议》，收购广泰投资位于威海市工业园草庙子镇 2 号路南侧厂区内的全部厂房综合办公楼等在建工程（不包括土地使用权）。双方商定，由公司收购广泰投资在建工程已付款部分 9476671.10 元，其余的未付款（债务）部分为 10735500 元，由广泰投资转给公司，本次收购完成后由公司直接对供应商付款。公告表示，本次收购的资产将用于“高效能油水净化节油系统”产品的研发，试制及产品试制成功后的生产，公司短期不会出售或转让该部分资产。“高效能油水净化节油系统”属于威海广泰新近研发的新产品，该产品可用于油田、电力、化工等行业的含油废水的处理，并进行油水分离回收利用，属于节能环保产品。该产品目前处于产品研发及试制阶段，由于该产品试制需要占用很大的生产空间，而公司目前生产场地极为紧张，经过充分论证，公司决定收购广泰投资在建的上述资产。上述在建工程主要由综合办公楼、生产车间和涂装车间三部分组成，总规划建筑面积 22263 平方米，厂房综合楼主体已经完工，现均已封顶。截至 2007 年 10 月 31 日，在建工程评估价值约为 2141.55 万元，在建工程审计账面值为 2021.21 万元，评估增值约 120 万元。公司称，本次收购资金全部为公司自有资金，同时为避免过多占用公司资金，决定暂时租用广泰投资土地，租赁期限为 10 年，每年租金为 28 万元，租金从在建工程完工厂房建

成投产后开始计算，公司在每年12月30日前支付当年租金。12月7日，公司与广泰投资签订《土地租赁协议》。资料显示，广泰投资注册资本3078.6万元，主要经营范围是机电设备及配件，自动控制装置项目的开发、生产、销售，对工程机械、机场、公路、铁路、港口等设备项目及房产、贸易的投资。

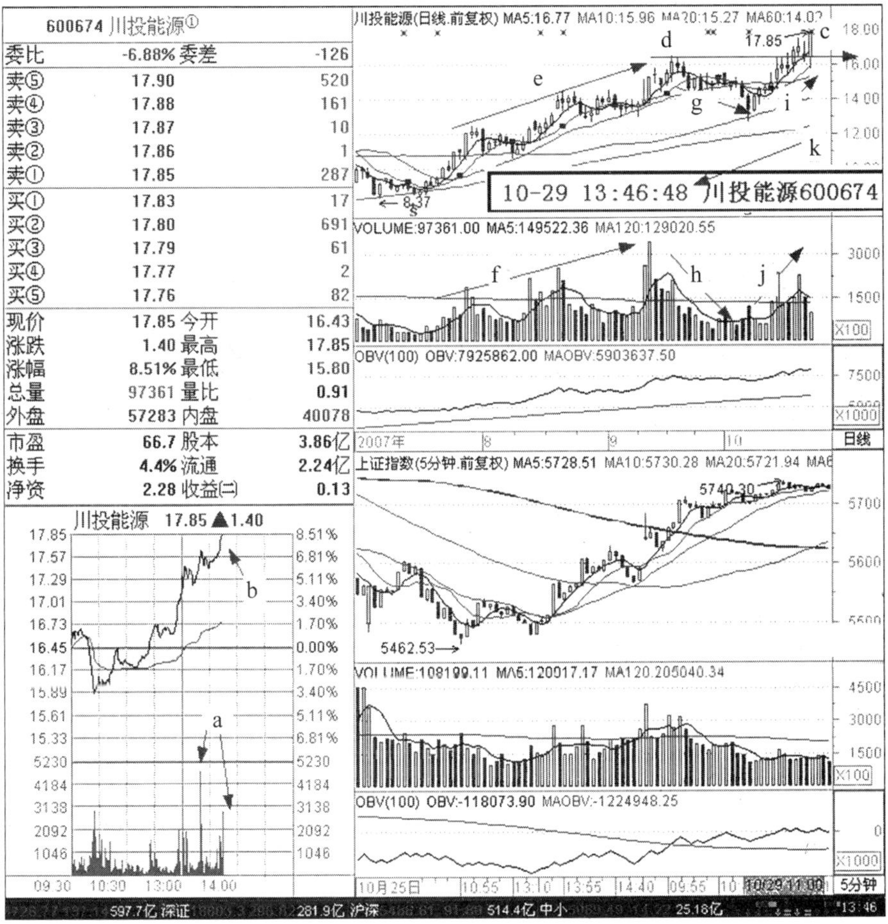

600674 川投能源①

委比	-6.88% 委差	-126
卖⑤	17.90	520
卖④	17.88	161
卖③	17.87	10
卖②	17.86	1
卖①	17.85	287
买①	17.83	17
买②	17.80	691
买③	17.79	61
买④	17.77	2
买⑤	17.76	82
现价	17.85 今开	16.43
涨跌	1.40 最高	17.85
涨幅	8.51% 最低	15.80
总量	97361 量比	0.91
外盘	57283 内盘	40078
市盈	66.7 股本	3.86亿
换手	4.4% 流通	2.24亿
净资	2.28 收益(二)	0.13

川投能源(日线,前复权) MA5:16.77 MA10:15.96 MA20:15.27 MA60:14.02

10-29 13:46:48 川投能源600674

VOLUME:97361.00 MA5:149522.36 MA120:129020.55

OBV(100) OBV:7925862.00 MAOBV:5903637.50

上证指数(5分钟,前复权) MA5:5728.51 MA10:5730.28 MA20:5721.94

VOLUME:108199.11 MA5:120917.17 MA120:205040.34

OBV(100) OBV:-118073.90 MAOBV:-1224948.25

图10291346 上证指数五分钟K线 川投能源600674 暴量过前头（1）

学生：刚收到小精灵信号（见k箭头所示），一看川投能源也在“暴量过前头”，可以买吗？

老师：图 10291346 中，分时走势图上 a 箭头所示是“暴量”，b 箭头所示是过前头。日 K 线图上 e 箭头所示价涨，f 箭头所示量增。g 箭头所示是价跌，h 箭头所示是量缩。i 箭头所示价涨，j 箭头所示量增。这是很好的“价量配合”形态。现在，股价已经上冲前头部 d，应该还有上升空间。

该股的基本面资料，请见前第 21 节“金芽”中“图 10191412　上证指数五分钟 K 线　川投能源 600674　金芽”相关内容。

第 67 节

Follow Me

2007 年 10 月 29 日 · 星期一

缩量反抽 120 线

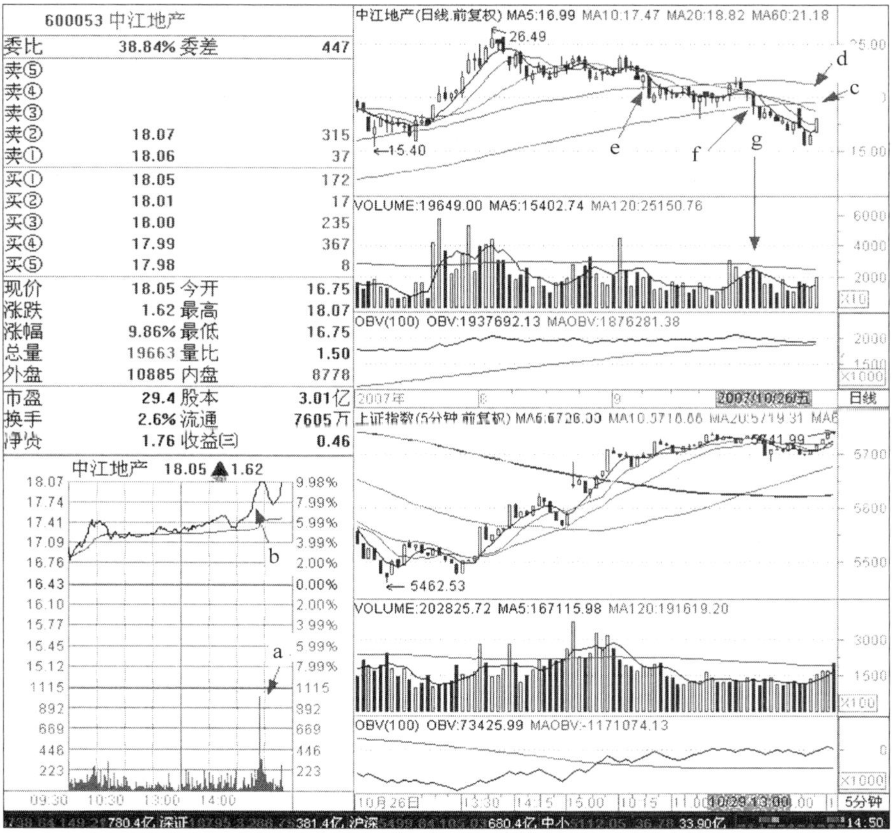

图 10291450 上证指数五分钟 K 线 中江地产 600053 缩量反抽 120 线

学生：中江地产分时走势图上，a箭头所示是“暴量”，b箭头所示是股价创新高，能买进吗？

老师：图10291450中，e箭头所示是股价跌破60日平均线，应减仓三分之一。f箭头所示是股价跌破120平均线，应再减仓三分之一。现在是120下小平台上，“缩量反抽120线”的形态，一旦反弹到c箭头所示的120均线，股价就会回落。如创新低，则再减仓三分之一。“暴量”不等于能“过前头”，“暴量过前头”只会发生在K线图上的2+3区间。而中江地产现在的日K线在2－3区间，不能套用“暴量过前头”理论。该股不能买进，已买进的，应在120均线附近卖出。

第 *68* 节

Follow Me

2007 年 10 月 30 日 · 星期二

反弹进行式

图 10300941　上证指数五分钟 K 线　反弹进行式

学生：今天开盘后，上证指数继续上涨，会不会有大行情？

老师：图 10300941 中，a 箭头与 b 箭头之间是“价、量、潮三金叉”，反弹行情开始。c 箭头所示是 5、10、20 平均线金叉，d 箭头所示是成交量柱体图上的 5、120 金叉，e 箭头所示是 OBV 能量潮向上开口。这是“价、量、潮三金叉”的延续，上证指数继续反弹向上。至于反弹高度，我已有分析：估计在 5883.04 点与 5994.98 点之间。

第 69 节

Follow Me

2007 年 10 月 30 日・星期二

强势回档买入法

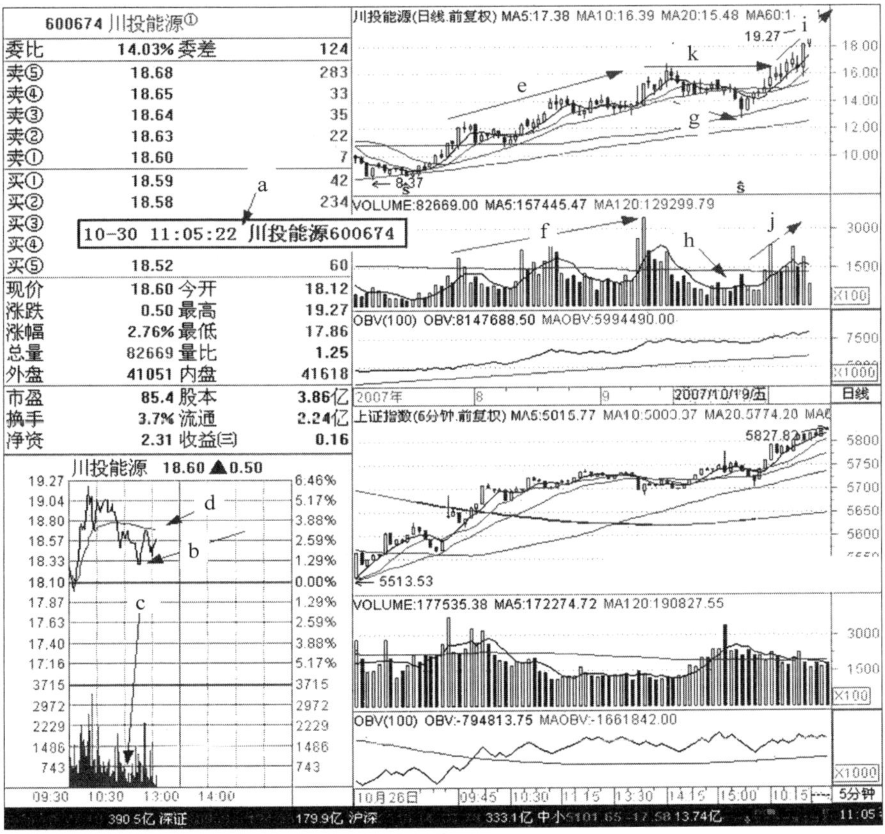

图 10301105 上证指数五分钟 K 线 川投能源 600674 强势回档买入法

学生：刚刚收到小精灵信号，见 a 箭头所示，川投能源正在回档，好在哪里？

老师：图 10301105 上，e、f 箭头所示是价涨量增，k、h 箭头所示是价跌量缩，i、j 箭头所示是价涨量增，这些都说明川投能源“价量配合”形态好，有庄家在运作。对于一个形态好，有庄家在运作的个股，除了在“暴量过前头”时跟进以外，还可用“强势回档买入法”，在回档缩量时买进。b 箭头所示是股价回档，c 箭头所示是缩量，这时买进往往是低价区。所谓“逢低买进”是有技术前提的：（1）必须是价量配合好的形态；（2）必须有好题材。不顾形态、能量、题材地越跌越买，并不是“逢低买入”，而是“逢低买套”，越买越套。d 箭头所示是股价上穿均价线瞬间，这是回档买入的最后界限。

30 分钟 K 线能量潮买卖法

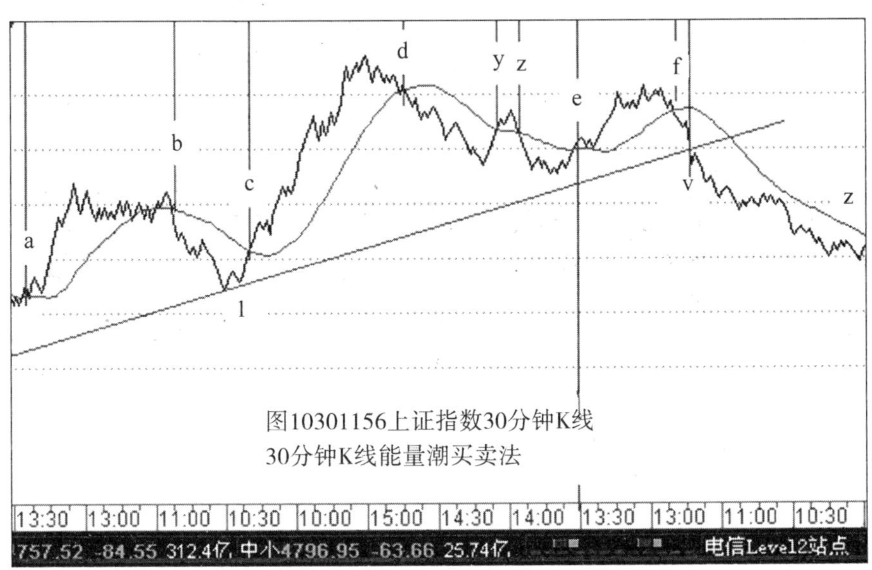

图 10301155　**上证指数** 30 **分钟** K **线**　30 **分钟** K **线能量潮买卖法**

学生：有没有不看 K 线作技术分析，并且买卖效果更好的方法？

老师：我们内部使用一种“30 分钟 K 线能量潮买卖法”，效果不错，你可以试试，保证有意外的惊喜。图 10301155 是上证指数 30 分钟 K 线图下面的能量潮曲线。我把 30 分钟 K 线图隐掉，让你在没 K 线看的环境中找出买卖信号。我们先规定：在这曲线图上，金叉买进，死叉卖出。那么买卖动作就很简单很傻瓜了。

a 买进

b 卖出

c 买进

d 卖出

y 买进

z 卖出

e 买进

f 卖出

一共做了 4 次买进，4 次卖出。那么究竟赚钱了没有呢？请看图 10301156 上证指数 30 分钟 K 线 30 分钟 K 线能量潮买卖法。

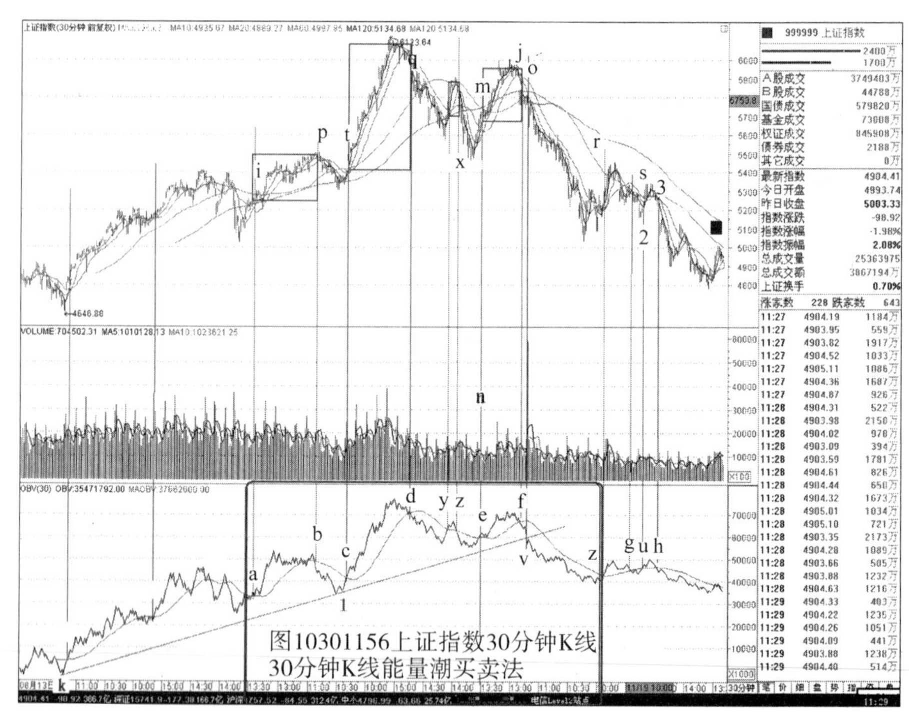

图 10301156 **上证指数** 30 **分钟** K **线** 30 **分钟** K **线能量潮买卖法**

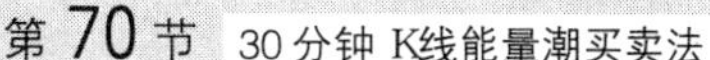

学生：把以上 4 次买卖动作一一对应 K 线，看看赚了没有？

老师：图 10301156 图正中下方的红色小方框内，就是刚才的“图 10301155”。刚才 4 次买卖的效果如下：

a 买进。

b 卖出。i 涨到 p，有赢利。

c 买进。

d 卖出。t 涨到 q，有赢利。

y 买进。

z 卖出。w 涨到 x，有赢利。

e 买进。

f 卖出。m 涨到 o，有赢利。避免了一波大跌。

如果再继续下去：

z 买进。

g 卖出。r 涨到 s，微有赢利。

u 买进。

h 卖出。2 涨到 3，微有赢利。避免了一波大跌。

此方法也可以用于个股，把你以前买卖过的个股图形打出来，按我的方法试试。我想你会对它的神效惊讶不已的。

最绝的绝技是用它来预测上证指数的头部，百试百灵。k、i 箭头所示是能量潮的两个低点，作低点连线，得 v 点。v 点就是上证指数的头部。我们验证一下，从 v 点作垂直线，对应于 o 点，而 o 点正好是上证指数本轮行情的“暴跌临界点”。在 o 点前上证指数基本上没大跌，而 o 点一过，就是特大暴跌，真让人对此神技感慨万端呀！

第71节

Follow Me

2007年10月30日·星期二

顶紧右上角(1)

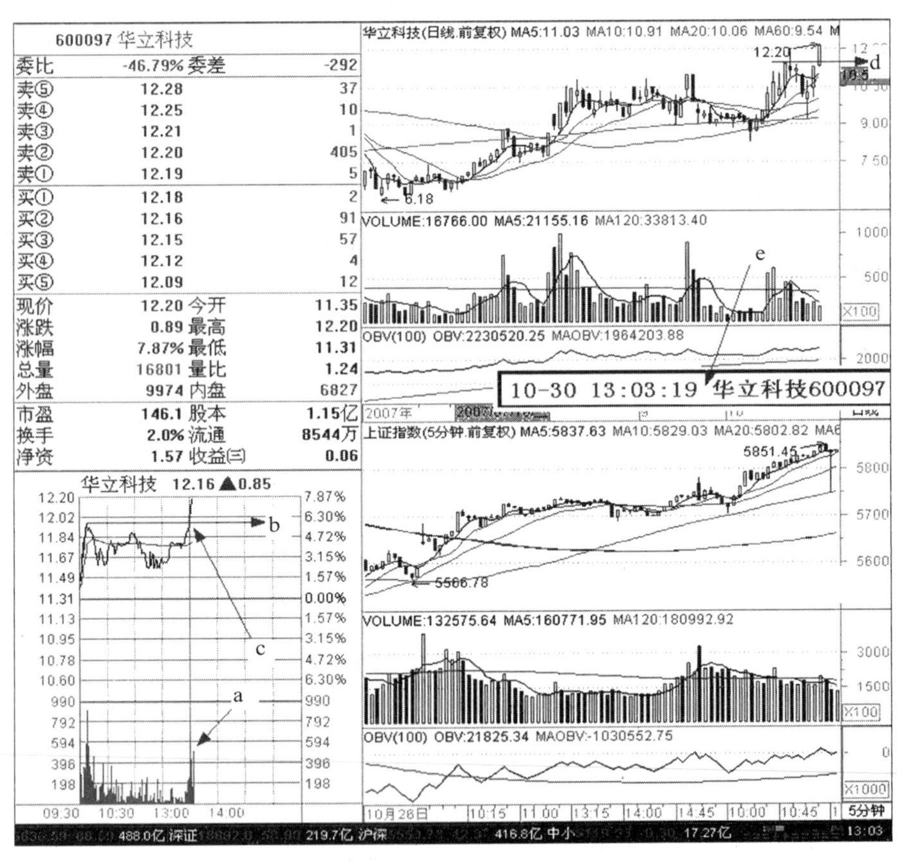

图10301303　上证指数五分钟K线　华立科技600097　顶紧右上角(1)

学生：我刚收到小精灵信号，见 e 箭头所示，是华立科技，能买吗？

老师：a 箭头所示是“暴量”，c 箭头所示是“顶紧右上角”。日 K 线图上 d 箭头所示也是“顶紧右上角”。我认为，任何黑马若要腾飞，必须在分时走势图和日 K 线图上同时做出“顶紧右上角”的形态，买进这种形态的赢利可能性是很大的。

有资料显示：

华立科技重组后，公司主营业务变更为电力自动化系统产品的控制、销售和技术服务。2003 年公司计量计费自动化系列产品研发和技术攻关取得突破，覆盖了电力系统从变电站到大用户到居民低压网所需要的用电管理及计量计费系列产品需求；在电力 GIS 领域，公司已逐渐拥有了“国家级火炬计划项目”、“最大的 Smallworld 应用开发商”等诸多荣誉。

投资亮点：

1. 预计“十一五”期间国家在电网改造和建设方面会逐步加大用电和配电领域的投资力度，这将促使电力二次设备市场需求明显增长，诸多迹象都表明我国电网建设将步入新一轮景气周期。

2. 公司在广东电力集团举行的大用户负荷管理系统工程主站系统及终端项目招标中先后中标了 4 个地区的负荷控制主站和 7 个地区的负荷控制终端，并在随后的项目实施过程中获得用户好评。

3. 公司中标山西省局关口计量系统，按照国家电网的倡导率先在山西省局投入运行，取得了历史性突破。

4. 公司自主开发的胜利油田配电网生产管理信息系统在胜利油田管理局全局得到了应用和推广，标志着公司在配网自动化系统应用领域进入了先进行列。

第72节

Follow Me

2007年10月30日·星期二

量填满追涨法

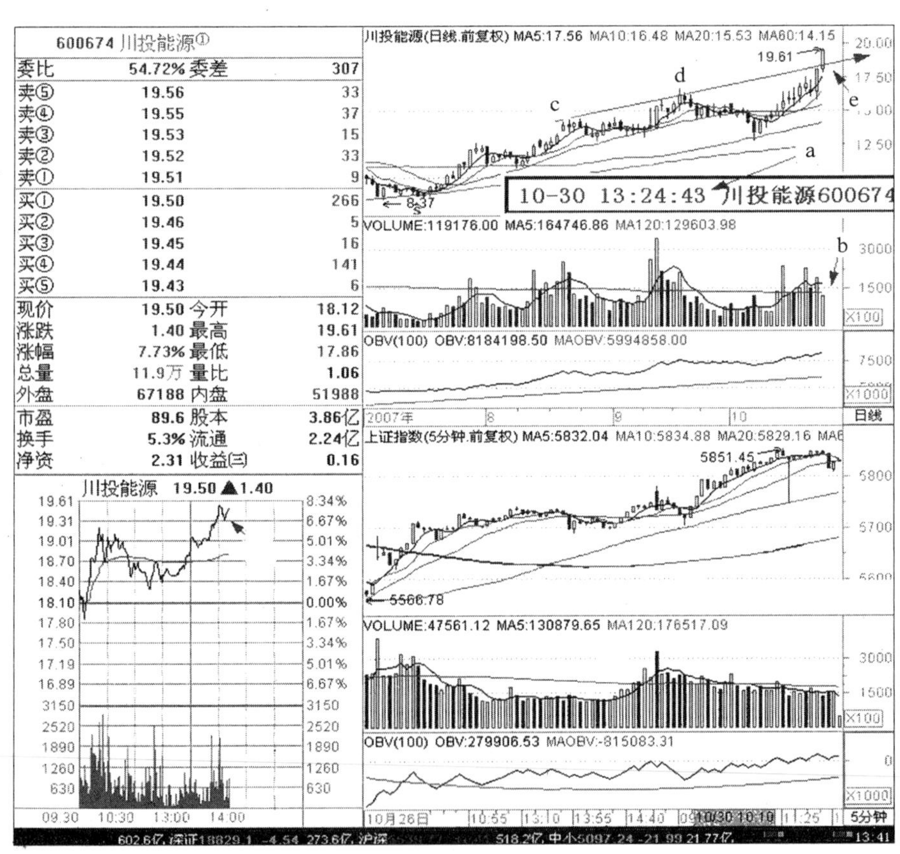

图 10301324 上证指数五分钟K线 川投能源 600674 量填满追涨法

第72节 量填满追涨法

学生：上午回档缩量时我买了1万股川投能源，价格是18.50元，现在小精灵又有信号过来，川投能源已是19.50元了，还可以买吗？

老师：a箭头所示是小精灵信号，b箭头所示是成交量柱体图，现在基本上“填满”了5日均量线。大约半天的成交时间内，出现“量填满”形态，再加上日K线图上形态、能量、题材“三好”，就可以追涨。不追涨就可能踏空一大截行情。

第 73 节 2007 年 10 月 30 日·星期二

Follow Me

压上的涨多余的涨

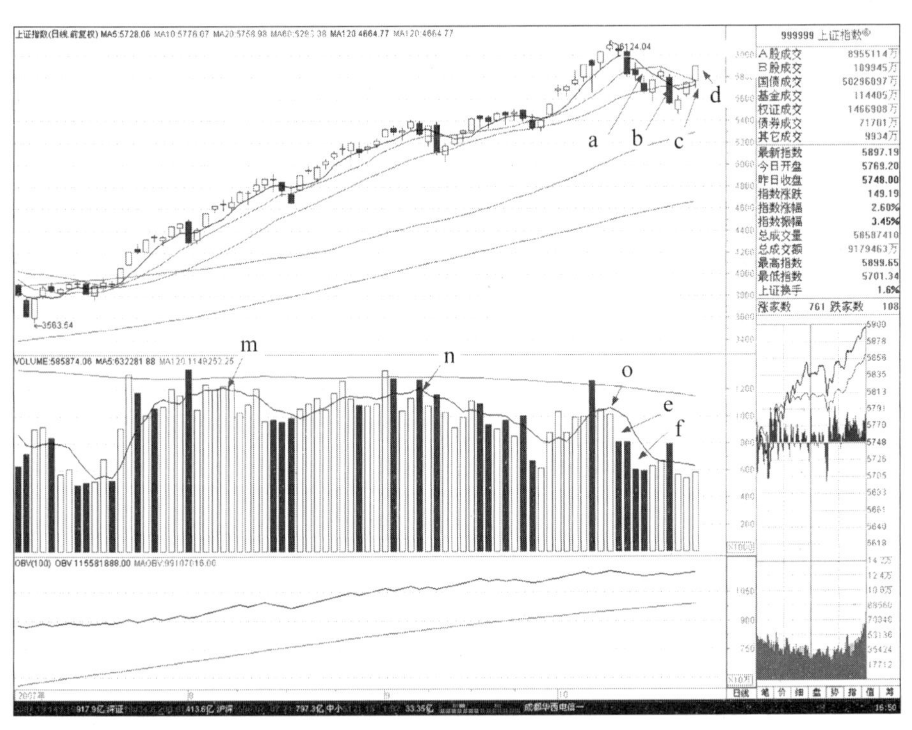

图 10301450　上证指数日 K 线　压上的涨多余的涨

学生：上证指数尾盘放量上涨，看来是回档完毕，继续大牛市了，是吗？

老师：尾盘放这一点量，怎能说明有大行情呢？要看今天全日的量是小的，连五日均量线都没填满。大行情不是靠一日一时放量能造就的，要几天甚至几十天的持续放量才可能有大行情。图 10301450 中，a、b、c 三箭头是一个“价压”，它对上证指数继续上行有很大的压力。一般来说，股价很难上穿“价压”，如果是“压转托”形态，一是发生在低价区，二是转换有一个时间过程，不会一冲而过。如果是“压引力”，那么即使向上冲过“价压”，也是暂时的回光返照，是多余的涨，逃命的涨。

压上的涨会不会引发大行情呢？这要结合股价的相对高度和成交量分布两大因素综合分析。如上证指数从 1000 点涨到 3000 点，如出现“压”，可能是头部，也可能是个回档。但涨到 6000 点以后，回档的可能性减小，头部的可能性增大。成交量分布是指每一次推动股价上升浪的量，要逐步增加，如逐步减小就不足以推动股价持久上升（见 m、n、o 箭头所示），就可能形成头部。如果结合“黑洞”理论（见 e、f 箭头所示，是一个大黑洞）来分析“价压”，那么，头部的确认就更有把握了。

第74节 Follow Me 2007年10月31日·星期三

缩量拉高股价（2）

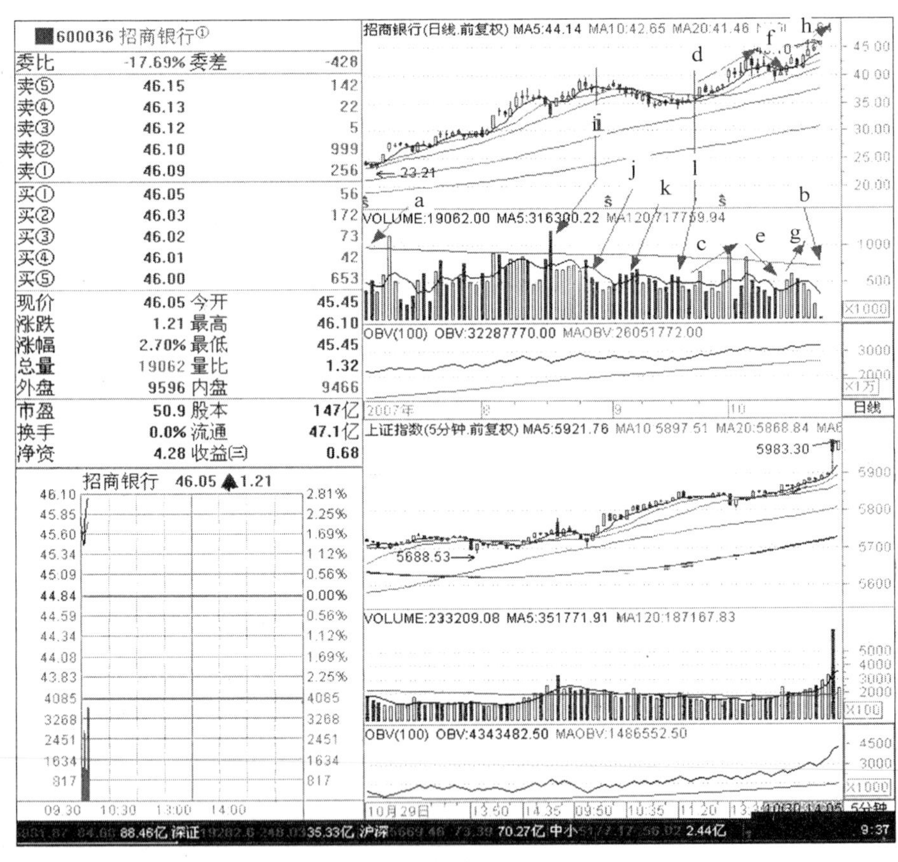

图 10310937－1　上证指数五分钟 K 线　招商银行 600036　缩量拉高股价（2）

学生：今天上证指数跳空高开，涨了85个点，最高到过5983.30点，形势大好，下一步会如何走？

老师：今天上证指数大涨，主要是银行股等权重股大幅高开形成的，并不是个股普涨。一旦权重股不拉高，上证指数很可能停止上涨。银行股等权重股目前处于什么状态，我们来分析具有典型意义的招商银行走势。招商银行现在正在快速拉高？它是真有大行情还是拉高股价，逢高出货？回答不上来？没关系，我们分析它的日K线图，让日K线图开口说话。a、b箭头所示是120均量线持续下跌了三个月，也就是说，这三个月中，市场主力对招商银行的交易兴趣大减。那么，市场主力在干什么？在出货。i、j、k、i箭头所示是大量出货的区间。c箭头所示是成交量萎缩，股价稍有上涨，是日K线图上的“缩量拉高股价”形态。h箭头所示是股价上涨，成交量严重萎缩，又是“缩量拉高股价”形态。股价上涨必须有充足的成交量配合，如果缩量，一般是惯性上涨，而“惯性上涨”是不能持久的。

第75节 Follow Me

2007年10月31日·星期三

巨量阴后缩量不创新高

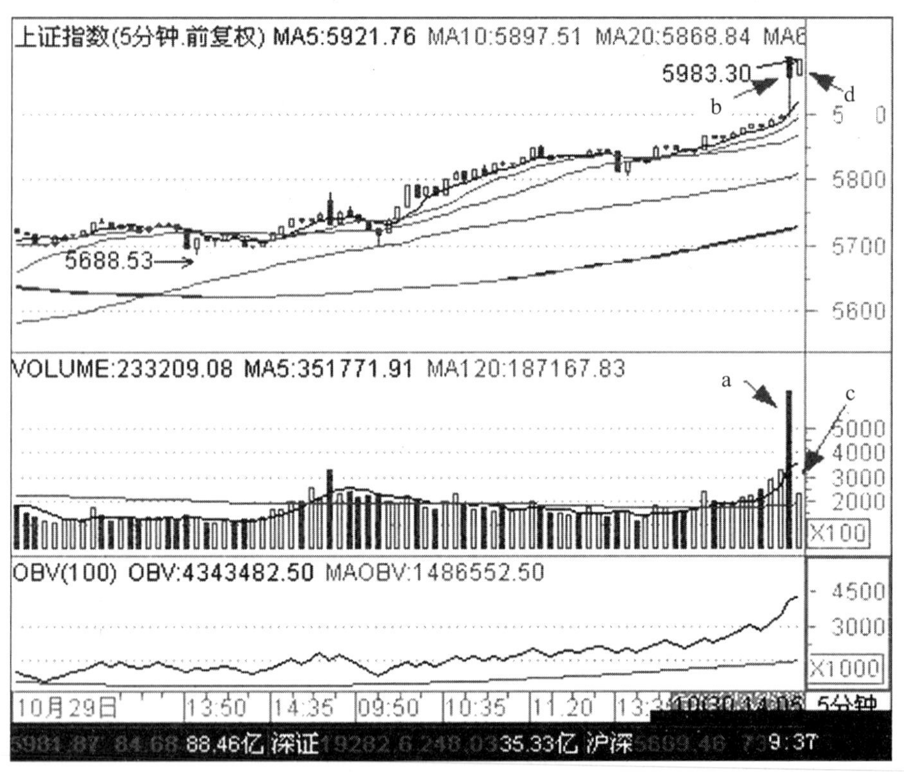

图 10310937－2　上证指数五分钟 K 线　巨量阴后缩量不创新高

学生：上证指数已经冲高到5983.30点，看来重上6000点，发动大行

情是有希望的，老师如何看？

老师：图10310937中，今天开盘后5分钟K线是冲到了5983.30点，见b箭头所示。但在这里发生了多空大搏杀，多方奋力拉高银行股，带动指数上涨。但空方全力出货，在6000点大关前阻击多方攻势，这从a箭头所示的巨大成交量即可看出。下一步，空方继续阻击，多方继续进攻，谁的力量大，谁就能推动指数。多方要把上证指数推动到创新高，而空方要把上证指数打到三线之下。所以，巨量阴线的后面，必须要继续多空搏杀才能见分晓。但是，巨量阴线后，如果双方搏杀的成交量萎缩，但上证指数就是不创新高，或者还节节败退，说明有人一边维护着上证指数高位运行，一边积极出货，终于上证指数开始滑落。以b箭头所示的5分钟K线图的实体为水平带，冲上去则有一波涨势，跌下来则有一波跌势。

图10310953 上证指数五分钟K线 巨量阴后缩量不创新高

学生：上证指数5分钟K线图上，已跌破5日均线，好像是在慢慢滑落，还会跌吗？

老师：图10310953上，上证指数跌破5单均线，是走弱的表现。b箭头所示的K线实体成了前头部，a箭头所示的成交量成了前头部的套牢量，一旦上证指数上涨，先要解放这部分量，压力很大。e箭头所示是上证指数5分钟K线下跌，c箭头所示是连续的出货阴量。显然，这种形态对多方不利。

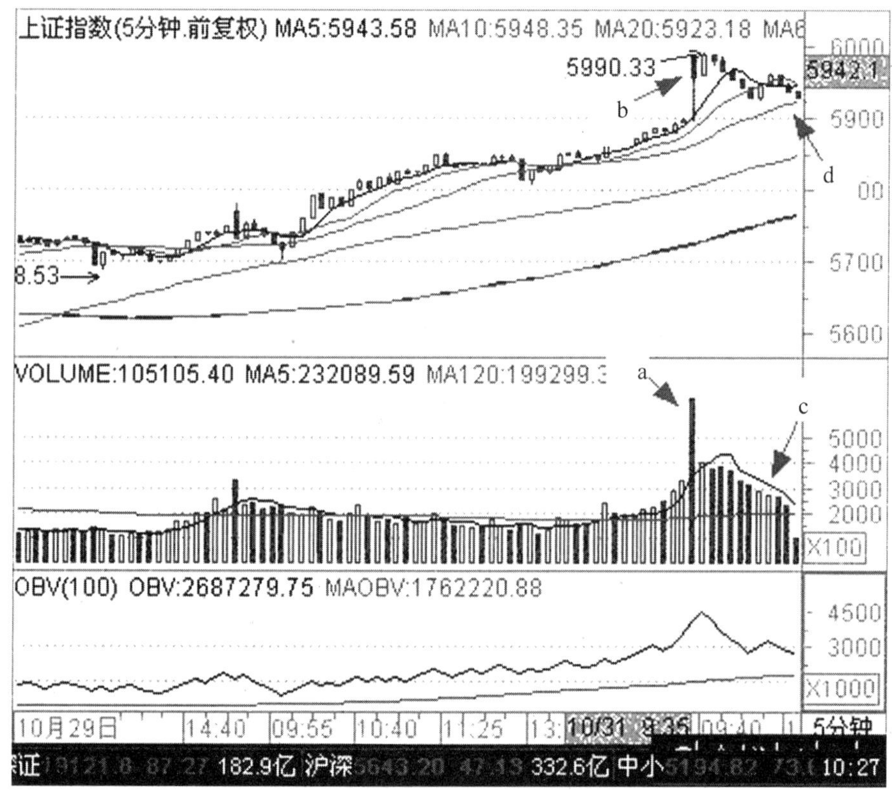

图10311027　上证指数五分钟K线　巨量阴后缩量不创新高

学生：上证指数还在跌，怎么看？

老师：图 10311027 上，d 箭头所示是 5、10 单位均线死亡交叉，这是 K 线走弱的趋势。c 箭头所示是成交量呈下降趋势，不支持股价的上升。上证指数的后市形势不容乐观。

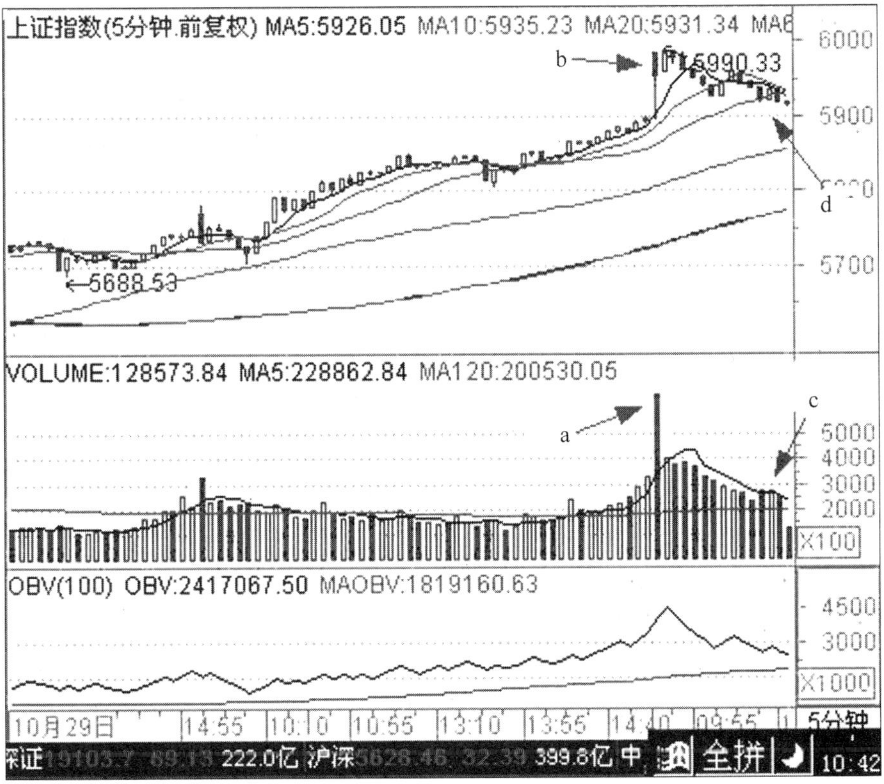

图 10311042　上证指数五分钟 K 线　巨量阴后缩量不创新高

学生：上证指数还在节节滑落，下一步会怎样？

老师：5、10、20 日均线已形成“价压”，“价压”具有很大的压力，阻碍上证指数的上升，上证指数还会跌一段时间。

第 76 节

Follow Me

2007 年 10 月 31 日 · 星期三

自 相 似

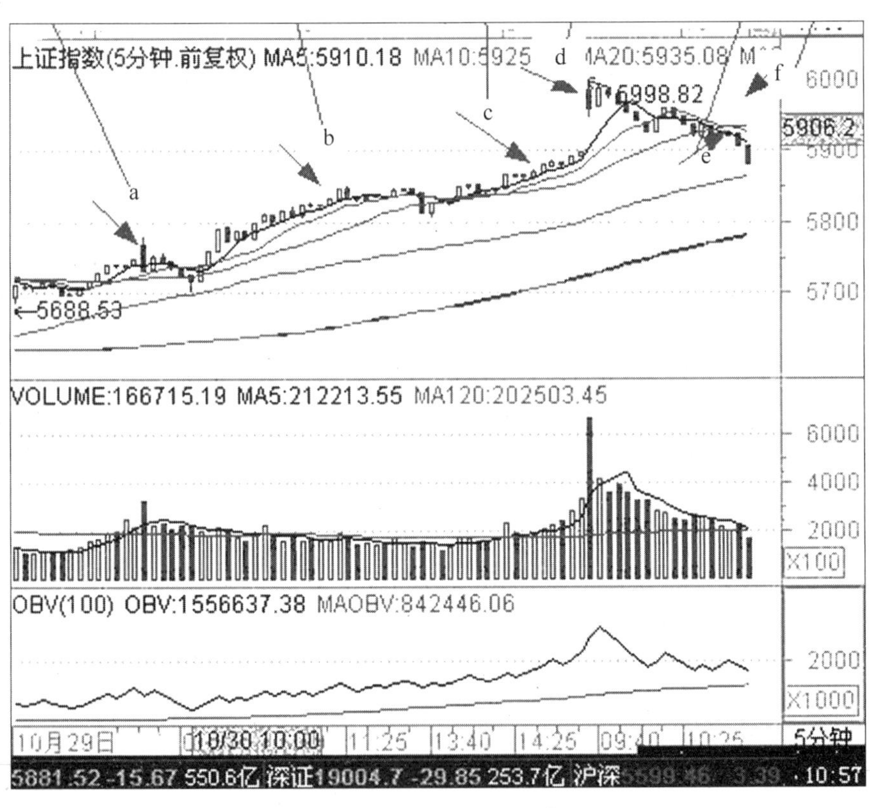

图 10311056　上证指数五分钟 K 线　自相似

第76节 自相似

学生：正如老师所说，上证指数又开始跳水了，为什么这个位置上容易下跌？

老师：图10311056上，a、b、c三个箭头所示是上证指数上涨时，5分钟K线图上的三个高点。而c箭头所示与d箭头所示是一个巨大跳空上涨。在《短线是银》技术上叫“加速上涨”，而这种“加速上涨”往往是加速赶顶，加速灭亡。5分钟K线图上的“加速上涨”是短线行情的末端。

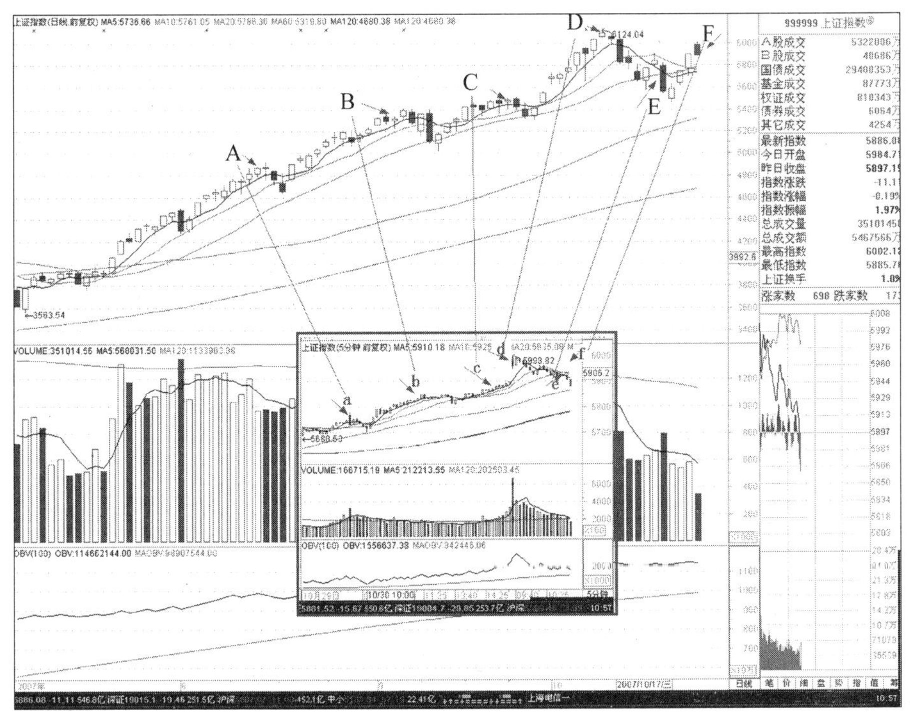

图10311057　上证指数日K线图　自相似

学生：那么在日K线图上的“加速上涨”就是中线行情的末端？

老师：是的，在日K线图上的“加速上涨”就是中线行情的末端。图10311057中，A、B、C三个箭头所示是上证指数上涨时，日K线图上的三个高点。而C箭头所示与D箭头所示是一个巨大跳空上涨。在《短线是银》技术上叫日K线图上的“加速上涨”，而这种“加速上涨”往往是中线行情的加速赶顶，加速灭亡。

把图10311056标在图10311057中央，会发现两张图有“自相似”的特点。图10311056上，a、b、c三个箭头所示与图10311057中A、B、C三个箭头所示相似。而图10311056上c箭头所示与d箭头所示与图10311057中C箭头所示与D箭头所示相似。同一个股票价格K线，在同一个时间观察它们的日K线和5分钟K线图，其形态相似，印证了在股价走势中可用“分形”理论进行分析。既然上证指数的日K线图上呈“加速上涨”，是中线行情的末端。同时，5分钟K线图上呈“加速上涨”，是短线行情的末端。那么，上证指数的中、短线行情末端“共振”，上证指数的牛市末端应该就在这里。

第77节 Follow Me
2007年10月31日・星期三

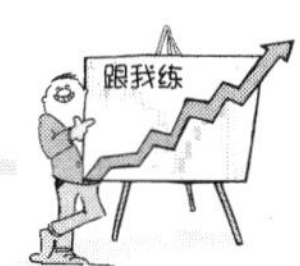

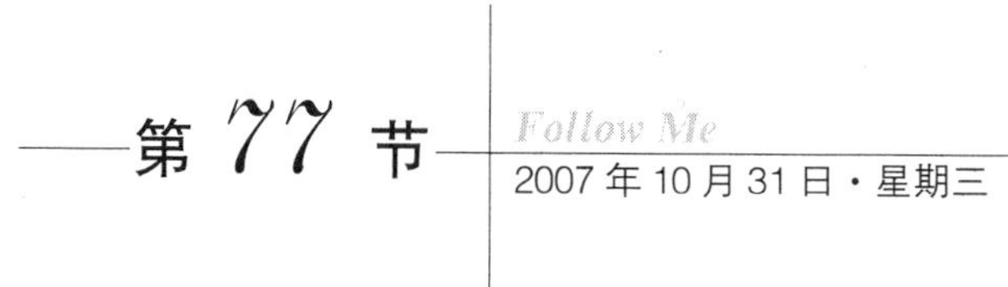

海鸥式出货

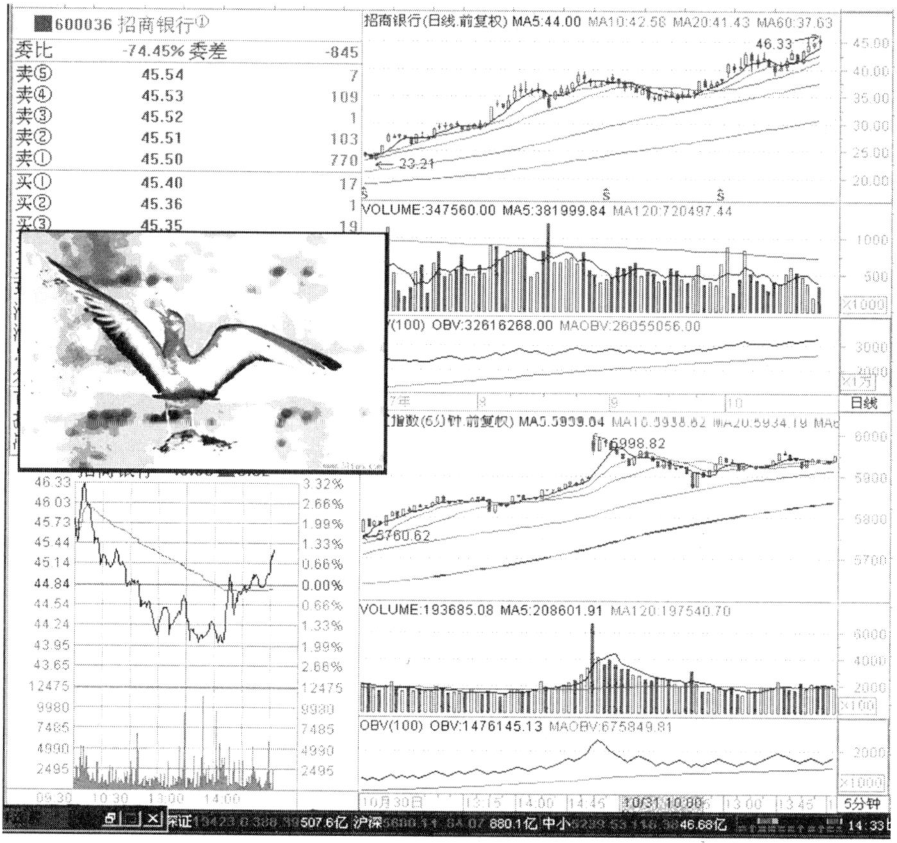

图103111433 上证指数五分钟K线 招商银行600036 海鸥式出货

学生：上午开盘时，招商银行高开走高，我还以为有大行情，以后却一路下跌，现在却涨起来了，这种走势实在难以把握。

老师：图 103111433 上有幅海鸥展翅的照片，与下面的分时走势图比较一下，发现今日招商银行分时走势真像一只展翅的海鸥。我把这种分时走势叫“海鸥式出货”。以图 103111433 上的分时走势为例，早开盘时高开冲高，吸引买盘追涨。然后大量出货，分时走势滑落，这段走势是海鸥的左翅膀。为了收盘时股价翻红，下午必须把股价拉上去，所以下午的分时走势是向上的，有时先向上再下跌，收盘翻红。这就形成了海鸥的右翅膀。这种分时走势的特点是开盘、收盘是股价高点，中午前后是股价低点。两头高，中间低。其中开盘高中午低是真出货、卖给散户，中午低收盘高是假拉高、掩人耳目。你仔细观察权重股这几天的走势，很多都是“海鸥式出货”走势，一群群海鸥在飞翔，这大盘危在旦夕了。

第78节

Follow Me

2007年11月1日・星期四

权重股护盘

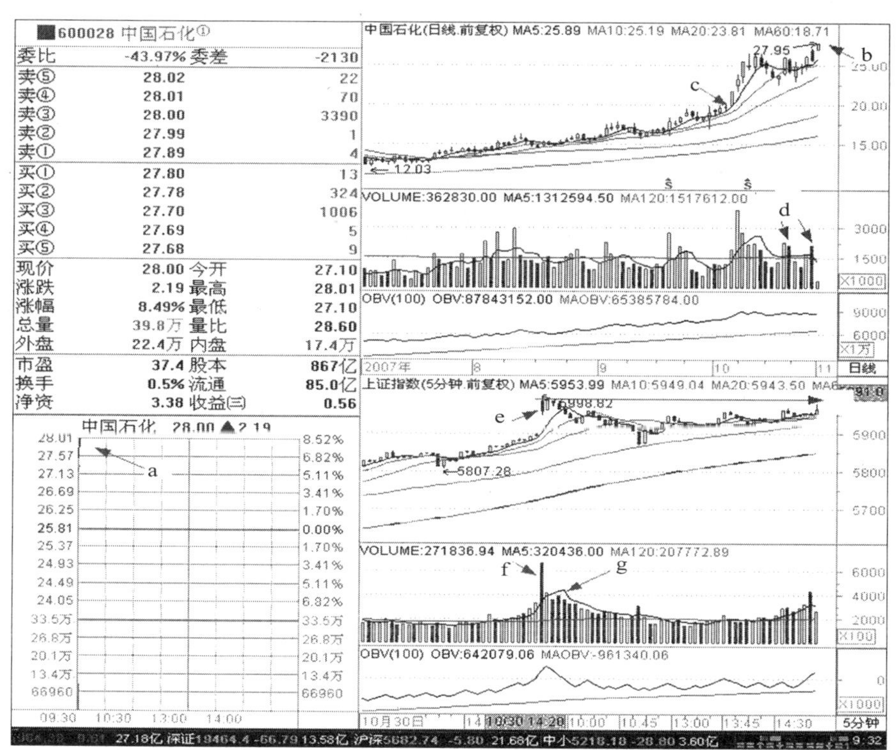

图 11010932 上证指数五分钟K线 中国石化600028 权重股护盘

学生：今天中国石化跳空8%开盘，见a箭头所示，能不能买进？

老师：不能买进！不是所有的跳空开盘都可以买进，跳空开盘买进的技术是有条件限制的。一般来说，庄家对一个个股进行收集筹码、推高股价后，有一个“加速拉高股价”的“拐点”。如图 11010932 的 c 箭头所示，在这里买进，就能得到快速拉高的赢利。但 b 箭头所示处是第二个台阶，在这里能否快速拉高是个问号。一则第二台阶拉高时比第一台阶拉高要难得多。二则上证指数的环境也不太好。其实，在第二台阶的盘整中，主力已经开始出货，从 d 箭头所示的长阴量可以看出，主力持股的信心是不足的，这种拉高股价很可能是为了拉高出货。图 11010932 中，e 箭头所示是前头部，f 箭头所示是巨大的套牢盘，上证指数要从 h 箭头所示处冲过前头部是相当困难的，能维护上证指数沿着 60 线平行就很不错了。昨日起，轮番拉高权重股股价，其目的就是为了维护大盘，为市场主力争取到更多的出货时间。

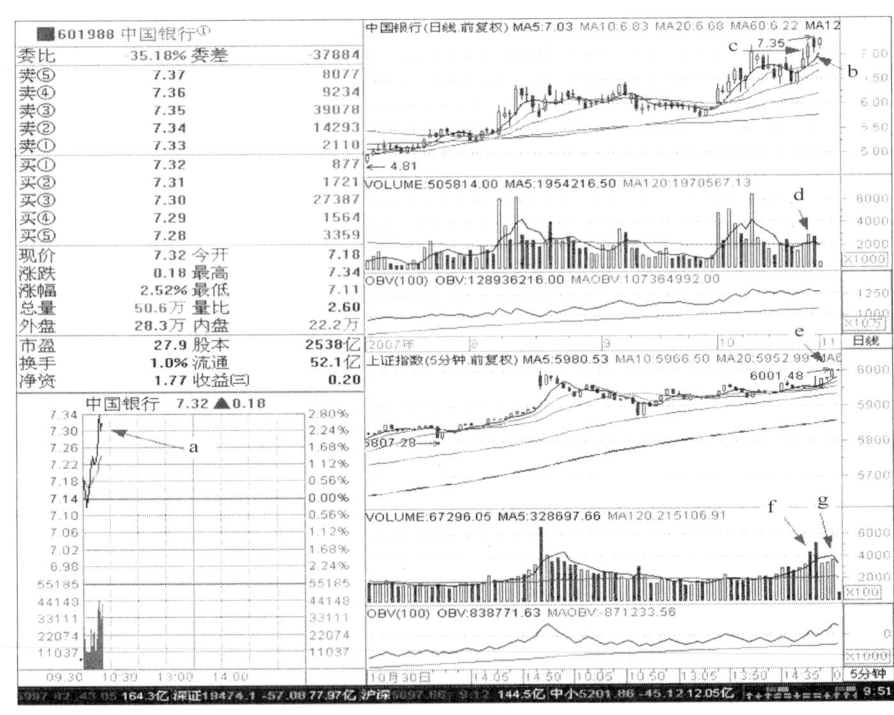

图 11010951　上证指数五分钟 K 线　中国银行 601988　权重股护盘

2007 年 11 月 1 日 · 星期四

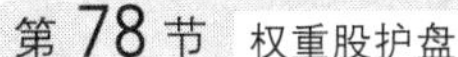

第 78 节 权重股护盘

学生：中国银行也快速上涨了。

老师：是的，权重股都在涨，就像有什么人统一指挥的样子，实际上是市场主力利用权重股哄抬指数。这是每波行情的头部风景线，以前是拉石化、马钢，牵一发而动全身，控制大盘运行。现在是拉工行、中行，都是四两拨千斤。不是这样的话，上证指数早就暴跌了，这对主力来说，是大大的不好。所以，每逢头部倍使劲，拉高指数为出货，是习惯动作。图 11010951 中 c 箭头所示股价拉高，d 箭头所示成交量未同步放大，足见该股上升乏力了。

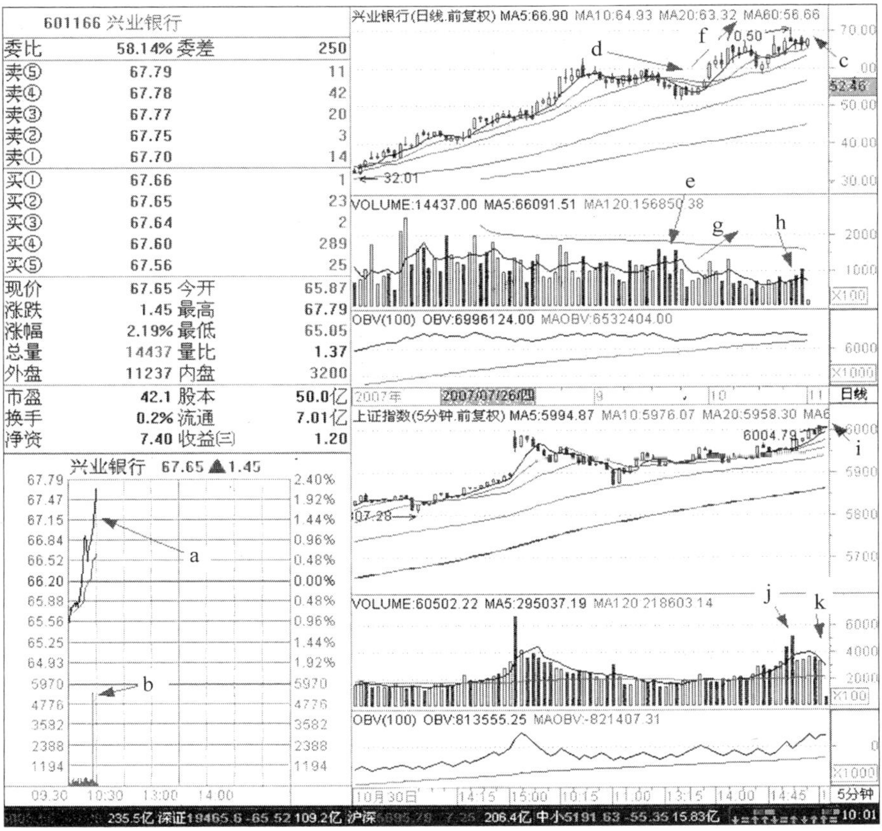

图 11011001　上证指数五分钟 K 线　兴业银行 601166　权重股护盘

学生：图 11011001 兴业银行，b 箭头所示是“暴量”，a 箭头所示是股价快速拉高。怎么看?

老师：银行股个个都在歇斯底里地拉高，但后劲都不大。见 d 箭头所示的下跌过程中，e 箭头所示是放量的，叫做“放量下跌”，必有逃盘。f 箭头所示是股价上升，但 g 箭头所示的成交量却不大，这种涨势是假的。h 箭头所示是前三天的出货阴量，主力出逃决心很大。由于银行板块的拉高，上证指数终于站上 6002 点，让散户有了买进的激动。但 j 箭头所示是出货大阴量，说明主力是边拉高边出货，出量大于入量。i 箭头显示上证指数冲过 6000 点大关，而 k 箭头所示是成交量不济，这种涨势难持久。

第 79 节

Follow Me

2007 年 11 月 1 日 · 星期四

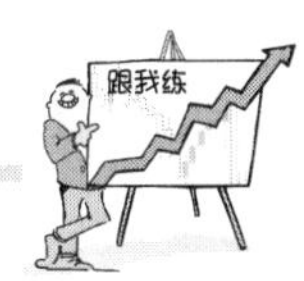

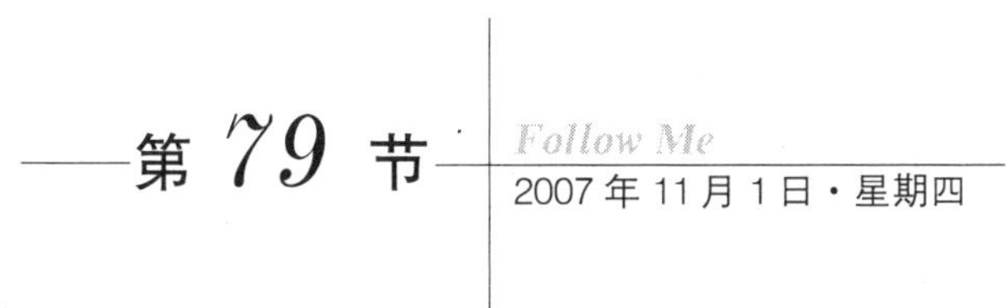

大盘上升能量减弱

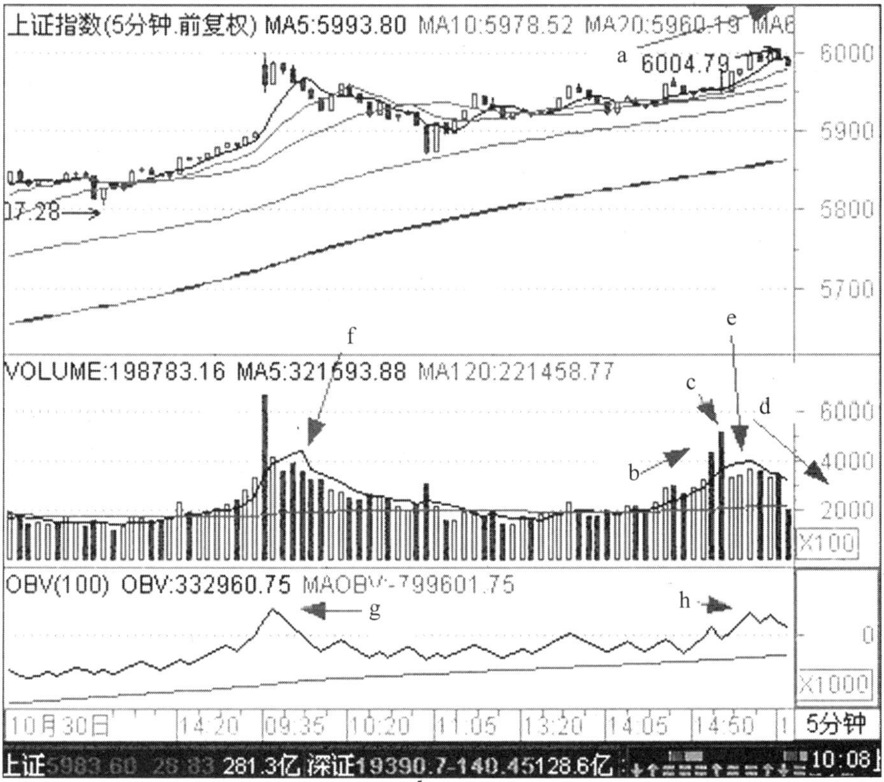

图 11011008 上证指数五分钟 K 线 大盘上升能量减弱

学生：上证指数又跌到6000点以下，还会涨吗？

老师：图11011008中，a箭头所示是上证指数的上升浪，b箭头所示是成交量在放大。但仔细一看，c箭头所示是两根出货量，e箭头所示是成交量的极大值，在上证指数过6000点之前，成交量5日均线从极大值滑落。也就是说，冲过6000点成交量就不放大了，见d箭头所示，这就不能保证上证指数持续上涨，甚至还会下跌。从OBV能量潮分析，g箭头所示是f箭头出货后的能量潮高点，h箭头所示是今日能量潮高点，相比之下，h点低于g点，说明在权重股拉高的过程中，大盘的总能量是下降的。如此看来，上证指数冲过6000点是没有能量潮支持的，是沙漠造大厦，根基不牢的。

跌破 60 均线

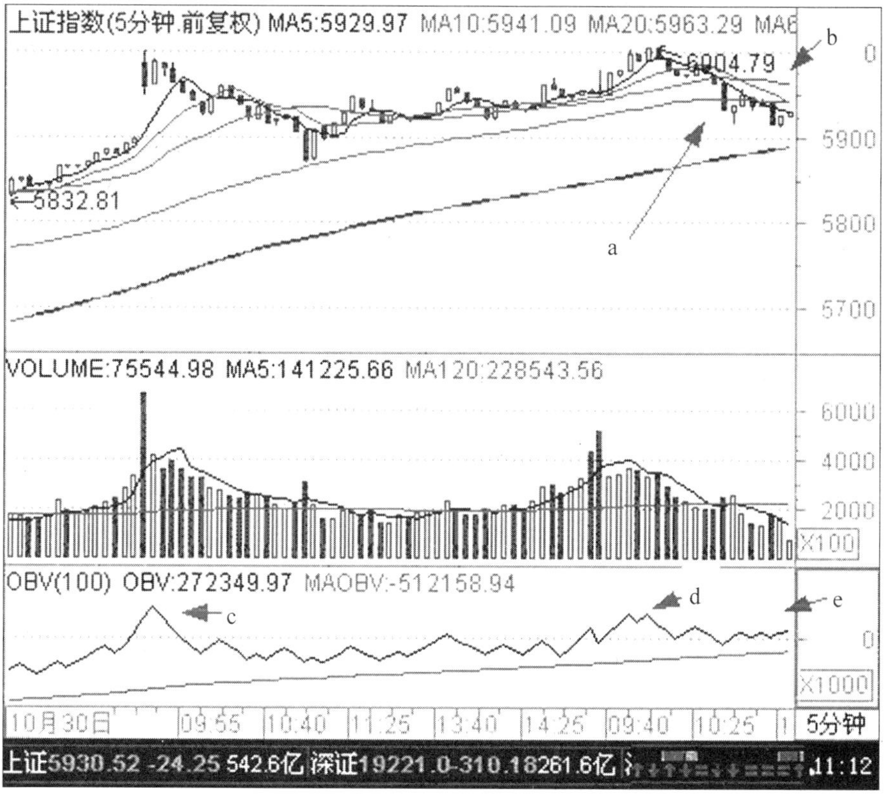

图 11011112 上证指数五分钟 K 线 跌破 60 均线

学生：请看图 11011112，上证指数跌到 5930 点了，还会跌吗？

老师：还会跌。a 箭头所示是上证指数跌破 60 均线，而“60 线是生命线”，跌破 60 线行情没得命！b 箭头所示是“压”，“股在压下走，不得不低头”。从 OBV 能量潮分析，e 箭头所示低于 d 箭头所示，d 箭头所示低于 c 箭头所示，是一浪比一浪低，所以，上证指数此跌非彼跌，跌破 120 均线甚至会加速下跌。

第 81 节

Follow Me

2007 年 11 月 1 日・星期四

两倍量近前头

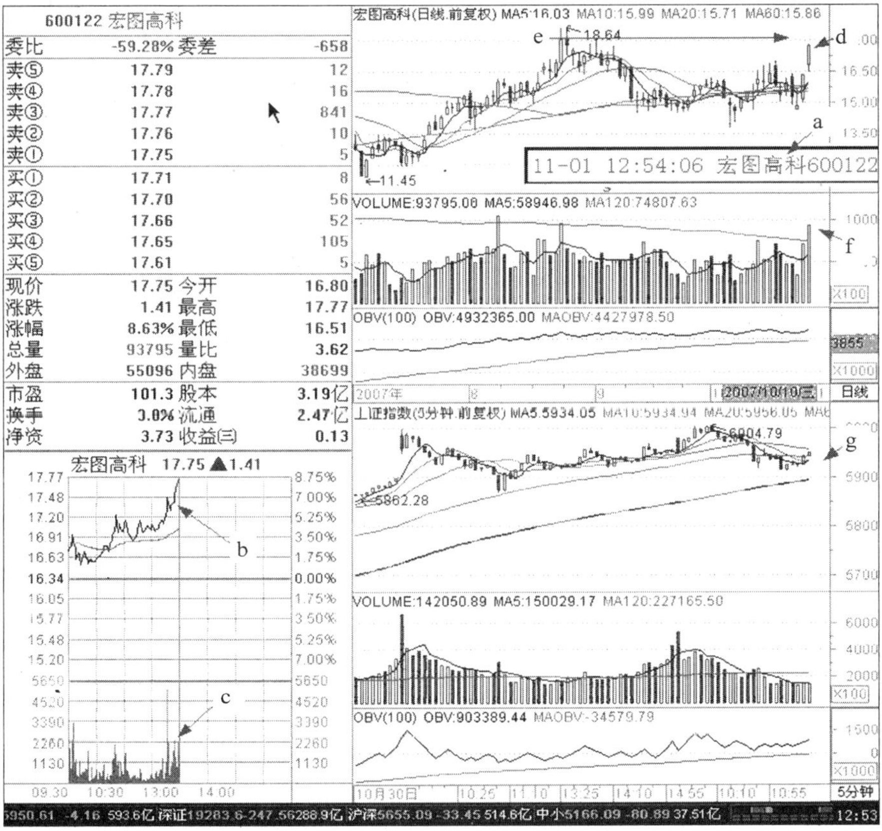

图 11011253　上证指数五分钟 K 线　宏图高科 600122　两倍量近前头

学生：刚才收到小精灵发来的信号，见 a 箭头所示，在上证指数很危险的时候，还敢买宏图高科。

老师：宏图高科的走势很好，是典型的“两倍量近前头”，应该还有上升空间。f 箭头所示是半天成交量柱体图填满 5 日均量线，相当于全天成交量两倍量，这可是庄家用人民币堆出来的量，假不了。庄家敢大量买入，我们为什么不少量买入？“近前头”是指 d 箭头所示的 K 线接近了前头部 e，但没有冲过去，处于“跳一跳、够得着”的位置。在这个位置，股价还未大涨，但涨的趋势已经明朗，此时不买，更待何时？

有资料显示：

宏图高科（600122）股改中大股东三胞集团以账面价值 3.35 亿元的南京源久房地产开发公司 97.11％的股权置入，因此宏图高科是不折不扣的南京地产股。更值得注意的是，公司持股 57％的子公司宏图三胞已成为中国 IT 零售商第一强、中国十大消费电子零售商之一、国家统计局排名中国 300 大零售企业第 37 位，2007 年连锁店将增加到 150 家，IT 零售项目有望出现苏宁式成长。另外，公司还持有华泰证券 3.28％股权。

投资亮点：

1. 宏图三胞已连续三年在全国 IT 连锁销售行业中排名第一，销售网络覆盖苏、沪、皖等地区。同时公司以“WDM 电子商务项目”为核心的交易模式创新项目，在国家发改委组织的专家组严格评审中脱颖而出，获得国家专项资金扶持。

2. 通信设备分公司研制成功了数字配电线载波机、低压载波抄表系统、异步光数据传输模块等九个新品项目，GK3690 型阻波器、DLC5000 型数字配电线载波机等一批新产品通过了江苏省科技厅科技成果鉴定。

3. 公司先后获得“中国制造业企业 500 强”、“中国电子信息百强企业”、“中国科技 100 强”、“中国 IT 零售商第一强”、“江苏省高新技术企业”、“华东政府行业 I 住系统集成商”等荣誉，公司的“宏图牌 DVD 激光视盘机”、“宏图牌微型计算机”获得江苏名牌产品称号。

4. 公司完成阻燃被复线、室内光缆、环保型电缆、彩色被复线几个新品项目的研发任务，为电缆产品更新换代奠定基础。

5. 与世界数字电视机顶盒巨头香港天地数码合资组建了南京宏天宽频视讯公司，生产国际上最先进的数字视频广播系统，香港天地数码是机顶盒大王，各地的有线电视运营商也开始陆续从香港天地数码购买机顶盒，然后大规模地分发给用户，此举促使该公司的机顶盒销量猛增。

风险提示：

1. 电线电缆的主要原材料铜材，随着铜价的上涨，增加了公司的生产成本。

2. 房地产行业仍可能面对国家宏观调控的后续政策措施，给公司的房地产业务带来一定的负面影响。

第 82 节

Follow Me
2007 年 11 月 1 日·星期四

鹰嘴危机

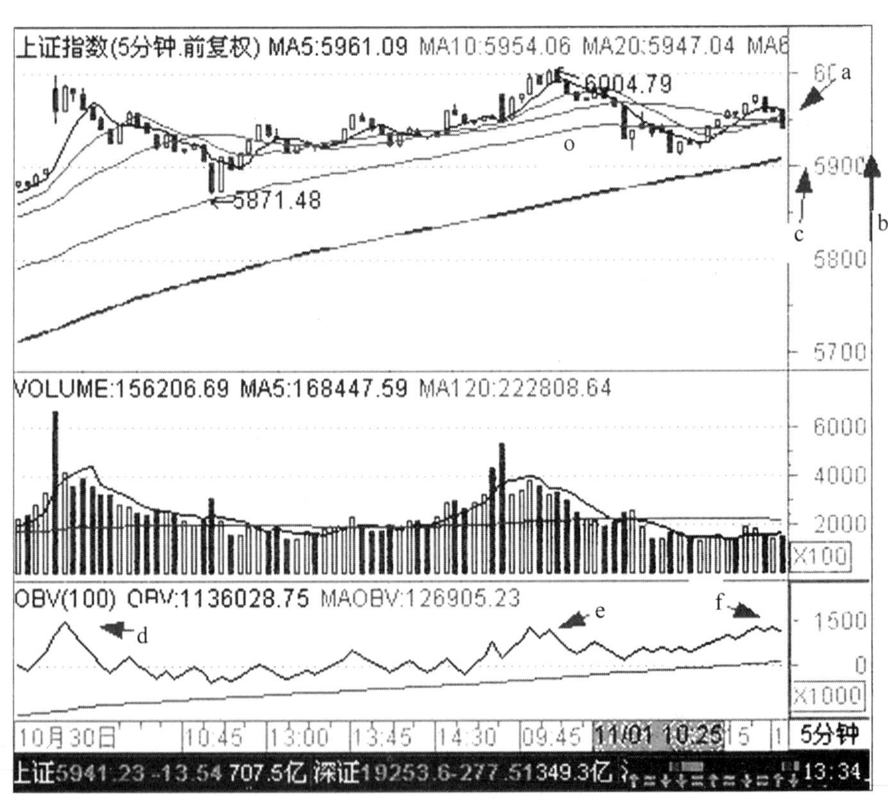

图 11011334　上证指数五分钟 K 线　鹰嘴危机

第82节 鹰嘴危机

学生：刚才上证指数又爬到60均线以上，我以为又要涨了，再一看，又跌破60生命线，怎么看？

老师：这是一个“鹰嘴”的雏形。60线和120线将在b箭头所示处死亡交叉，形成“鹰嘴”，O是鹰眼。上证指数一旦从c箭头所示的120线处破位，将有暴跌。而从a箭头所示处向上突破，则可能瓦解“鹰嘴”形态。上证指数面临一场“鹰嘴”危机。从OBV能量潮看d、e、f三箭头，逐个递减，上证指数要向上突破，能量潮是不充足的。

第83节

Follow Me

2007年11月1日·星期四

权重股护鹰嘴

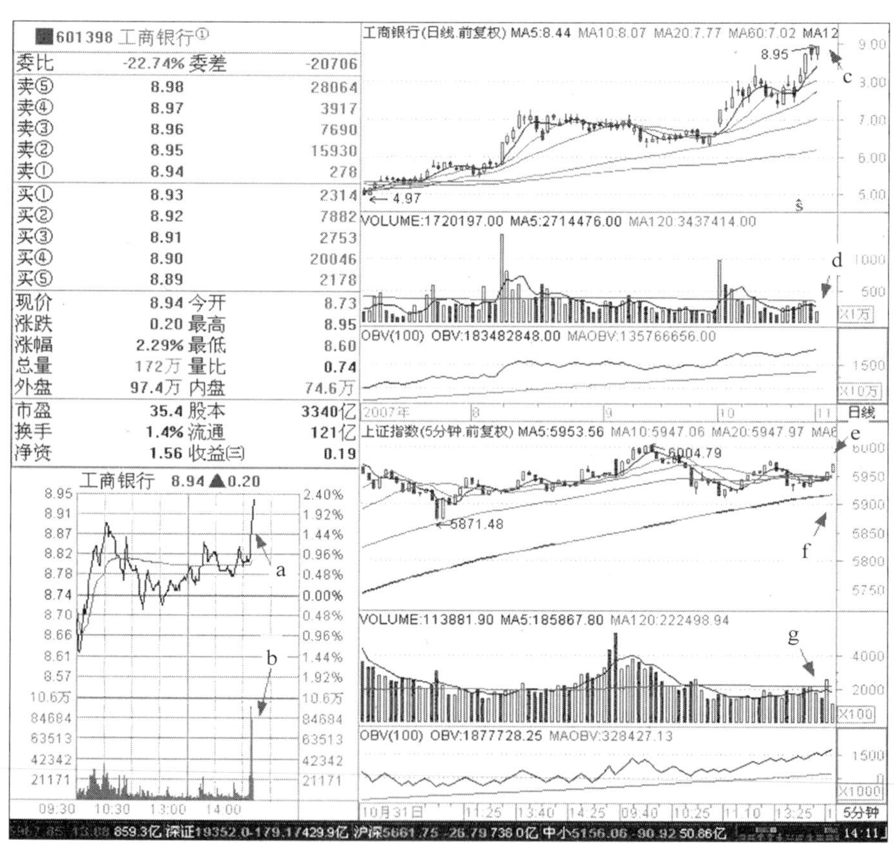

图 11011411-1　上证指数五分钟K线　工商银行 601398　权重股护鹰嘴

2007年11月1日·星期四

第83节 权重股护鹰嘴

学生：工商银行突然“暴量”，见b箭头所示，股价突然直线上升，见a箭头所示，是怎么回事？

老师：这是“权重股护鹰嘴”，如果不拉高权重股以刺激上证指数向上突破，则上证指数就会在“鹰嘴”处暴跌，这是市场主力所不愿看到的。c箭头所示是工商银行股价创新高，而d箭头所示是成交量呈下降趋势，不支持股价的上升。e箭头所示是上证指数终于爬上60平均线。

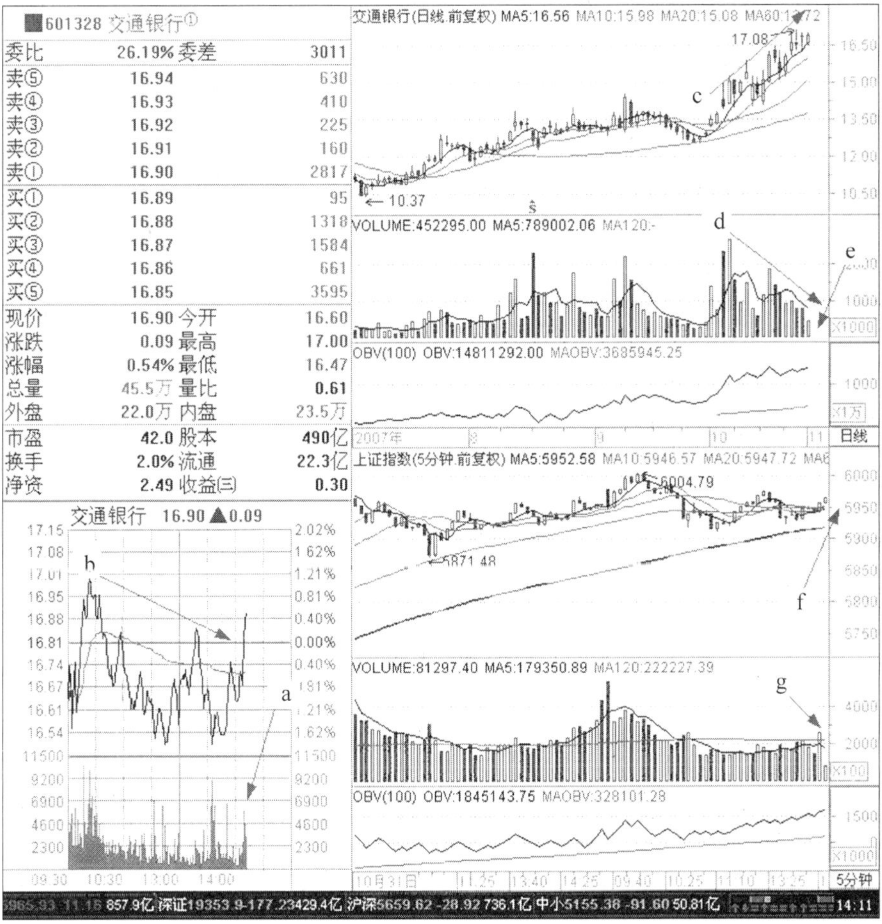

图11011411－2 上证指数五分钟K线 交通银行601328 权重股护鹰嘴

学生：今天前三个小时交易中，交通银行呈逐浪下跌走势，见 b 箭头所示。现在也突然放量上升，见 a 箭头所示。能不能买？

老师：不能买。图 11011411 中，c 箭头所示是股价上升，d 箭头所示是成交量呈下降趋势，不支持股价的上升。e 箭头所示是今日成交量更小，f 箭头所示是上证指数爬上 60 线，g 箭头所示是成交量放不出来。

图 11011411—3 上证指数五分钟 K 线 中国银行 601988 权重股护鹰嘴

学生：图 11011411 中，中国银行"暴量"，股价直线上升，见 a、b 箭头所示。c 箭头所示是股价创新高，d 箭头所示是成交量呈下降趋势，不支

持股价的上升。这个形态看不出有问题嘛。

老师：如果不看指数环境，不看所有权重股的整体表现，孤立地看中国银行的日 K 线图走势，的确看不出大问题。但上证指数现在是“鹰嘴”危机，而绝大多数权重股日暮途穷，我们对中国银行的走势要倍加小心。首先是 b 箭头所示是暴量，a 箭头所示是股价直线上升，这是局部走势，还看不出问题。c 箭头所示是多方炮顶紧右上角，也没问题。d 箭头所示是成交量偏小，上升动量偏小。所以，中国银行本身走势尚可，但它与其他权重股同时放量，同时快速拉升，与其他权重股具有联动性。因此，未来其他权重股一旦下跌，中国银行很难独善其身。当然，“鹰嘴”也会向下突破。

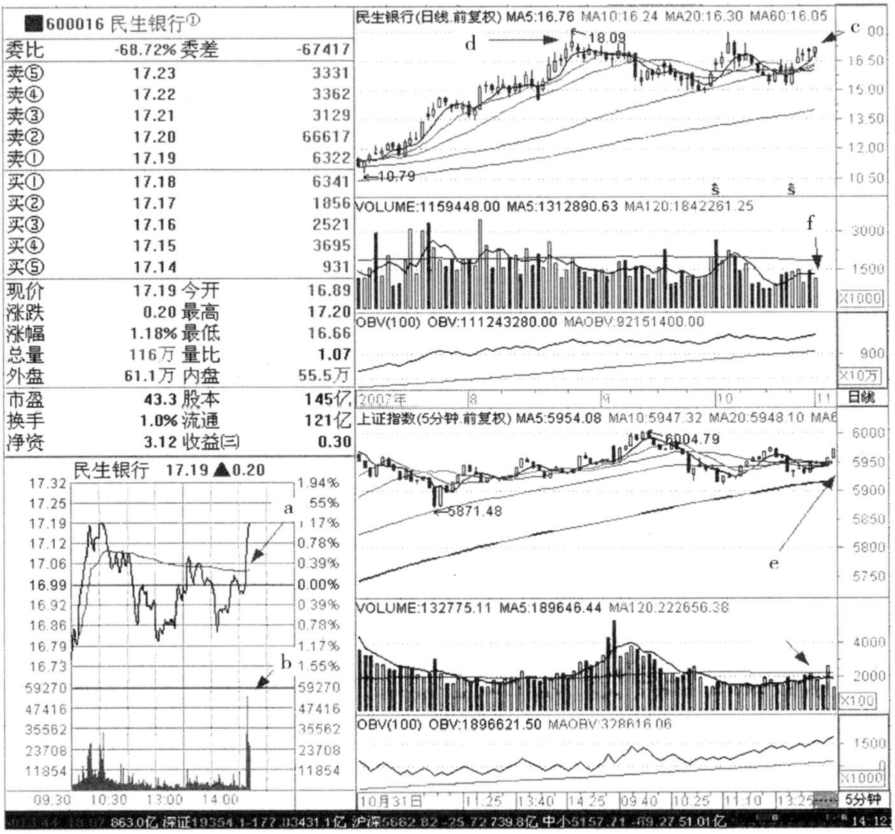

图 11011412　**上证指数五分钟 K 线　民生银行** 600016　**权重股护鹰嘴**

学生：快看图 11011412，民生银行也暴量上涨，见 a、b 箭头所示。怎么看？

老师：d 箭头所示是股价前高点，c 箭头所示是股价没有创新高，f 箭头所示是成交量呈下降趋势，不支持股价的上升。

又见鹰嘴

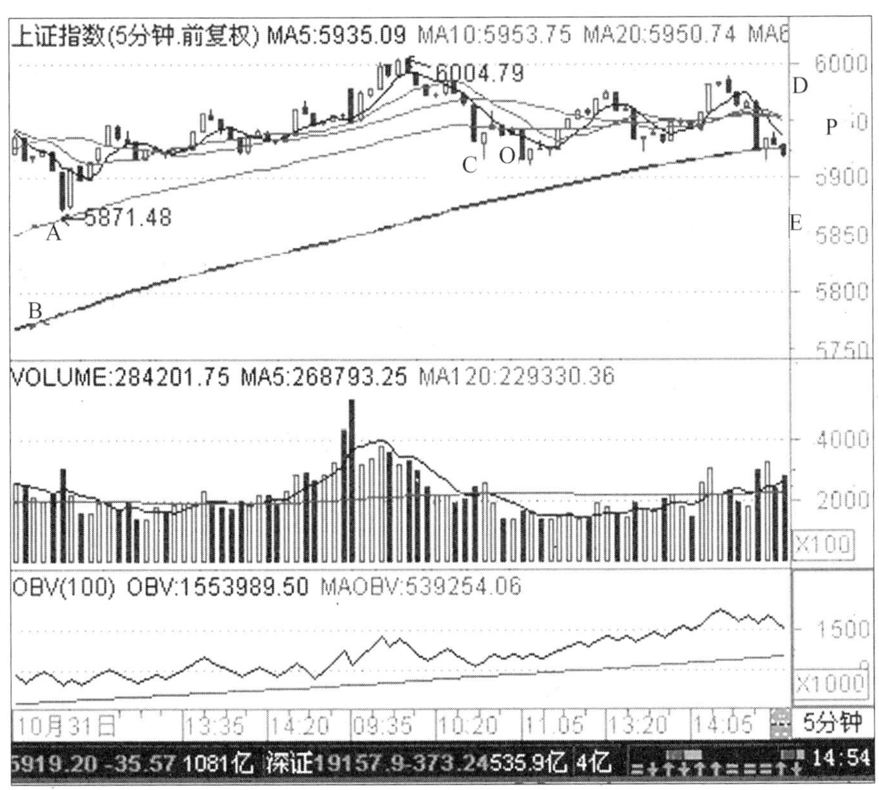

图 11011454 上证指数五分钟K线 又见鹰嘴

学生：现在上证指数跌到 120 均线之下，怎么办?

老师：抓紧出货。图 11011454 是经典的“鹰嘴”形态，A 是 60 平均线，B 是 120 平均线，O 是鹰眼，P 是鹰嘴。权重股的奋力拉高行动并没有持久下去，上证指数也没有从 D 方向向上突破，反而掉头向下，有往 E 暴跌的迹象。“鹰嘴”是出货信号，务必当机立断。

高低两鹰嘴

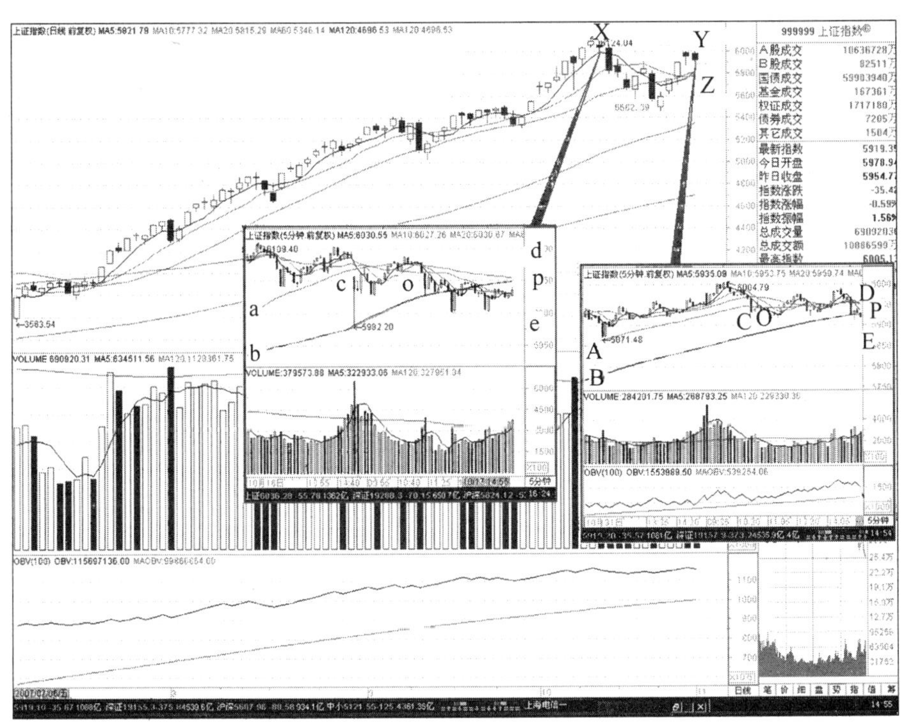

图 11011455　上证指数日 K 线图　高低两鹰嘴

学生：记得上证指数在 10 月 17 日也出现过“鹰嘴”形态，结果上证指数从 6124.04 点跌到 5562.39 点，跌去了 561 点。请问，这次出现“鹰嘴”会有什么后果?

老师:一轮上升行情在到达顶部并转折到下跌行情,必然有一个转折点。这个转折点就是“鹰嘴”。而一轮滚滚上涨的大行情,带有强大的惯性,出现一个“鹰嘴”形态,可能使大行情上升减速,但不足以扭转行情的方向,于是会出现第二个“鹰嘴”形态,从而使上升行情扭转为下跌行情。因此,两只“鹰嘴”形态往往是上升行情的头部。图 11011455 中,X 处是 10 月 17 日的“鹰嘴”,Y 处是今日出现的“鹰嘴”,这里应该是本轮上证指数上升行情的头部。那么,两只“鹰嘴”的高低位置有没有什么讲究?如本图中 Y“鹰嘴”的位置比 X“鹰嘴”的位置低,怎么看待?我认为后一个“鹰嘴”比前一个“鹰嘴”的位置低,是越走越弱,头部的可能性大。如果后一个“鹰嘴”比前一个“鹰嘴”的位置高,说明上升行情的惯性很大,很可能需要出现第三只“鹰嘴”才能阻止住上升行情。我们今天遇到的是后一个“鹰嘴”比前一个“鹰嘴”的位置低,是越走越弱,所以我判断上证指数正在构筑巨大的头部,上证指数由上升行情转折到下跌行情的拐点已经出现,一轮下跌行情将不可避免。

鹰嘴向下突破（2）

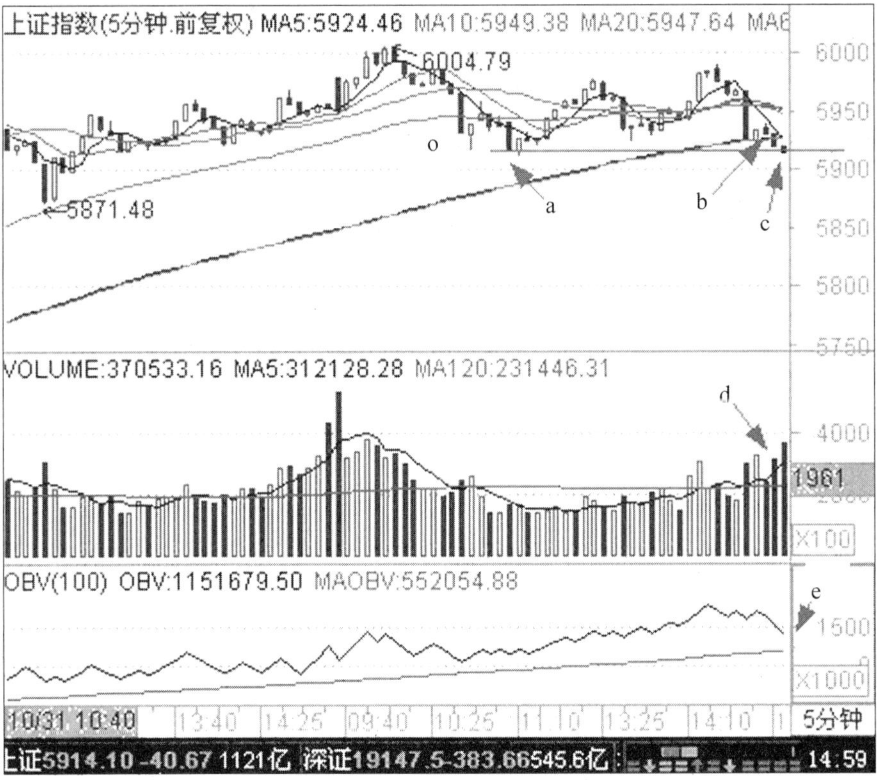

图 11011459　上证指数五分钟K线　鹰嘴向下突破（2）

学生：还有 1 分钟就要收盘了，上证指数已跌破 120 均线，并且正在破前低点水平线，明天上证指数真会下跌吗？

老师：明天是上证指数很危险的一天。正如你所言，上证指数现在同时跌破 120 线和前低点水平线（见 a、b、c 箭头所示）。这里是典型的“鹰嘴”形态，一旦跌破，下方就没有任何平均线和前低点水平线可阻碍上证指数下跌，也就是说，无牵无挂，爱怎么跌就怎么跌了。d 箭头是今天收盘前 15 分钟，上证指数放量下跌，说明有先知先觉的人已经在大力出货，至少我的许多弟子正在出货。e 箭头所示是 OBV 能量潮大幅度下降，一旦跌破能量潮 100 平均线，本轮自 998 点至 6124 点之上升行情将宣告结束。

第87节 Follow Me
2007年11月1日·星期四

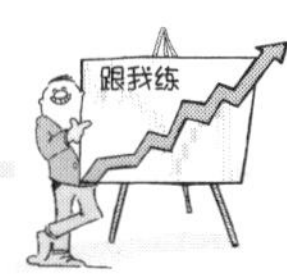

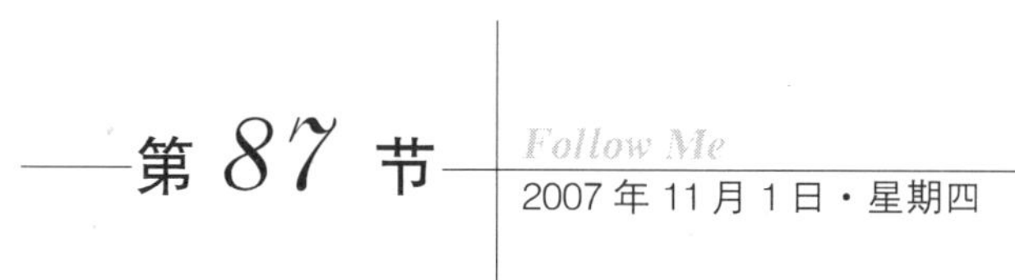

量区间分析

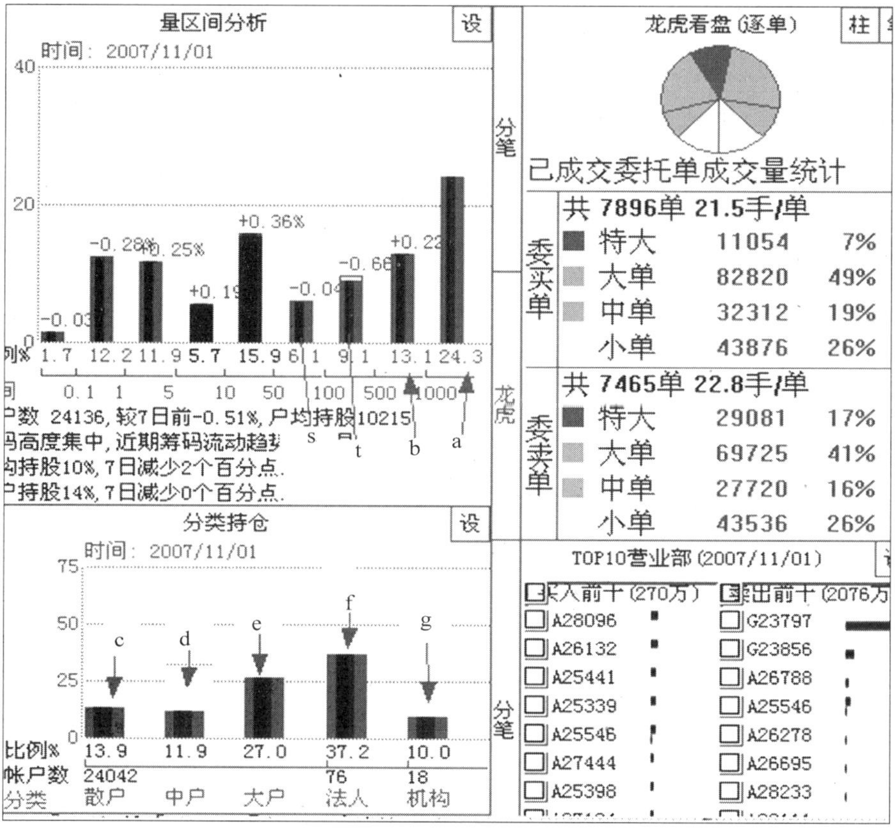

图 11011500 宏图高科 600122 量区间分析

学生：上午小精灵点了宏图高科600122，能不能知道主力和大户持有该股的仓位，以及主力在今天的动作？

老师：图11011500中可以看出。a箭头所示是持股1000万元规模以上的账户，共持仓24.3%，看来特大账户很看好该股，并大量持股，这些账户今天没有买卖动作。b箭头所示是500万—1000万元规模的账户，今日增仓0.22%，目前持该股13.1%的仓位。t箭头所示是100万—500万元规模的账户，今日减仓0.66%，目前持有9.1%的仓位。s箭头所示是50万—100万元规模的账户，今日减仓0.04%，目前持有6.1%的仓位。根据这个统计，看得出特大规模的账户持仓比例最大，该股有庄家是有根有据的。图11011500中还有分类持仓，g箭头所示是机构持仓10%，看来机构持仓量不大，不是主庄。f箭头所示是法人账户持股37.2%，看来这些1000万元规模以上的账户，基本上是法人账户，他们才是宏图高科的主庄。e箭头所示是大户持有27%，他们可能是游资。d箭头是中户持股11.9%。c箭头所示是散户持股13.9%，看来筹码已经从散布手中集中到庄家手中。结论：现在的宏图高科是庄家股，并且随时可能爆发上升行情。

第 88 节

Follow Me
2007 年 11 月 2 日 · 星期五

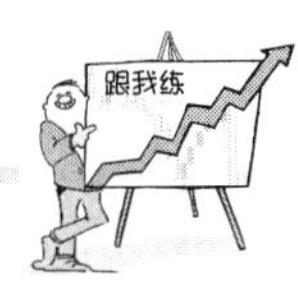

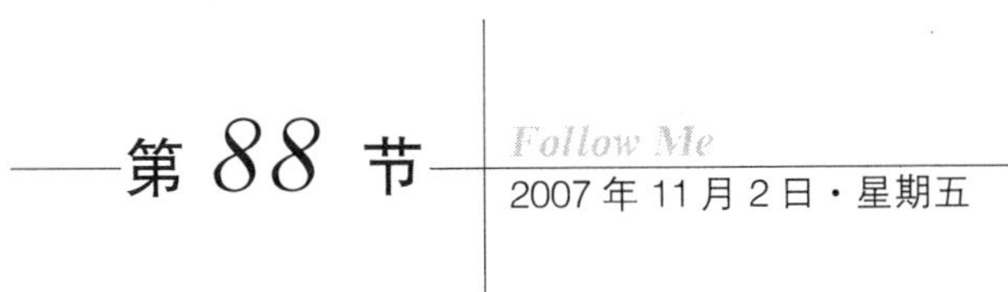

长阴结束牛市

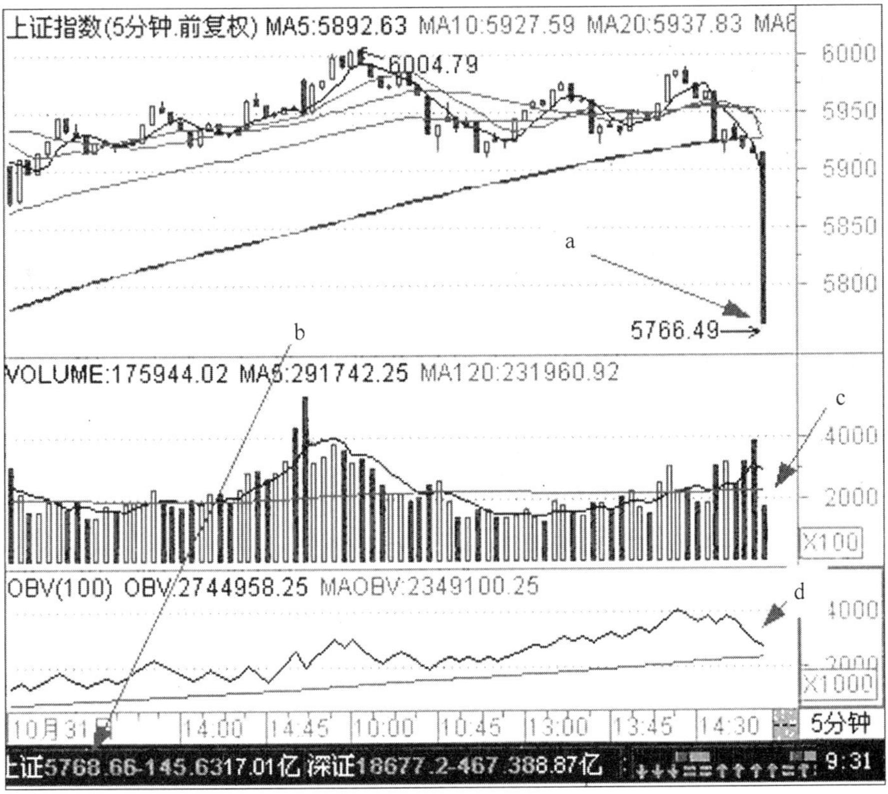

图 11020931 上证指数五分钟 K 线 长阴结束牛市

学生：天哪！开盘一分钟，上证指数跌了145个点，见b箭头所示，怎么看？

老师：一轮滚滚而下的大熊市的起端，就是一根长阴线，这就像滚滚而下的大江的发源地，往往是峡谷中的大瀑布。如果你认不出上证指数的头部，那么只要认识一分钟暴跌145点的大阴线，如图11020931中a箭头所示的长阴线，也就可以了。“飞流直下三千尺，疑是银河落九天”。昨天以前我讲了“高低两鹰嘴”是重要的头部信号，还讲了“鹰嘴向下突破”形态，这是《短线是银》的经典理论，如果没引起你的重视，那么，对《短线是银》“长阴结束牛市”的头部信号一定要引起震撼和警觉。对此没有引起震撼和警觉的人，要么无知无畏，要么麻木不仁，他们可能要为此输一笔学费，这笔学费足以买下几大箱《短线是银》图书（个别股友输掉的钱可能能买几卡车的书）。运气不好的人还无缘本书，输得连原因都不知道。好！现在我们学到了“长阴结束牛市”的知识，就应该全力出货了！既然知道牛市已经结束了，就意味着熊市开始了。既然知道大盘到了头部，就意味着大盘还有“腰部”、“脚部”。那么，卖出就成了当务之急，重中之重。至于你手中的个股是不是优质？你的投资风格是不是长线投资？是立刻卖出还是等待反弹高点时再卖出？这些可根据个人的特殊情况特殊处理。但，这些特殊处理是基于“长阴结束牛市”的前提下展开的，这并不影响对上证指数的总体认识。图中c箭头是昨天收盘前的溃逃量，先知先觉的人逃避了今天开盘时“插翅难飞”的困境。现在指数暴跌时逃跑属于后知后觉的人，亡羊补牢还来得及。最怕是对跌势没知没觉，那就麻烦了。d箭头所示是OBV能量潮将要封闭，一旦封闭，就是“关起门来打狗，堵住笼子抓鸡”，再想逃跑就难上加难了。大家静静等待d箭头所示的“OBV能量潮封闭”信号，看看庄家是怎样“关起门来打狗，堵住笼子抓鸡”的？再听听套住的散户们是怎样呼天喊地、鬼哭狼嚎的？你对“长阴结束牛市”、“OBV能量潮封闭”的头部形态会有刻骨铭心的记忆。

跌市英雄

600122 宏图高科

委比	14.36%	委差	56
卖⑤	17.30		118
卖④	17.28		7
卖③	17.27		8
卖②	17.20		24
卖①	17.18		10
买①	17.13		92
买②	17.10		24
买③	17.09		71
买④	17.08		14
买⑤	17.05		22
现价	17.13	今开	16.50
涨跌	0.93	最高	17.20
涨幅	5.74%	最低	16.47
总量	16038	量比	12.98
外盘	9922	内盘	6116
市盈	97.8	股本	3.19亿
换手	0.7%	流通	2.47亿
净资	3.73	收益(三)	0.13

宏图高科 17.13 ▲0.93

c

宏图高科(日线,前复权) MA5:15.95 MA10:15.93 MA20:15.70 MA60:15.88

18.64 d a 11.45

11-02 09:34:23 宏图高科600122

VOLUME:15020.00 MA5:67669.88 MA120:74384.98 e

OBV(100) OBV:4662879.50 MAOBV:4414771.50

上证指数(5分钟,前复权) MA5:5903.41 MA10:5932.98 MA20:5940.53

6004.79 b 5766.49

VOLUME:373392.56 MA5:331231.94 MA120:233606.33

OBV(100) OBV:2547509.75 MAOBV:2347125.75

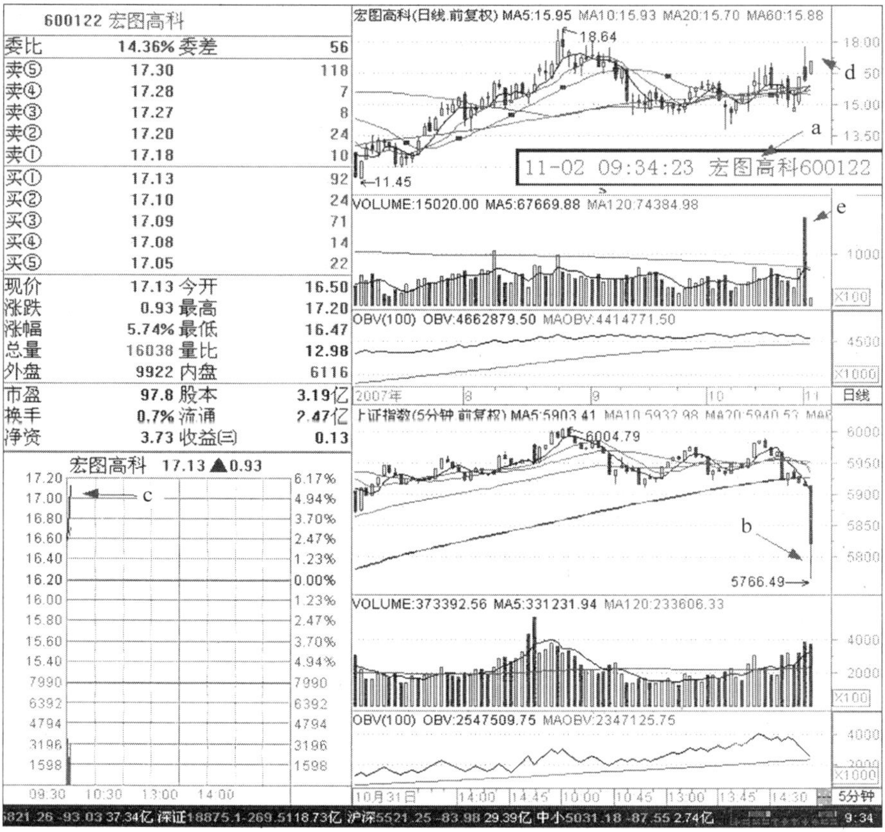

图 11020934 上证指数五分钟K线 宏图高科600122 跌市英雄

学生：刚才收到小精灵发来的信号，见 a 箭头所示的宏图高科，上证指数暴跌了，怎能买股票呢？

老师：指数在暴跌的初期，由于个别庄家的操作计划停不下来，他们反而会更疯狂地炒完最后一把，所以个股机会还是有的，只是个股机会的数量少了，成功率低了，风险大了。这种逆跌势而炒作的个股，叫“跌市英雄”是当之无愧的，因为它要抵抗住大盘狂跌而奋力上涨，需要更大的胆略和更雄厚的资金实力。需要说明的是，“跌市英雄”股风险很大，需要高超的止损技术，非一般炒股新手能把握的。否则，会亏损累累的。即便是炒股高手，对“跌市英雄”股也只能少量参与，并严格设好止损点。图中 c 箭头所示是股价快速拉起，b 箭头所示是上证指数暴跌后有小反弹，看来宏图高科庄家要利用这个小反弹做大行情了。d 箭头所示是“多方炮上五线”，是向上攻击信号。

第 90 节

Follow Me

2007 年 11 月 2 日 · 星期五

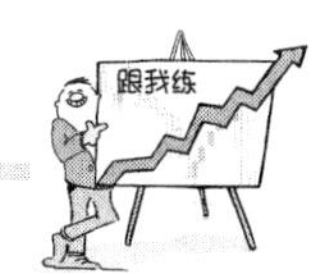

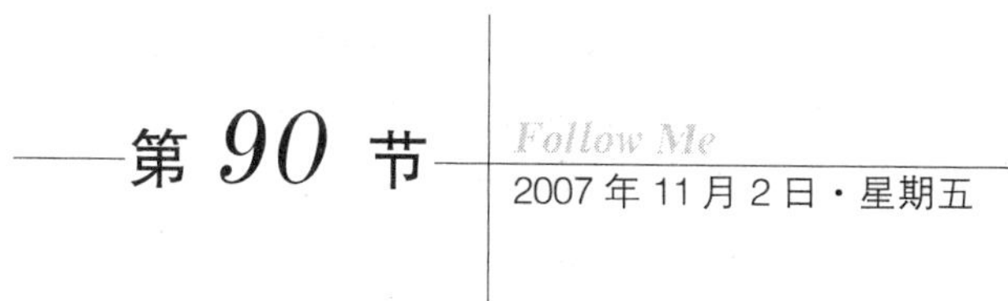

能量潮死叉

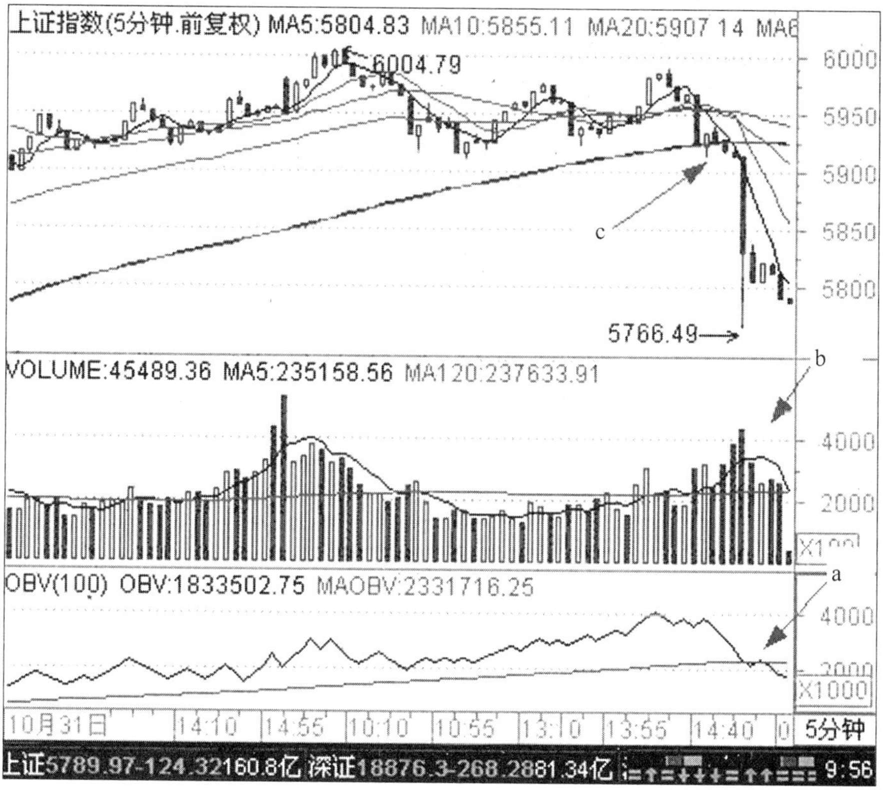

图 11020956 上证指数五分钟 K 线 能量潮死叉

学生：a 箭头所示是 OBV 能量潮封闭了，大盘真的完了？

老师：OBV 能量潮是封闭了，大盘是完了。图中 c 箭头所示是“鹰嘴向下突破”的 15 分钟，是撤退的末班车。b 箭头所示是溃逃量。“长阴结束牛市”，现在出货不是先知先觉也算后知后觉，再不出货就是没知没觉了。

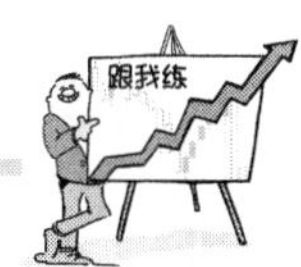

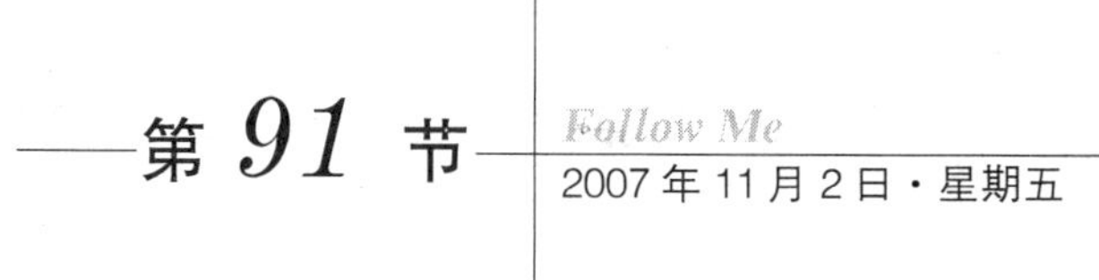

第91节

Follow Me

2007年11月2日·星期五

当头炮

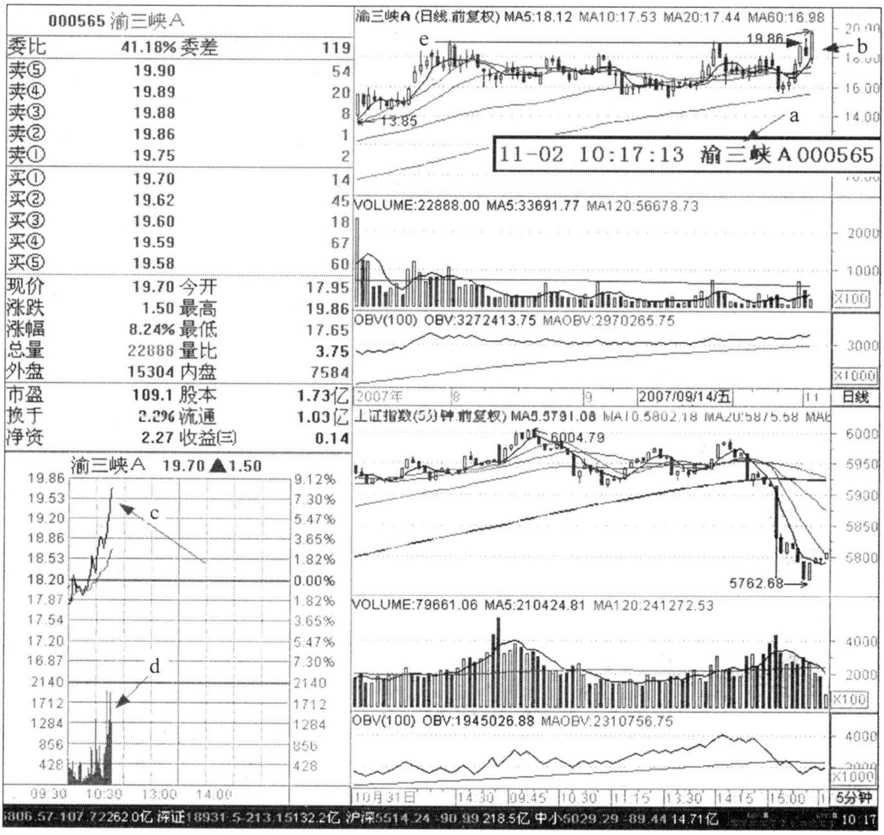
000565 渝三峡A
委比 41.18% 委差 119
卖⑤ 19.90 54
卖④ 19.89 20
卖③ 19.88 8
卖② 19.86 1
卖① 19.75 2
买① 19.70 14
买② 19.62 45
买③ 19.60 18
买④ 19.59 67
买⑤ 19.58 60
现价 19.70 今开 17.95
涨跌 1.50 最高 19.86
涨幅 8.24% 最低 17.65
总量 22888 量比 3.75
外盘 15304 内盘 7584
市盈 109.1 股本 1.73亿
换手 2.29% 流通 1.03亿
净资 2.27 收益(三) 0.14
渝三峡A 19.70 ▲1.50
渝三峡A (日线,前复权) MA5:18.12 MA10:17.53 MA20:17.44 MA60:16.98
11-02 10:17:13 渝三峡A 000565
VOLUME:22888.00 MA5:33691.77 MA120:56678.73
OBV(100) OBV:3272413.75 MAOBV:2970265.75
上证指数(5分钟,前复权) MA5:5791.08 MA10:5802.18 MA20:5875.58
6004.79
5762.68
VOLUME:79661.06 MA5:210424.81 MA120:241272.53
OBV(100) OBV:1945026.88 MAOBV:2310756.75
a
b
c
d
e
日线
5分钟

图 11021017 上证指数五分钟K线 渝三峡000565 当头炮

学生：刚才收到小精灵发来的信号，见a箭头所示。渝三峡000565是不是“跌市英雄”？能买吗？

老师：渝三峡000565是“跌市英雄”，能买。当然是少量参与。d箭头所示是“暴量”，c箭头所示是股价直线上升，这种“暴量直线上升”形态有很强的爆发力。e箭头所示是股价前高点，b箭头所示是多方炮上五线过前头“顶紧右上角”，而“顶紧右上角”的多方炮，因其一马当先又叫“当头炮”，有向上开炮的攻击力度。

有资料显示：

渝三峡公司即将转型。重庆三峡油漆股份有限公司的子公司三峡英力公司5万吨甘氨酸项目即将投产，投产后，公司将从一个油漆涂料公司转型为精细化工公司。研究员认为，可以给予公司“推荐”的投资评级。

研究员预计，公司未来生产的甘氨酸市场前景看好。甘氨酸的主要用途是生产农药草甘膦。预计2010年全球草甘膦需求量为100万吨，目前全球产能50万吨。2006年底，我国国内生产规模约30万吨，产量20万吨，80%的产品用于出口。由于下游的需求增长强劲，因此甘氨酸的市场前景是非常乐观的。目前国内市场工业级甘氨酸的价格是1.76—1.8万元。

研究员认为三峡英力的生产工艺先进。三峡英力的天然气制甘氨酸工艺，在国内甚至世界上都处于领先水平。产品质量好、纯度高（99%）、清洁无污染，成本只有氯乙酸氨解法的一半左右，目前三峡英力公司甘氨酸项目的土建工程已经完成，马上进行试车，试车成功后，甘氨酸项目的规模将全面超越渝三峡原有的油漆业务成为主营业务。而渝三峡也将转变成为一个精细化工公司。

第 92 节

Follow Me

2007 年 11 月 2 日 · 星期五

权重股大逃亡

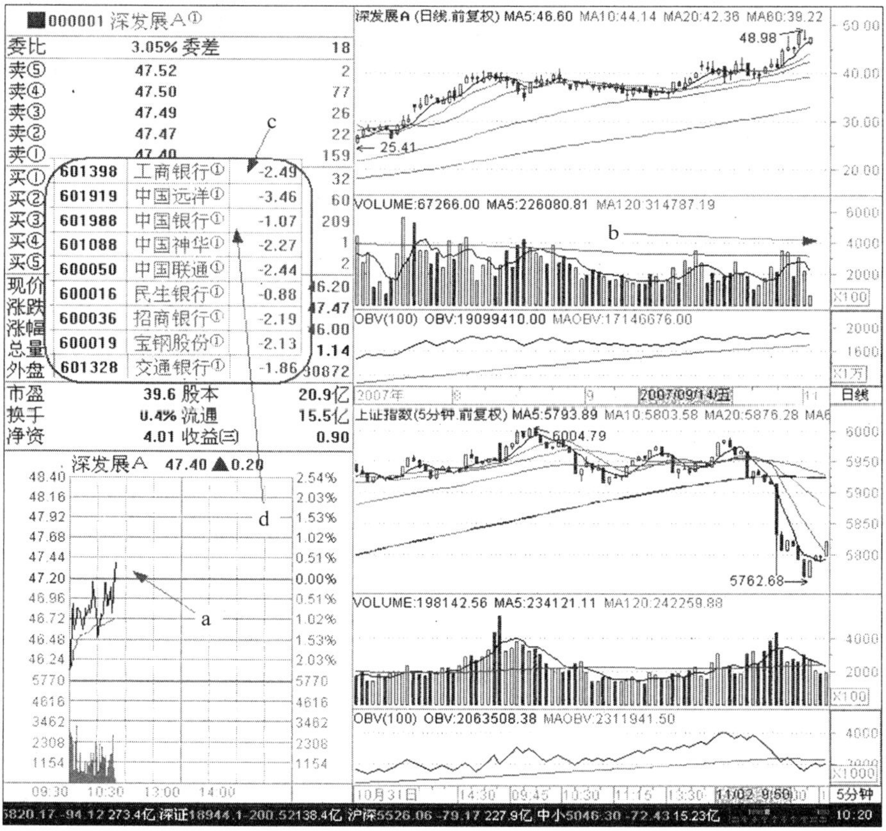

图 11021020　上证指数五分钟 K 线　深发展 000001　权重股大逃亡

学生：前几天奋力拉高的权重股，今天都在跌，见 c、d 箭头所示。这是怎么回事？

老师：上证指数在高位摇摇欲坠时，市场主力要想维持不跌或少跌，只能用权重股顶住，“天欲坠，赖以柱其间”。但，市场主力维护大盘仅仅是为了争取尽可能多的出货时间，一旦主力大部队出货完毕，掩护部队就吹响了撤退的集结号，你看到 c、d 箭头所示的这些权重股都在撤退啦！散户朋友可要听到撤退的集结号，否则就被敌人包围啦！b 箭头所示是深发展成交量呈下降趋势，不支持股价的上升。昨天深发展 48.98 元很可能是个天价，套在上面可就难受了！

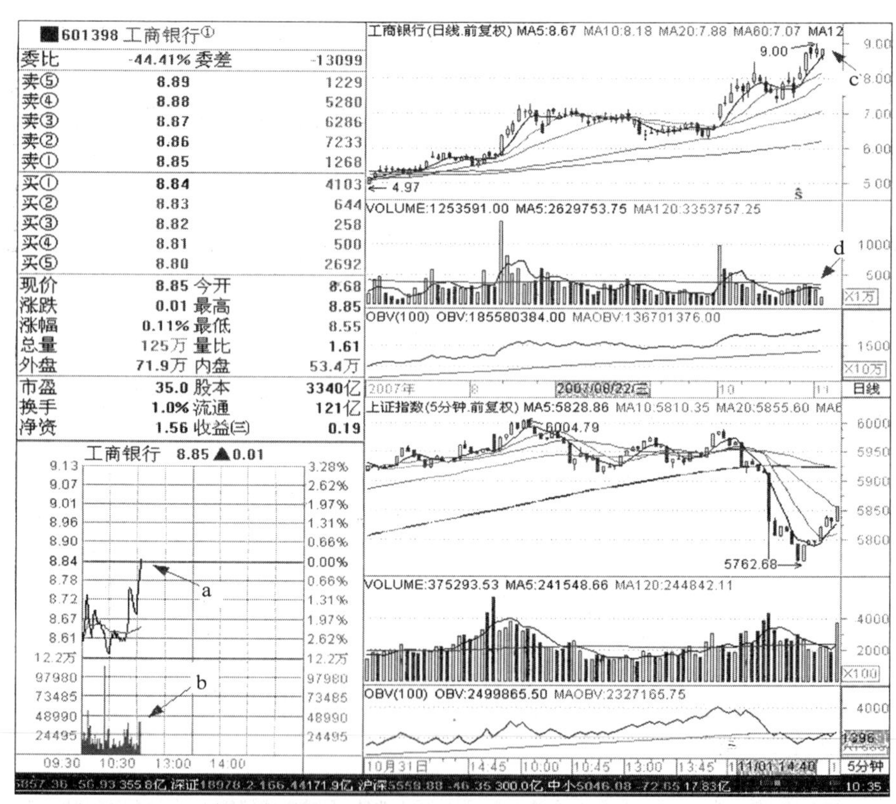

图 11021035　上证指数五分钟 K 线　工商银行 601398　权重股大逃亡

第92节 权重股大逃亡

学生：现在工商银行涨得很快，怎么看？

老师：上证指数已经大势已去，工商银行这波拉高已经上气不接下气了，这从b箭头所示处的成交量即可看出来。c箭头所示是四天的高位盘整，不涨就会跌。而d箭头所示的半个月以来的成交量呈下降趋势，不支持股价的上升。权重股已吹响了撤退的集结号，权重股将集体溃退，工商银行岂会孤军抵抗？所以工商银行也会下跌，昨天的9.00元，可能是工商银行未来几个月的最高价。

第93节

Follow Me
2007年11月2日·星期五

反弹难过死叉

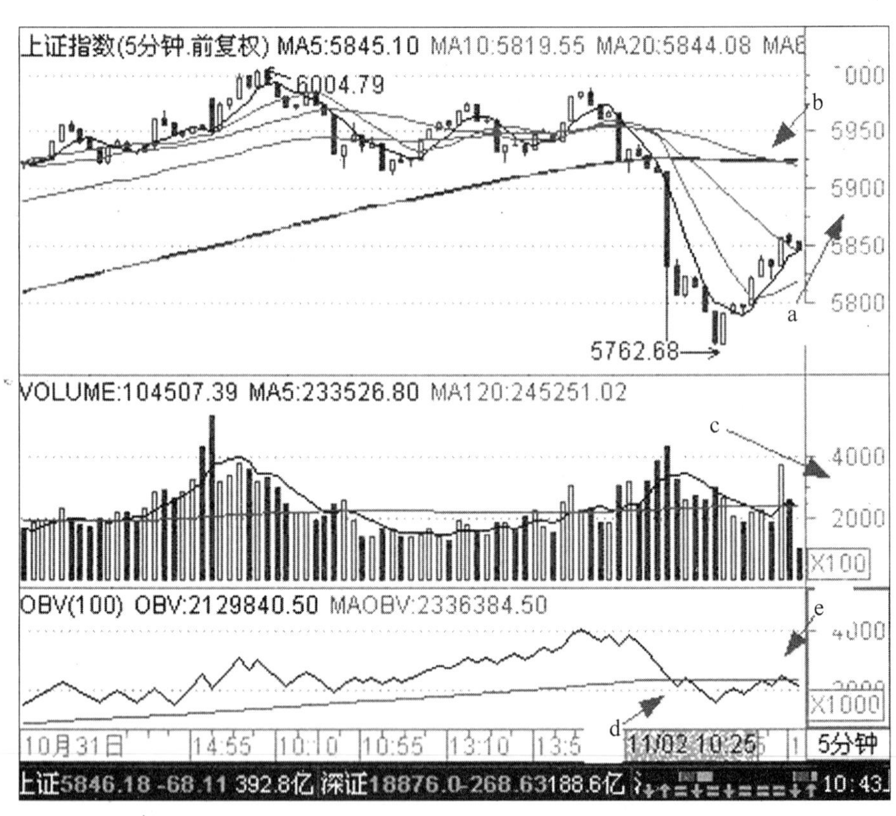

图11021043　上证指数五分钟K线　反弹难过死叉

第93节 反弹难过死叉

学生：上证指数开盘时的暴跌后，现在正在反弹，会涨多高？

老师："反弹难过死叉"。b箭头所示是60线、120线死亡交叉点，这个点有巨大的压力，一般反弹浪到此结束。a箭头所示是反弹浪正在接近"死亡交叉"，但c箭头所示是成交量呈下降趋势，不支持股价的上升，所以上证指数不会冲上"死亡交叉"的。d箭头所示是OBV死亡交叉后，一直在能量潮均线之下运行，即使是反弹浪使e箭头所示处能量潮有点上升，但没有改变能量潮死亡交叉的现状。

第 94 节

Follow Me
2007 年 11 月 2 日·星期五

后死叉出货法

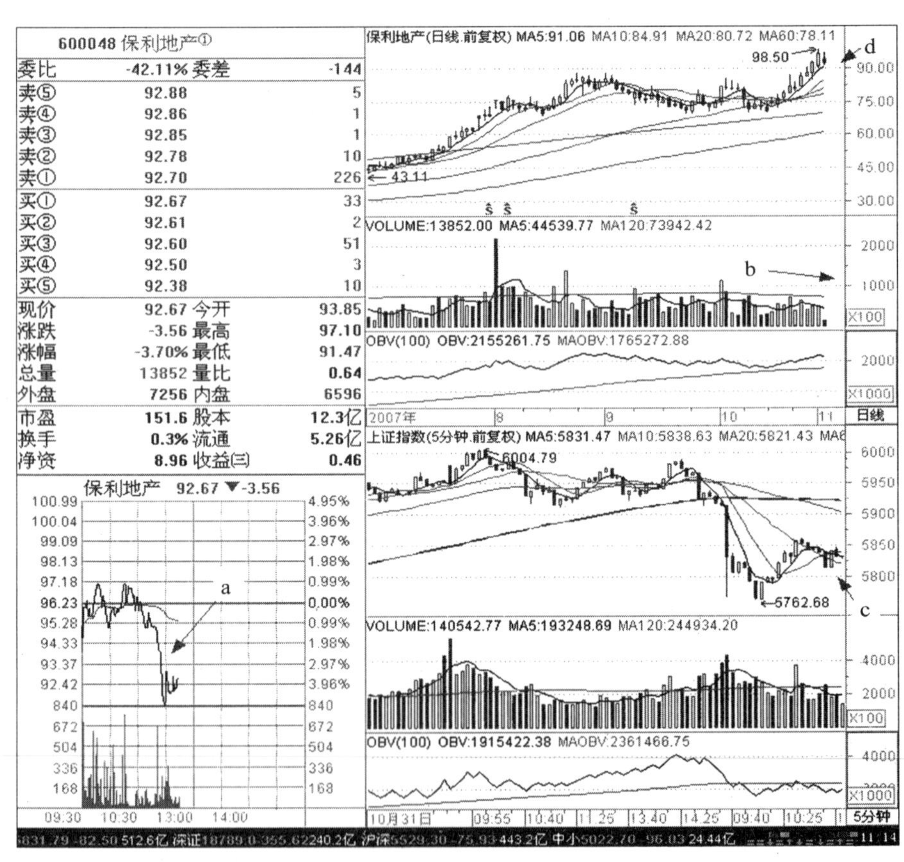

图 11021114　上证指数日 K 线　保利地产 600048　后死叉出货法

学生：我有保利地产，是43元时根据小精灵信号买的，这几天感觉大盘吓人，想出货行吗？

老师：c箭头所示是上证指数暴跌后的反弹结束，又要跌了。a箭头所示是保利地产跳水，跌去了3.7%。b箭头所示是成交量呈下降趋势，不支持股价的上升。d箭头所示是保利地产完好的5日、10日平均线通道。我们无法知道保利地产后面的走势，但我们能够知道保利地产后面走势中，一定有一个5日、10日平均线的"死亡交叉"，我们在那里坚决出货，这就叫"后死叉出货法"。无需焦虑，只需静静地等待5日、10日平均线的"死亡交叉"，不见鬼子不挂弦。

第95节

Follow Me

2007年11月2日·星期五

尾盘跌放量

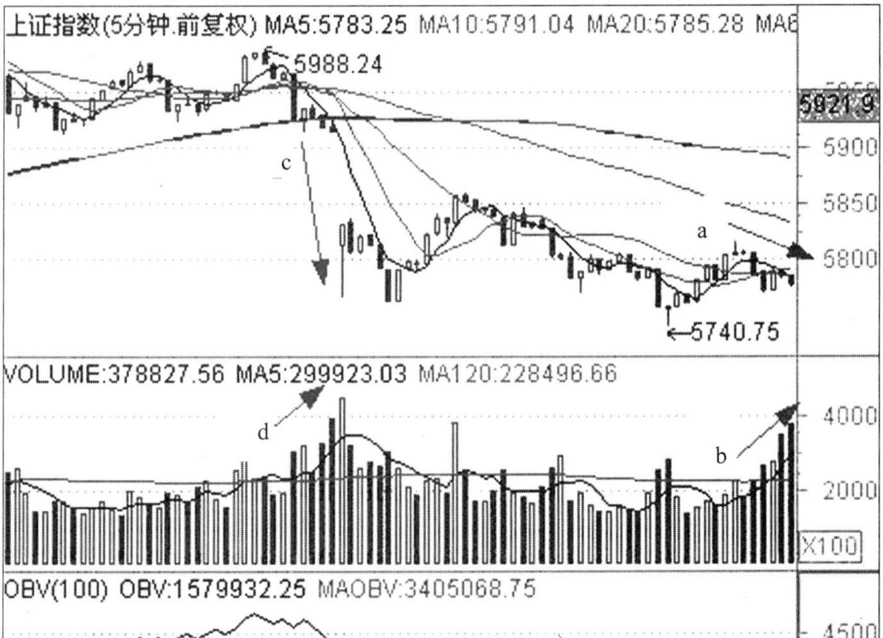

图 11021459　上证指数五分钟K线　尾盘跌放量

第95节 尾盘跌放量

学生：今天上证指数跌了136个点，怎么看？

老师：今天是“长阴结束牛市”的一天，也就是熊市开始的一天。e箭头所示是“拐点”。图11021459中，a箭头所示是尾盘半小时的跌势，b箭头所示是放量下跌，这就叫“尾盘跌放量”，是一批感觉到“长阴结束牛市”的人在今天收盘前拼命出货的情景。d箭头所示是昨天的“尾盘跌放量”形态，引起今天的暴跌。而今天再现“尾盘跌放量”形态，明天的上证指数恐怕还有暴跌。

第 96 节

Follow Me

2007 年 11 月 5 日 · 星期一

用 H 股价格匡算 A 股价格

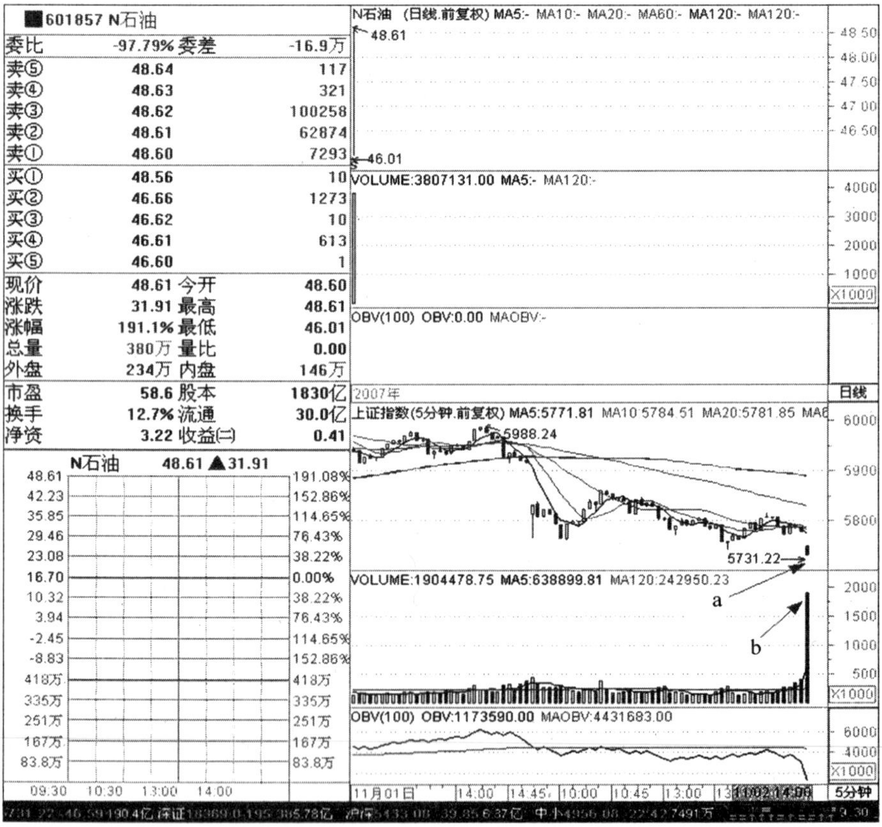

图 11050930　上证指数五分钟 K 线和中国石油 601857 日 K 线图

第96节 用H股价格匡算A股价格

学生：今天中国石油终于挂牌上市了，这个亚洲最挣钱的公司开盘价是48.60元！能买进吗？

老师：中国石油开盘48.60元太高了，几乎没了上升空间。上证指数立即作出反应，以下跌46.59点开盘在5731.22点。a箭头所示是上证指数快速下跌，b箭头所示是成交量急剧放大，这表明下跌动能很大。当中国石油这个超级航空母舰没有上升空间时，上证指数必然也没有上升空间。当中国石油下沉时，上证指数必然会受到连累。

为什么说中国石油开在48.60元就没有上升空间了？我们来看一下水皮的观点：长期以来，中国石油的H股股价一直在11元港币附近徘徊，受中国石油海归的刺激，H股股价在一个月中暴涨近一倍，并在周四盘中受原油期货价格突破96美元的刺激摸高20港币，目前也就维持在19.50港币附近。中国石油A股发行价确定的价位，相当于H股打八折，这样的低定价实际上已经反映出管理层对于中国石油过度炒作的担心，否则相对于其他A股和H股的折价，中国石油现在的发行价就是明显的低发，从IPO的角度看是失败的，从国有资产的角度看是低估的。

A股和H股，一直都有价差，平均在30%左右。现在价差一直缩小，尤其是金融股，平均价差不过20%左右。比如，工商银行A股是8.70元，H股是6.97元，比价为77.71%；招行A股43.45元，H股是37.40元，比价为83.49%。但是，能源类的股票，价差不但没有缩小，反而有扩大的倾向，平均价差已经超过50%。比如中国神华，A股是77元，H股是48元；中国铝业，A股是46.86元，H股是20.90元；江西铜业，A股是61.05元，H股是25元。其中，石化类的股票，差价尤其大，比如上海石化，A股20.01元，H股是6.02元；中石化，A股28.76元，H股仅12.58元。上海石化H股不到A股的三分之一，中石化H股也就是A股的40%。如果我们参照中石化的A股和H股价差比例给中国石油定价，中国石油的H股价格是19.60元左右，那么A股的价格大致就是44.80元左右。而如果考虑到中国石油和中石化H股的价差比例，那么以中石化现在28元左右的价格，中国石油A股的价格大致也能在44.80元左右。44.80元的中国石油你敢买吗？很多分析师把中国石油的A股价位定在30

元左右，实话实说，恐怕连他们自己都不信，就目前市场这种言必称中国石油的狂热，就3.3万亿资金打中国石油新股的疯狂，就人人都恨不得割肉去炒中国石油的神经，中国石油的股票等你能买上的时候，一定是套你的时候，或许中国石油的开盘价就是最高价。

所以，不要幻想出现中国神华这种走势，中国石油的开盘价或许就是最高价。中国石油的价格会有一个向H股回归的过程，即中国石油H股价格19.60元，加一个A、H股差价30%，约等于25.48元。如果未来中国石油H股价格有下跌的话，也可用同样方法再作匡算。

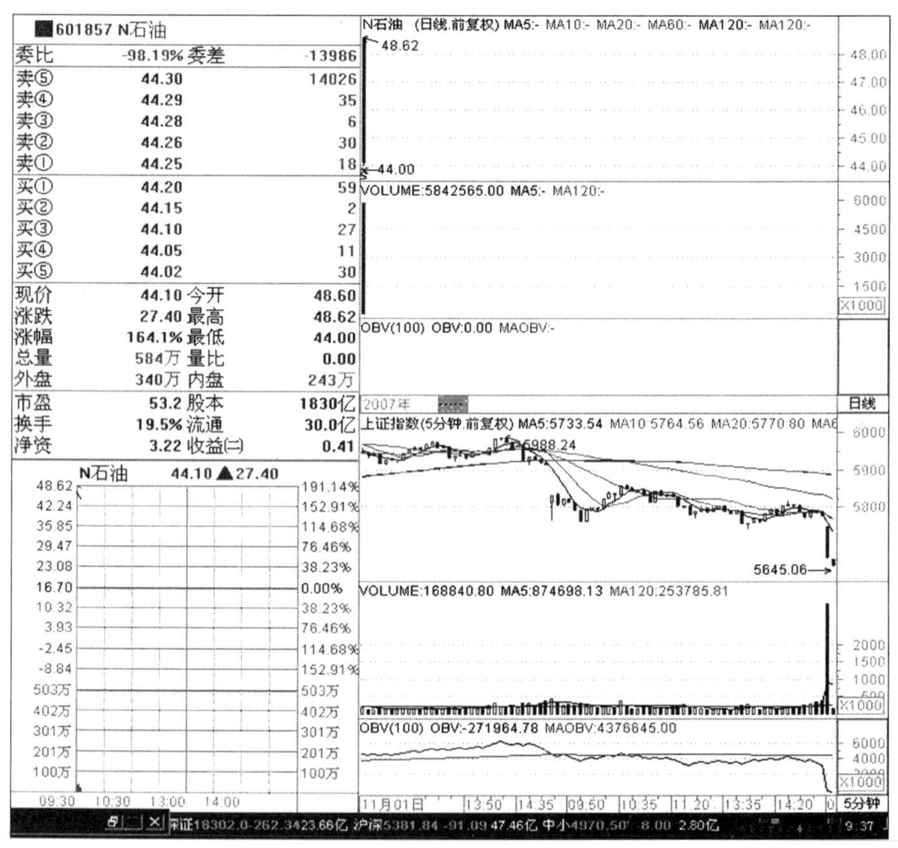

图 11050937　**上证指数五分钟K线和中国石油601857日K线图**

学生：中国石油在开盘后的7分钟内，从48.60元跌到了44.10元，

这下跌也太快了，还会跌吗？

老师：刚才我们分析了中国石油会向25.48元回归，这是个趋势，目前的跌只是序幕，真正的跌势在后头。

第97节

Follow Me

2007年11月5日·星期一

股价冲过前高点连线

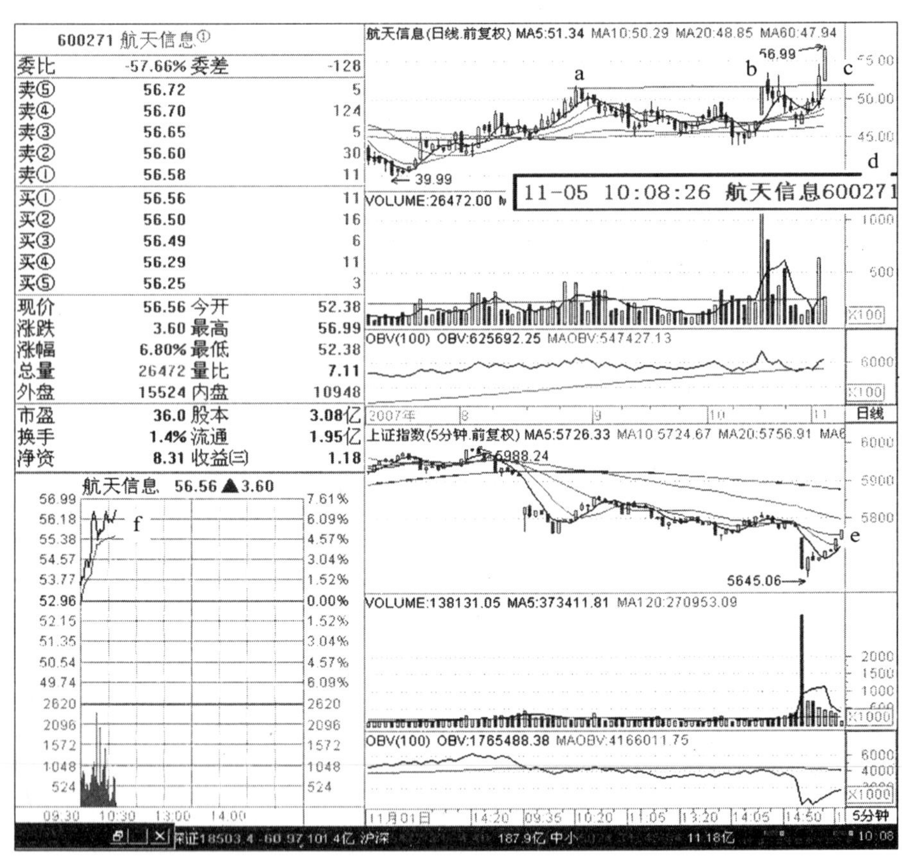

图 11051008　上证指数五分钟K线和航天信息 600271 日K线图

学生：刚才收到小精灵信号是“航天信息600271”，见d。是不是有些机会？

老师：现在上证指数正在反弹中，见e点所示。有些个股就开始走强，其中或许有机会。航天信息600271日K线图上，a、b是前高点连线，c是股价冲过前高点连线，创新高。会创新高，还有新高，直到不创新高。特别注意它的成交量，在开盘后的38分钟内，已经“量填满”，成交量支持股价上升。f是它的分时走势图，股价线与均价线不黏合，表明庄家收集筹码的力度较大。

有资料显示：

这家以增值税专用发票防伪税控系统及配套设备为主业的上市公司，因其高技术门槛和行业垄断地位一直以来保持着优良的赢利水平。然而，这又是一家似乎“过于稳重”的公司，上市以来鲜有收购兼并的动作，非防伪税控业务则一直贡献着公司70%以上的业绩。航天信息未来如何发展，是许多投资者所关心的问题。

对此，航天信息总经理刘振南已经胸有成竹：“到2010年，公司力争实现100亿元的销售收入，其中税务及配套产品占到一半，然后公安系统的产品达到10亿元以上，IC卡业务在10亿元以上，数字媒体等其他业务贡献余下的30亿元收入。”

“研发+收购”两条腿走路，缺乏“资产注入”等的外延式增长，让航天信息的投资者不禁有些着急。在日前公司投资者座谈会上，有机构代表直言“这恐怕是公司股价还只有30倍左右市盈率的原因”。然而刘振南不为所动，在他看来，做企业与做投资是两种导向，航天信息曾有过许多收购和开拓新业务的想法，“但我们对此持非常审慎的态度，只要项目风险大或与主业相关较差，公司最终都会放弃。”规避风险并不代表不作为。实质上，航天信息是一个特殊行业解决方案提供商，其所承担的国家“金税工程”、“金盾工程”业务都是其中的典型代表。刘振南说，公司未来的战略之一就是继续加大研发投入，巩固和提升自身在防伪税控等领域的技术优势，逐步做大做强IC卡、软件及系统集成、数字卫星电视等业务。

他表示，航天信息目前已承接了公安部的“金盾工程”，年收入在3个亿左右。未来结合公司RFID（射频识别技术），公司产品还可以运用到全国公安的车辆识别管理、汽车牌照管理、流动人口管理以及指挥调度系统等方面。据了解，全球和国内射频识别市场的年度增长率都在25%以上。

数字媒体业务则是航天信息业务扩张的另一方向。今年8月份，公司投资2550万元收购了湖南航天卫星通信科技有限公司51%的股权，进入移动卫星通信领域。刘振南透露，在手机电视方面，公司将与广电系统合作开发基于CMMB标准的手机，GPS等移动终端视频产品，而这是与“3G”并列的国内另一套移动视频解决方案。此外，IC卡等业务也是航信未来重要的一个增长极。公司已在涿州建立了新的卡生产线，产品包括税控收款机配套IC卡、RFID卡等，首期投产的生产线产能将达5000万张。

“未来我们不排除有新的收购兼并动作，这种收购既可以是在航天科工系统内，也可以是对其他产业和项目。”刘振南表示，非税控业务也将是公司未来发展的一个重点，而公司始终重视通过收购兼并的方式加快此类业务发展。

继续做好传统主业文章，在传统的防伪税控业务领域，刘振南指出，公司也面临着良好的发展机遇。这一方面来源于航天信息自身对新业务领域的努力开拓，如2006年“一机多票”业务带来的大幅增长，另一方面是政策性的推动可能带来的业务增长机会。展望未来，仅就其核心业务防伪税控系统而言，仍将遵循这样的轨迹。就目前来看，我国将降低一般纳税人标准的政策预期已经非常明确，相关政策已经进入审批流程。这意味着航天信息将会获得更多的客户和收入。

据了解，所谓“增值税一般纳税人”，是指年销售额满足一定标准的企业，目前国税总局规定的标准为商业企业年销售额180万元，工业企业年销售额100万元，国内符合这一标准的一般纳税人约160万至180万户。而在这一标准之下，被称作“小规模纳税人”的小型企业大约在1000万户左右。

刘振南说，“金税工程”被列为国字号工程，就是由于防伪税控系统对税收征管的效果明显，正是从加强征管的角度，监管部门有动力促进用户范围的扩大。而为了适应这一政策趋势，公司已经开发出了新产品以降

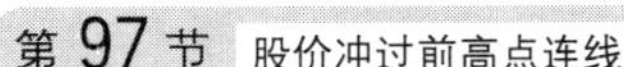

低纳税人的负担，以适应未来渐进式放大的市场需求。

航天信息已经形成的行业知名度和品牌优势，也正推动着公司在与防伪税控相同性质领域的业务拓展，其中之一就是税控收款机市场。刘振南说，今年以来公司税控收款机业务逐渐启动，目前已经成功入围北京、上海、大连等多个地区的招标，并且进入石化等垄断行业。从已有的几个省的推广情况看，公司在技术研发、与税务部门的长期合作、资金实力等方面有明显优势，预计 2008 年将进入实质性供货阶段。此外，在海关、农产品收购等存在业务机会的领域，公司也纷纷取得进展。目前，将农产品收购发票纳入公司防伪系统管理已经在山东烟台和海南展开，将海关使用的非增值税专用发票抵扣凭证纳入管理也正在讨论之中。而在广受瞩目、有望开征的燃油税领域，公司也已经与国税总局对接，希望能将航天信息的防伪税控系统用于对其的征收管理。

第 98 节 Follow Me

2007 年 11 月 5 日 · 星期一

反弹一般以冷空气带为限度

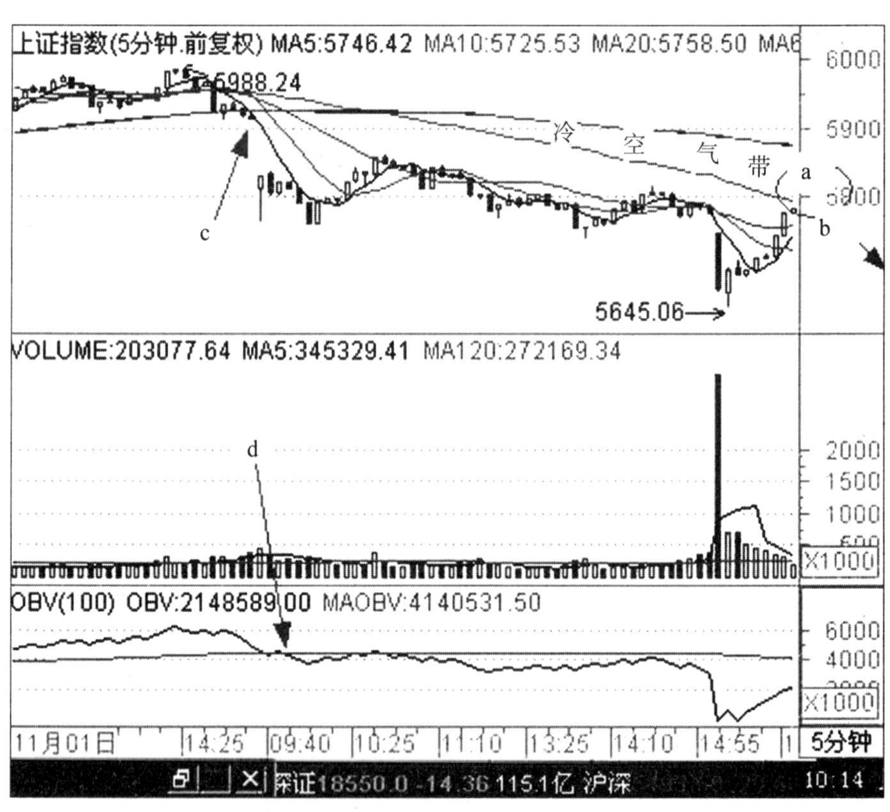

图 11051014　上证指数五分钟 K 线冷空气带

学生：上证指数正在上升，会继续上升吗?

老师：在目前的上证指数位置上，五分钟K线图上的第一次反弹一般以冷空气带为限度，即图11051014上证指数五分钟K线冷空气带中，a圆圈一带，然后沿b箭头所示的方向下跌。经若干次反弹后，才可能向冷空气带发动攻击。c是股价跌到60线、120线以下，是今日跌势的开端。d是OBV死亡交叉，d箭头所示点以后，OBV曲线在均线以下运行，上证指数将继续下跌。

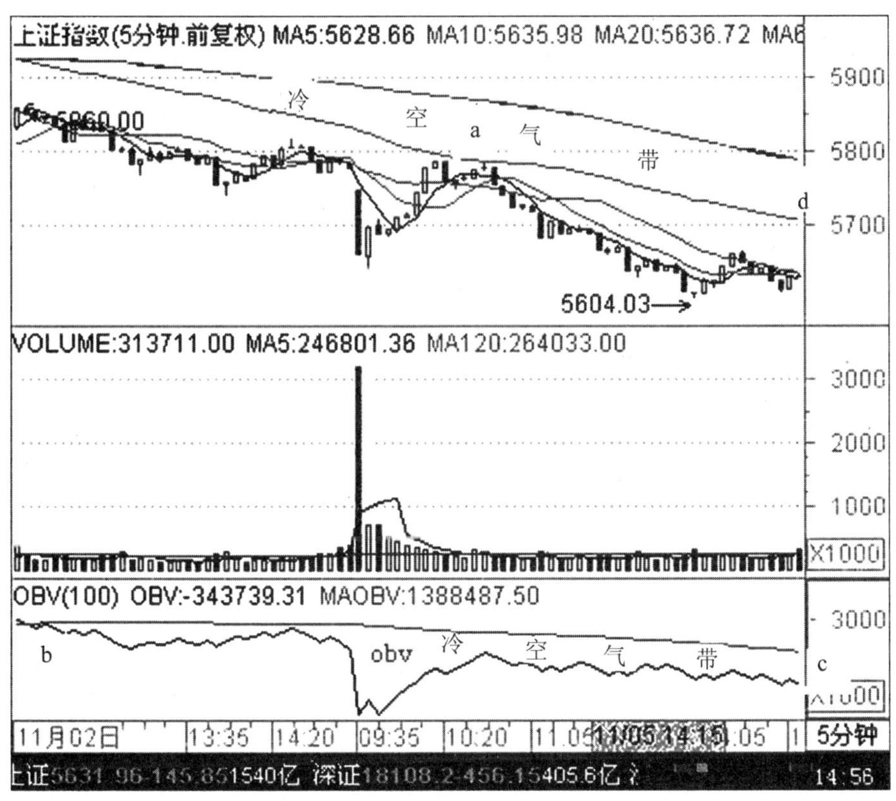

图 11051456　**上证指数五分钟K线冷空气带**

学生：上证指数反弹到a点，即冷空气带60线边上，就开始下跌，到现在14：56分已跌去145.85点。今天的日K线图上是长长的大阴线。

老师：现在冷空气带强劲下压，已到 d 处。特别是 OBV 冷空气带从 b 处形成，贯通到 c 处，还有贯通下去的趋势。所以，上证指数明显处于下跌趋势中。即使发生反弹，还是出货的机会。

分时走势通气放量上五线

600100 同方股份			
委比	-9.75%	委差	-35
卖⑤	35.69		5
卖④	35.68		50
卖③	35.65		108
卖②	35.60		33
卖①	35.59		1
买①	35.58		5
买②	35.56		7
买③	35.55		47
买④	35.51		34
买⑤	35.50		69
现价	35.67	今开	34.18
涨跌	1.76	最高	35.95
涨幅	5.19%	最低	33.30
总量	12.5万	量比	1.99
外盘	67524	内盘	57626
市盈	69.5	股本	6.29亿
换手	3.3%	流通	3.85亿
净资	7.27	收益(三)	0.38

同方股份(日线,前复权) MA5:33.36 MA10:32.27 MA20:32.72 MA60:35.04

VOLUME:125150.00 MA5:82881.39 MA120:101394.92

OBV(100) OBV:7354343.00 MAOBV:7049051.00

上证指数(5分钟,前复权) MA5:5627.88 MA10:5637.30 MA20:5635.13

VOLUME:293956.81 MA5:266951.38 MA120:265056.94

OBV(100) OBV:-49782.51 MAOBV:1347145.88

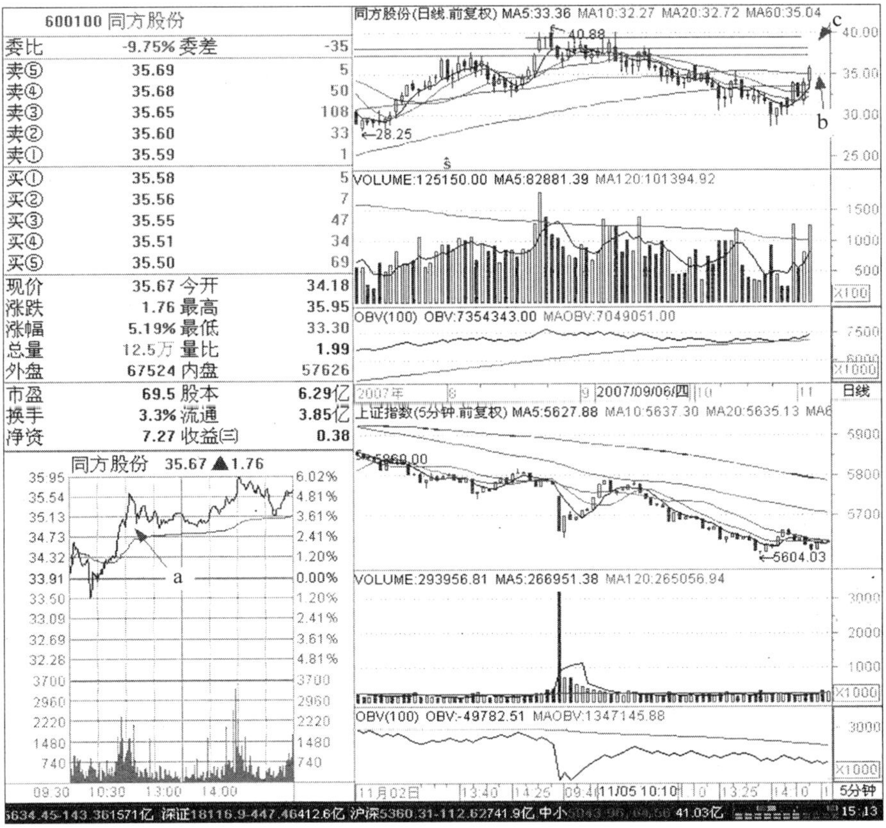

图 11051513 上证指数五分钟 K 线 同方股份 600100 分时走势通气放量上五线

学生：尽管上证指数滚滚下跌，但同方股份却上涨5.19%，可以买吗？

老师：大盘猛烈下跌，有的个股却上涨，这些个股值得研究。见图11051513同方股份的分时走势图，a箭头所示是分时走势与均价线之间通气，这是收集筹码的走势。也就是说，有庄家趁大盘暴跌时，在暗中收集筹码。b箭头所示是日K线图冲上120、60平均线，形成“重上五线金不换”的形态。c箭头所示是前头部的压力线，如果能冲上去，则有一波上升行情。弱市中操作强势股有两点要注意，一是少量参与，不可全仓，因为大盘不好，炒作个股的风险自然就大些。二是注意个股基本面。个股基本面不过硬，坚决不炒。

有资料显示：

同方股份的业务组合中的多数项目符合国家产业导向，并且有自主知识产权和核心竞争力，如威视、知网、数字电视系统、能源与环保。在国家提倡节能减排和自主创新的背景下它们面临良好的发展机遇，特别是LED项目具有爆炸性的发展机会，是公司下一阶段的投入重点。(1) 公司重点投资发展以数字电视传输技术为核心的数字电视发射设备和地面移动数字电视单频网的全面解决议案，并在深圳、湖南和天津地面移动数字电视网实验中获得成功。(2) 公司致力于智能楼宇业务的海外市场拓展，目前在泰国、马来西亚等地相继承接工程项目，其中中标也门共和国国际机场新候机楼弱电总包项目是我国在该领域第一个整体建设项目。(3) 公司根据多年来在各个行业信息化建设的经验积累和沉淀，相继开发了包括ez-IBS智能建筑套件、ezUMS智能市政解决方案等10多个行业套件。其中，ezIBS智能建筑套件已被建设部委托专家鉴定会确定为达到国际先进水平，基于ezONE业务基础平台的ezMAS煤矿安全套件被评为北京市科技进步三等奖。(4) 公司中标了内蒙古“金保工程”项目。在安防领域，公司继续拓展海外市场，又与阿联酋哈伊马角酋长国签订两套集装箱检查系统设备供货合同。风险提示：由于市场竞争进一步加剧，产品原材料、配件采购成本的下降幅度远小于产品销售价格的下降，使得公司的主要产品或商品如计算机、网络产品以及某些工程项目的毛利水平进一步下降。

公司生产的高亮度LED半导体芯片被指定为国家奥运会体育场馆专用芯片，并相继中标了奥林匹克森林公园南园室外照明工程等相关奥运场馆项目。

近期国防科工委副主任金壮龙在全国船舶工作会议上表示，中国造船业占世界市场份额已从6%提高到22%，提出在未来几年造船总量与经济规模跃居世界前列，力争有五家以上造船企业入围世界造船前十强。受消息刺激，沪东重机、广船国际、江南重工等造船企业纷纷连续拉升。同方股份（600100）同样具有军工造船概念，控股公司九江同方江新造船有限公司至8月底已实现各类军民用船舶手持订单21.35亿元，将在未来三年内陆续履行完成。

同时，随着我国加强可再生能源发展，公司也将迎来新契机，将直接受益于奥运经济和产业升级。公司的能源环境产业主要分为烟气脱硫、清洁燃烧及废弃物处理、除尘和水处理、水务这四大领域。在烟气脱硫领域，公司继续坚持自有技术开发与引进技术相结合。在除尘领域，公司结合引进的德国鲁奇公司LPPJFF袋式除尘技术，开发出具有自主知识产权的除尘技术新产品。

此外，北京银行即将于下周二网上发行，由于其IPO巨大的财富效应，必然导致相关参股公司在二级市场上风起云涌。由于其特殊的地理位置和规模效应，预计北京银行发行及上市必然受到主力资金的追捧，受益最大的当属其参股股东。同方股份是不多见的持有北京银行股权的上市公司，随着北京银行的顺利发行，有望受到关注。

在2007年8月9日公布的半年报显示，同方股份本报告期内实现营业利润2.35亿元，同比增长105.56%；净利润1.58亿元，同比增长90.23%；实现基本每股收益0.275元，业绩呈现快速增长势头。而且股东人数从一季度末的84848人迅速下降到二季度末的52725人，筹码呈现进一步集中态势。

公司控股的北京清华同方凌汛科技有限公司参与清华标准芯片的设计并参与到数字电视运营，公司拥有数字电视地面传输标准完整的自主知识产权。目前已拥有连锁网吧许可，音像制品、网络电视台许可，加上现在的网络游戏平台和数字电视，公司数字电视产业链清晰凸现，并确立了以内容和服务为核心的数字电视系统发展方向。公司拥有的 PC 业务、数字电视业务在后 PC 的融合时代的发展令人期待。另外，公司与全球最大的传媒娱乐巨头签署了战略合作关系意向书，将使清华同方从一个 IT 公司向真正的传媒产业迈出一大步。

第100节

Follow Me

2007年11月6日·星期二

跳空低开向下突破

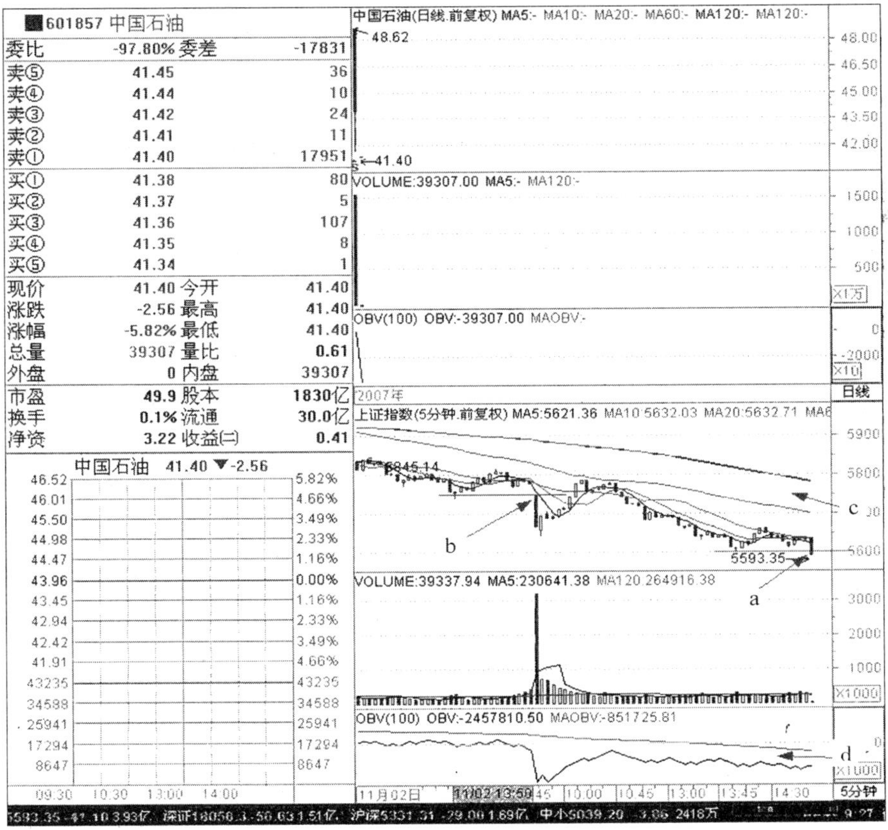

601857 中国石油

委比	-97.80%	委差	-17831
卖⑤	41.45		36
卖④	41.44		10
卖③	41.42		24
卖②	41.41		11
卖①	41.40		17951
买①	41.38		80
买②	41.37		5
买③	41.36		107
买④	41.35		8
买⑤	41.34		1
现价	41.40	今开	41.40
涨跌	-2.56	最高	41.40
涨幅	-5.82%	最低	41.40
总量	39307	量比	0.61
外盘	0	内盘	39307
市盈	49.9	股本	1830亿
换手	0.1%	流通	30.0亿
净资	3.22	收益(二)	0.41

中国石油 41.40 ▼-2.56

中国石油(日线.前复权) MA5:- MA10:- MA20:- MA60:- MA120:- MA120:-

48.62

41.40

VOLUME:39307.00 MA5:- MA120:-

OBV(100) OBV:-39307.00 MAOBV:-

上证指数(5分钟.前复权) MA5:5621.36 MA10:5632.03 MA20:5632.71

5845.14

5593.35

a b c d

VOLUME:39337.94 MA5:230641.38 MA120:264916.38

OBV(100) OBV:-2457810.50 MAOBV:-851725.81

图 11060927 上证指数五分钟K线 中国石油 601857 跳空低开向下突破

学生：今天中国石油低开，对上证指数有什么影响？

老师：昨天分析过了："中国石油的价格会有一个向 H 股回归的过程，即中国石油 H 股价格 19.60 元，加一个 A、H 股差价 30%，约等于 25.48 元。"今天中国石油开盘就跳水也是预料中的走势。问题是，昨天中国石油巨大的成交量被高高悬起，在其之下，是很难发生反弹的，即使有反弹，其幅度也是很小的。由于中国石油占上证指数的权重很大，中国石油的下跌会连累上证指数。尽管这几天中国石油还未计入上证指数，但从心理上讲，对上证指数的压力也是很大的，至少，中国石油一跌，上证指数就不敢涨。c 箭头所示是上证指数冷气带强劲下行，a 箭头所示是上证指数"冷气带下小平台向下突破"，一波新的跌势由此展开。空方要达到大盘深度下跌的目的，只要劫持中国石油当人质，"挟天子以令诸侯"，这就是中国石油走势对上证指数的重大影响。

第 101 节

Follow Me

2007 年 11 月 6 日 · 星期二

逆大盘而涨

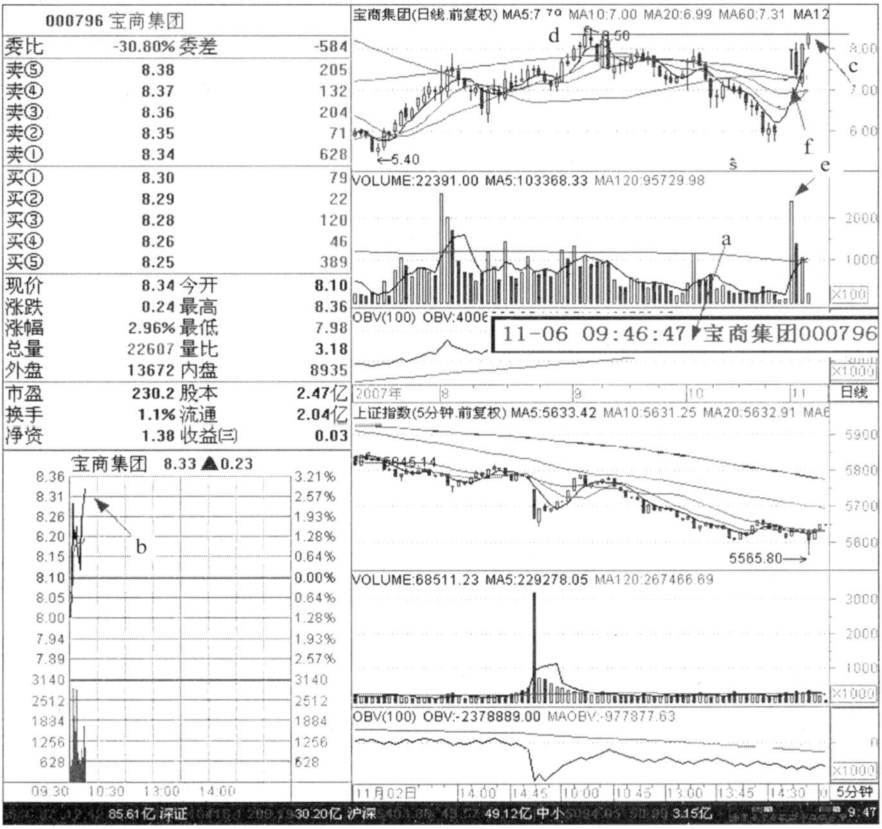

000796 宝商集团			
委比	-30.80%	委差	-584
卖⑤	8.38		205
卖④	8.37		132
卖③	8.36		204
卖②	8.35		71
卖①	8.34		628
买①	8.30		79
买②	8.29		22
买③	8.28		120
买④	8.26		46
买⑤	8.25		389
现价	8.34	今开	8.10
涨跌	0.24	最高	8.36
涨幅	2.96%	最低	7.98
总量	22607	量比	3.18
外盘	13672	内盘	8935
市盈	230.2	股本	2.47亿
换手	1.1%	流通	2.04亿
净资	1.38	收益(三)	0.03

图 11060946　上证指数五分钟 K 线　宝商集团 000796　逆大盘而涨

学生：刚才收到小精灵发来的信号，见 a 箭头所示的宝商集团，能买吗？

老师：能买，但要少量。买 100 股，重在参与吧。f 箭头所示是宝商集团向上拐弯，c 箭头所示是冲击前高点 d。与此同时，上证指数可是拐弯向下暴跌。也就是说，近几天宝商集团的走势是与上证指数相反的，是“逆大盘而涨”。b 箭头所示是股价快速上涨，按照这种涨势，过前头创新高是没悬念的。

有资料显示：

自 2006 年 3 月海航重组宝商集团以来，公司业务一直在健康有序地发展。公司的两大主业中，酒店业已有国贸大酒店、宝鸡饭店、宝鸡宾馆三家不同档次的酒店并存，利于公司未来在宝鸡的业务发展。对于商贸主业，作为西安商业领域的资深人士，曾任西安民生总裁的高建平显得踌躇满志。他认为，商业企业的三大成本在于采购、营运、配送、企业规模小，固定成本就高。因此，宝商集团发展的关键就在于扩大规模优势。宝商集团要通过“巩固宝鸡，西进，东扩”的三步走战略，在未来三年内实现超市门店数翻倍，即达到 50 家的规模，届时宝商的营运成本、上下游议价能力将更具竞争力。

高建平认为，企业的利润来自于市场和管理，对宝商而言，来自于规模优势带来的成本及定价优势，以及内部挖潜带来的增收节支。要实现企业的发展，他认为关键靠人，因此公司加大了培训力度，并调整了薪酬福利体系，体现出差别，即“员工能进能出，干部能上能下，工资能高能低”。这种薪酬体系有效地激发了员工的积极性，使公司在 2006 年投入不变的情况下，仅靠规范合同、增收节支等内部挖潜措施就节省了 2000 万元左右的支出。而通过调整经营结构，适度规模扩张，2006 年公司又获得 2000 万元左右的效益。同时员工工资也增加了 1000 万元，实现了员工与企业利益的共同发展。

对于公司的非主营业务，例如煤矿、电子等，高建平表示会逐步清理退出，以突出主业。据悉，永安保险的增资扩股事宜还未明确，认购数量及认购价格还没有确定。对于宝商集团而言，最少可按原出资比例认购

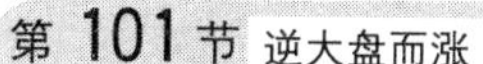

6.45%的新增股份，乐观情况下，如果有其他老股东放弃认购，宝商最多可认购新增股份的20%。但目前各老股东的认购意愿比较强烈，宝商很可能最终以原比例增资永安保险。据悉，永安保险2006年巨亏近6.7亿元，主要原因在于公司补提了8.8亿元的准备金。最近三年来，永安保险的保费收入保持着25%以上的增长速度，2007年保费收入将突破50亿元。正是看到了永安保险的发展前景，因此各老股东都争相认购，宝商借此也在金融资本棋局上布下重要一子。

第 102 节

Follow Me
2007 年 11 月 6 日·星期二

冷空气带下拱形跌

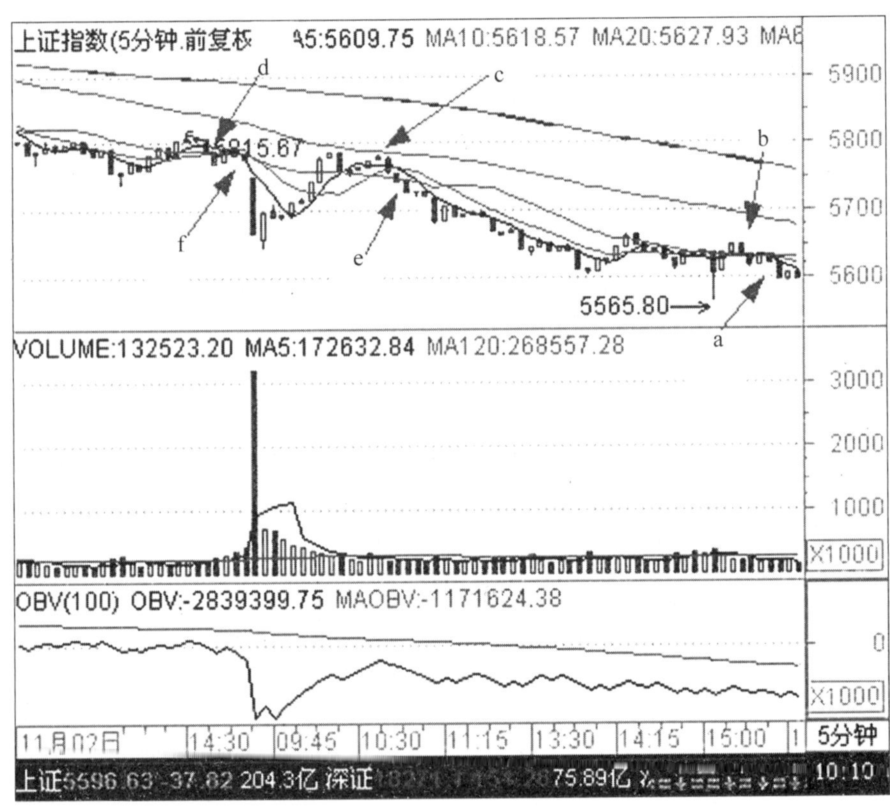

图 11061019 上证指数五分钟 K 线 冷空气带下拱形跌

第102节 冷空气带下拱形跌

学生：今天上证指数到现在又跌了37个点，好像老跌不涨了，我想出货怎么办？

老师：图11061019中可看出，上证指数被“冷空气带”压住而不得不下跌。见d、c、b箭头所示处，反弹一接近“冷空气带”，很快就下跌。如果想在上证指数反弹高点出货，就要找反弹浪接近“冷空气带”的高点，如d、c、b箭头所示处。反弹浪有个特点是“冷空气带下拱形跌”，就是指“冷空气带”下那些拱形的反弹浪，过了“拱顶”就下跌，跌起来没完没了。可以在反弹浪从“拱顶”滑落呈“五线之下”时坚决卖出，即图中的f、e、a三箭头所示处。“冷空气带下拱形跌”，见了拱顶必须卖，迟卖不如早卖，迟割不如早割，以免被动。

第 103 节

Follow Me
2007 年 11 月 6 日·星期二

冷空气吹垮一切反弹

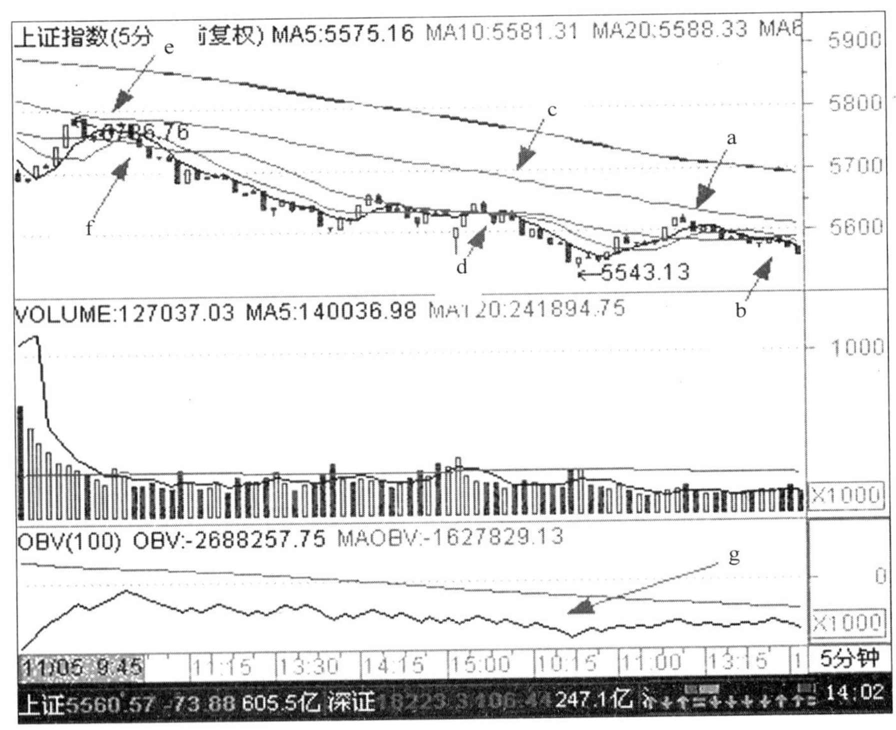

图 11061402 上证指数五分钟 K 线 冷空气吹垮一切反弹

学生：上证指数又跌了 73 个点，还会跌吗？

老师：上证指数还会跌的。e、c、a三箭头所示是由60线、120线组成的"冷空气带"，可以想象冷空气强劲"吹"下来，一切反弹浪都被它吹垮。同时，g箭头所示是OBV能量潮的"冷空气带"，它的畅通无阻同样能吹垮一切反弹。

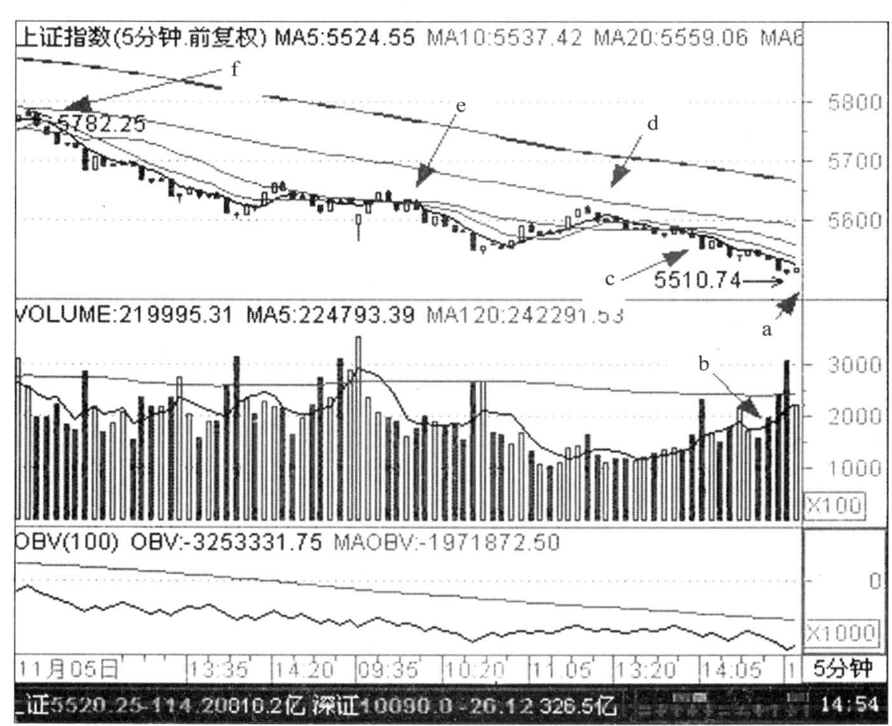

图 11061454 **上证指数五分钟K线 冷空气吹垮一切反弹**

学生：图11061454是不是"尾盘跌放量"形态？

老师：是的，这预示着明天上证指数又是下跌日。图11061454中d箭头所示处有一波反弹浪，但到冷空气带附近就被"吹垮"了，c箭头所示是"五线之下"，自然又要下跌了。本图中"冷空气吹垮一切反弹"的情况还有f、e箭头所示的反弹，都被"吹垮"。因此，以后在冷空气带以做空为主，等待出现"暖空气带"后再作打算。

第 104 节

Follow Me

2007 年 11 月 7 日 · 星期三

单阳进入冷气带

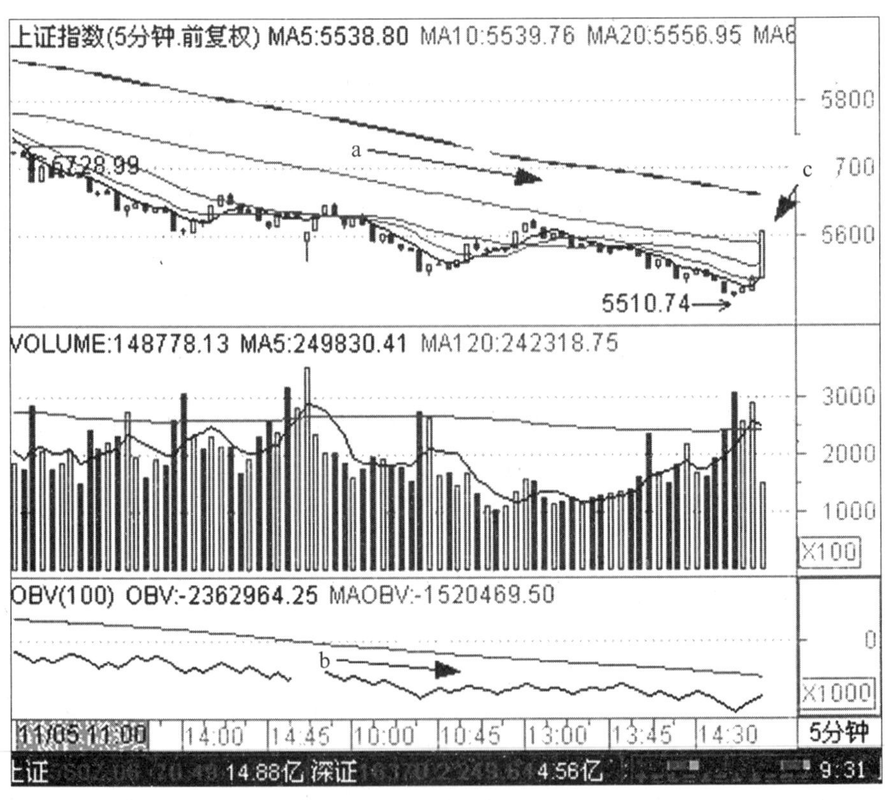

图 11070931　上证指数五分钟 K 线　单阳进入冷气带

第104节 单阳进入冷气带

学生：今日开盘一分钟，上证指数冲到5607.06点，涨了70.49点，是不是该做多了？

老师：这是“单阳进入冷气带”形态，虽然是多方强烈进攻，切入“冷空气带”腹内，但这仅仅是一瞬间的切入。多方能否在60线上站稳脚跟，进而堵住冷空气带，再使冷空气带扭转为暖空气带，这个过程还漫长着。现在还不能单凭一根阳线就买进，还要静观上证指数进一步的走势。

第105节

Follow Me

2007年11月7日·星期三

连续巨量近前头

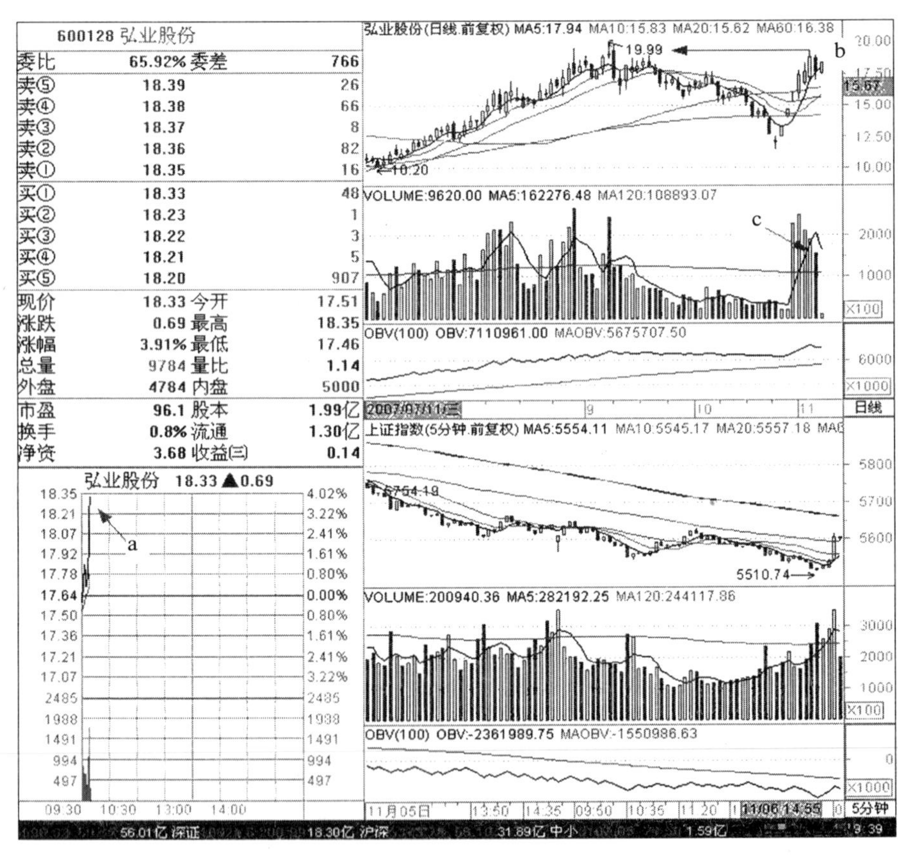

图 11070939　上证指数五分钟K线　弘业股份 600128　连续巨量近前头

第105节 连续巨量近前头

学生：最近弘业股份走得挺强劲，能买进吗？

老师：可以买进，当然是少量参与。我对图11070939上最感兴趣的是c箭头所示的连续几天的放量，这是用真金白银在买进，而不是缩量拉高出货。b箭头所示是接近前头部，随时都可以发动攻击，创新高。

有资料显示：

弘业股份是全国工艺品行业和江苏外贸企业中最早的一家上市公司。在多年的发展中，公司与世界80多个国家和地区建立了业务往来，在国内有广泛的货源网络，并建有自己的生产基地。在国际金价不断走高的市场环境下，加上上海黄金交易所推出“T+5”分期付款交易等新的黄金投资品种，国内黄金市场正迎来新一轮的大发展，公司的黄金业务将为公司贡献更大的利润。近期公司持有的江苏弘业期货经纪公司已经获得证监会核准的金融期货经纪业务资格，具备进行股指期货业务资格，弘业股份也就成了最为纯正的股指期货概念股。同时，公司还联合江苏省高新技术风险投资公司等多家机构设立弘瑞科技创业投资公司（占36%），为江苏省第一家投向生物医药领域的创投公司；还是上海黄金交易所首批会员之一；并发起设立金石财产保险公司，是一个具备参股期货和创投等多重概念的题材股。因公司取得的投资收益同比增长幅度较大，经公司财务部初步测算，预计公司2007年度净利润将同比增长50%以上。股指期货推出对股票的大势、走势没有影响，该涨的继续涨，该跌的继续跌。美国股指期货推出时正好赶上黄金十年，其股市一定是涨。韩国和台湾地区的股市在股指期货推出后跌是因为它碰上了亚洲金融危机，经济不行肯定会往下跌。对于本轮大盘蓝筹股领跌的调整行情，业内不少观点认为，大盘下跌正为股指期货推出打开了空间。因为按照监管部门“准备充分，择机推出”的思路，在当前法规和技术条件都已基本准备到位的情况下，沪指回落到5000点附近正是推出股指期货的绝佳时机。而近期中金所第一、二批会员火线出炉，商业银行做特别结算会员也有新的进展，这都增强了市场的预期。同时，有媒体就推出时间进行报道，更加深了大众的这种期望。针对市场流传的股指期货将于12月28号推出的消息，中国金融期货交易所研究部负责人张晓刚在接受《第一财经日报》采访时表示，目前推出时间还没有确定。近期A股市场出现大幅波动，张晓刚表示，从交易所的角度，交易所本身的内部准备工作应该是已经基本就绪了。现在主要还是在做会员发展的工作。具体的时间表，等监管部门批准以后，中金所一定会提前公布股指期货的推出时间表，而且一定会预留一段时间以缓冲。一般的规律来说，这个时间不会很长。二级市场上，近期相关参股期货概念股在大盘调整过程中表现异常坚挺，板块联动效应较强，成为弱市当中少有的可持续热点。随着股指期货出台时间日益临近，市场对该板块的追捧热度有望进一步增强，因此弘业股份（600128）作为短期参股期货板块准龙头，应值得我们重点关注。

第 106 节

Follow Me

2007 年 11 月 7 日 · 星期三

长期下跌后冲上 20 线

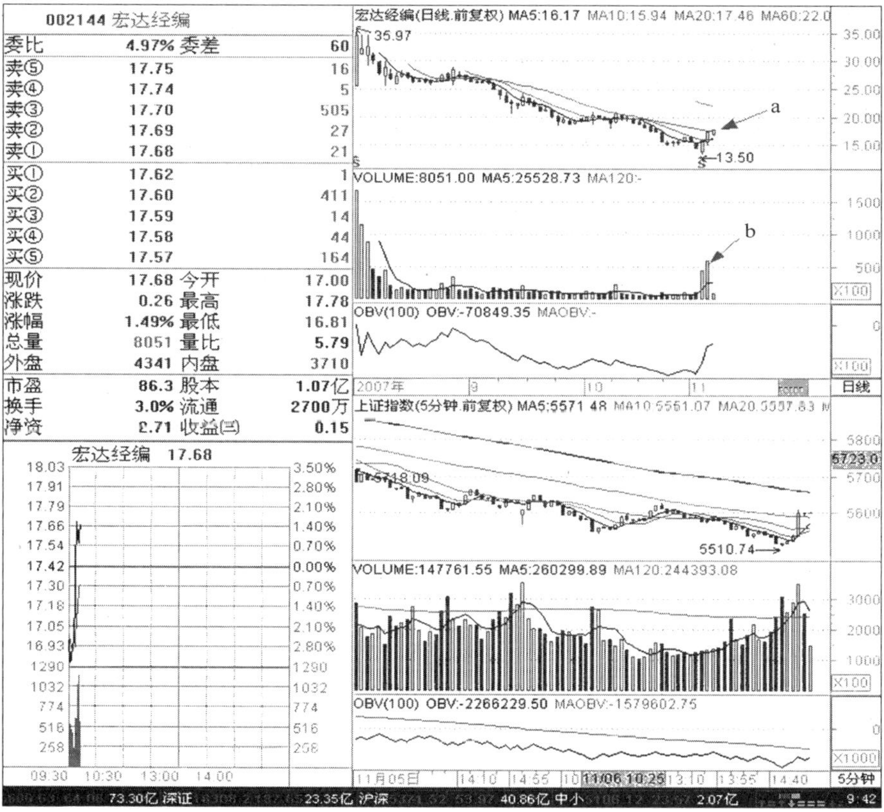

002144 宏达经编			
委比	4.97%	委差	60
卖⑤	17.75		16
卖④	17.74		5
卖③	17.70		505
卖②	17.69		27
卖①	17.68		21
买①	17.62		1
买②	17.60		411
买③	17.59		14
买④	17.58		44
买⑤	17.57		164
现价	17.68	今开	17.00
涨跌	0.26	最高	17.78
涨幅	1.49%	最低	16.81
总量	8051	量比	5.79
外盘	4341	内盘	3710
市盈	86.3	股本	1.07亿
换手	3.0%	流通	2700万
净资	2.71	收益(三)	0.15

宏达经编(日线,前复权) MA5:16.17 MA10:15.94 MA20:17.46 MA60:22.0

35.97 a 13.50

VOLUME:8051.00 MA5:25528.73 MA120:-

b

OBV(100) OBV:-70849.35 MAOBV:-

上证指数(5分钟,前复权) MA5:5571.48 MA10:5561.07 MA20:5557.83

5718.09 5510.74

VOLUME:147761.55 MA5:260299.89 MA120:244393.08

OBV(100) OBV:-2266229.50 MAOBV:-1579602.75

宏达经编 17.68

图 11070942 上证指数五分钟 K 线 宏达经编 002144 长期下跌后冲上 20 线

学生：宏达经编的走势如何？可以买吗？

老师：可以买一些。a 箭头所示是股价长期下跌后，股价爬到 20 日平均线之上。b 箭头所示是低价区出现连续几天放量，这是有庄家在介入的迹象。

有资料显示：

主营经编面料制造的宏达经编（002144）受益于汽车消费的快速增长，汽车内饰面料行业的增长速度将超过汽车行业，公司发展前景较好，但汽车内饰面料的毛利率或将呈缓慢下滑的态势。宏达经编主营业务突出，利润主要来自于经编面料制造业务，汽车内饰面料和服饰面料两大类产品是公司利润的主要来源，其中汽车内饰面料对公司利润的贡献率最高。凯基证券廖明正认为，汽车内饰面料进入壁垒较高，汽车制造商的配套供货体系严格，从第三方认证到大批量供货一般需要两三年的时间。国泰君安研究员李质仙也表示，经编机的资本投入比较大，竞争对手进入该细分行业存在壁垒。李质仙指出，宏达经编近三年的研发费用在营业收入中的比重平均为 3.25%，在行业中处于较高水平，在汽车内饰和服饰弹力面料方面拥有多项自主创新的核心技术，对提高毛利率有积极作用。廖明正指出，目前宏达经编的产能仅能满足上海大众和上海通用的需求，而 300 万米新增产能全部投产也不能满足已通过认证的客户的全部需求，汽车内饰面料的增长速度将超过汽车产业的增长。此外，宏达经编自 2005 年起大幅降低低附加值的普通服饰面料生产和销售，加大高附加值产品的开发和销售，顺应了市场的发展趋势。2006 年，宏达经编汽车内饰面料销售额按最终客户划分，上海通用和上海大众分别占 49.17%和 35.77%，是宏达经编产品的主要最终用户，公司销售受两家公司影响很大。据《成都商报》报道，上海通用和上海大众的今年上半年销量排在汽车厂家的前两位，分别为 21.92 万辆和 21.63 万辆，维持着行业的龙头地位。2004—2006 年公司汽车内饰面料产品的毛利率分别为 51.26%、44.55%、41.34%，呈小幅下降趋势，但截至 2006 年末，仍然保持在 40%以上的较高水平。李质仙认为，纺织行业的毛利率一般不到 20%，40%已经是很高的毛利率了。另外，汽车内饰面料作为工业品，40%的毛利率也比较高，

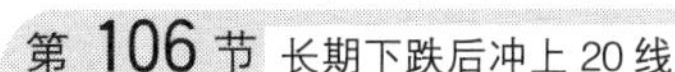

从长远来看很难维持这么高的毛利率。2006年汽车内饰面料的毛利占公司毛利总额的41.54%，对公司业绩的影响举足轻重。李质仙表示，由于内饰面料的下游使用商比较集中，宏达经编受下游景气度影响较大，谈判能力也受到一定影响，汽车整车价格压力容易向零部件厂商传导。宏达经编产品的主要原辅材料为氨纶丝、锦纶丝、涤纶丝、海绵、染料和助剂。主要原料中，氨纶目前供求处于淡季，价格保持弱势回调的运行态势；锦纶纤维产销基本平衡，价格比较平稳；受PTA小幅回调影响，涤纶走势亦比较平稳。在化纤材料中，只有氨纶的价格波动范围较大，锦纶和涤纶的价格波动范围较小。

第107节

Follow Me
2007年11月7日·星期三

两条冷气带(2)

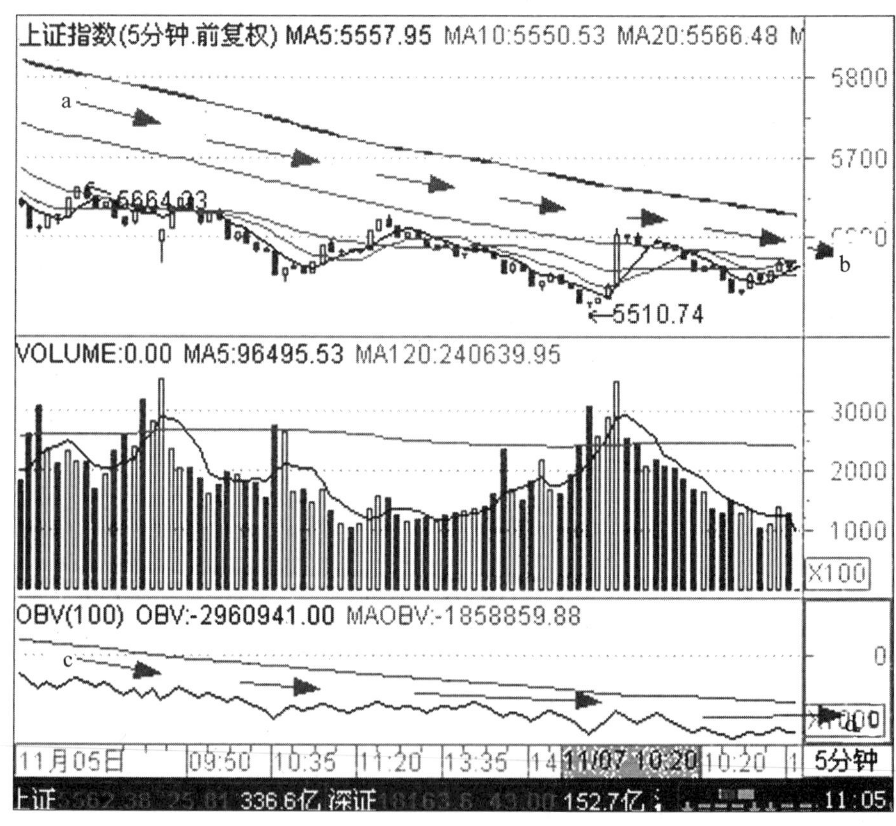

图 11071105　上证指数五分钟K线　两条冷气带(2)

学生：正如老师在开盘时讲的那样，单阳切入冷空气带并不能立刻买进，还要观察一段走势。果然在“单阳切入”后，又发生了一波跌势，后市怎么看？

老师：图 11071105 中，a-b 箭头所示是价格均线的“冷空气带”畅通无阻，而 c-d 箭头所示是 OBV 能量潮冷空气带畅通无阻。这两条冷空气带同时畅通无阻，则上证指数还有跌势。

图 11071414　上证指数五分钟 K 线　两条冷气带（2）

学生：上证指数果然又出现一波下跌，下一步上证指数会怎么走？

老师：图 11071414 中，箭头所示是价格平均线上的冷空气带，e-f 箭头所示是 OBV 冷空气带，都是畅通无阻，所以，上证指数的跌势还会继续。

第 108 节

Follow Me

2007 年 11 月 7 日·星期三

抢反弹要观察大盘位置

图 11071458 上证指数五分钟 K 线 抢反弹要观察大盘位置

学生：收盘前，上证指数有一波爬高，冷空气带已经堵住，下一步会涨吗？

老师：5 分钟 K 线上的冷空气带堵住，必须要到 60 线与 120 线金叉才算数，没有金叉不能算是堵住冷空气带。即使是堵住了 5 分钟 K 线冷空气带，预测到有一个反弹，还要看日 K 线图上的位置与形态。如果在日 K 线图上显示有大跌势，5 分钟 K 线图上显示有小反弹，那么，这个“大跌势前的小反弹”行情，应放弃买入，并准备好在这个“大跌势前的小反弹”的顶部，及时清仓。

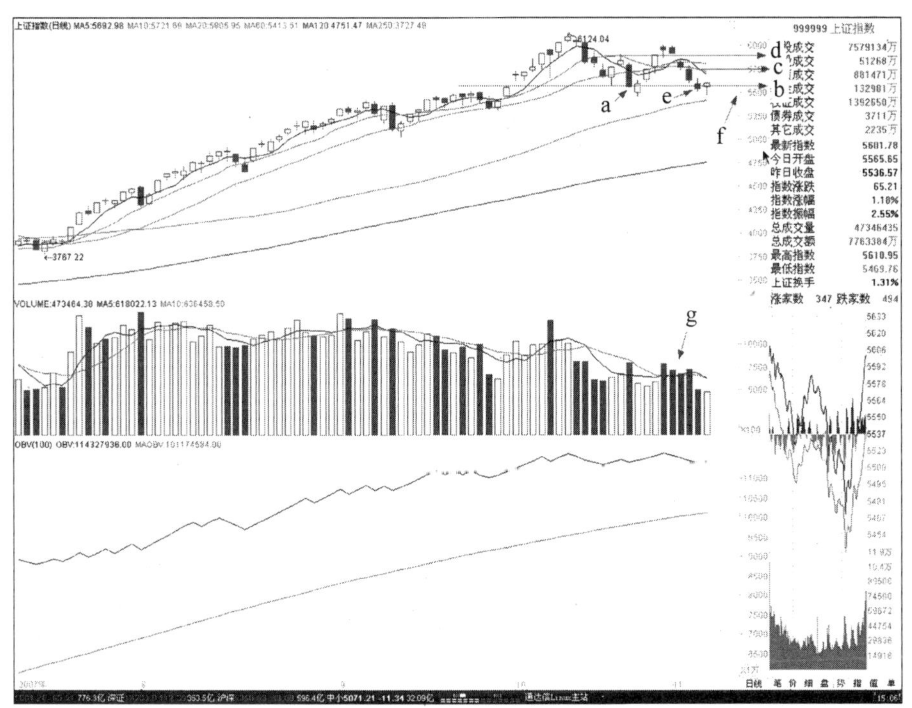

图 11071500　**上证指数日 K 线　抢反弹要观察大盘位置**

学生：图 11071500 是上证指数日 K 线图，请老师讲讲目前上证指数的位置和形态。

老师：a 箭头所示是 M 头的颈线位，如果有效跌破此线，则 M 头形态成立。e 箭头所示是昨天上证指数跌破 M 头颈线，今天收盘时的小反弹又回到 M 头颈线位以上，属于在 M 头颈线位处徘徊。g 箭头所示是连续五天的出货阴量，这是主力溃逃的痕迹，是头部特征。明日上证指数如延续今天尾盘的反弹浪上升，则必须放出成交量，像今天尾盘这点量是远远不够的。由于 M 头上有两个 5 日、10 日死亡交叉，如 d、c 两箭头所示，它们有巨大的压力，一般的反弹浪是冲不过去的，即使冲上去，上涨空间也是很小的。所以，今天尾盘这个小反弹可放弃不做。你可以做任何反弹行情，只要你逃得快，但唯一不能做的就是 M 头颈线破位后的反弹。

第 109 节

Follow Me

2007 年 11 月 8 日 · 星期四

权重股决定大盘方向

图 11080930　上证指数五分钟 K 线　中国石油 601857　权重股决定大盘方向

学生：今日开盘后，上证指数快速下跌 62 个点，这是怎么回事？

老师：图 11080930 中，a 箭头所示是中国石油下跌了 3.02%，这对市场人气是个很大的打击。尽管目前中国石油还没有计入上证指数，但对股民有心理压力。中国石油占据上证综指权重高达 23.53%，中国石油上涨 1%，大盘约涨 13 个点！因为其权重大，所以可以左右一下大盘的指数震荡区间！中石油拉一个涨停，上证指数将涨 140 点。它是目前中国所有股票里面最权重的一个。但目前在 A 股的流通盘还是中石化大，近 85 亿（中石油是 30 亿），而总股本却还是中石油大，达 1830 亿（中石化是 867 亿）。上证综指是以总股本为权数，以股价市值计算股价指数，中石油总股本共 1380 亿股，所以权重高。而沪深 300 是以流通股本为权数，以股价市值计算股价指数，中石油流通 A 股 30 亿股，从这就不难理解上证综指实际上失真很严重，除非我国股票全流通，否则上证综指就是被扭曲的，权重股决定大盘方向。b 箭头所示是 5 分钟 K 线图上出现断头铡刀。c 箭头所示是 OBV 能量潮黄金交叉有重新打开的趋势。

第 110 节

Follow Me

2007 年 11 月 8 日・星期四

会创新高还有新高

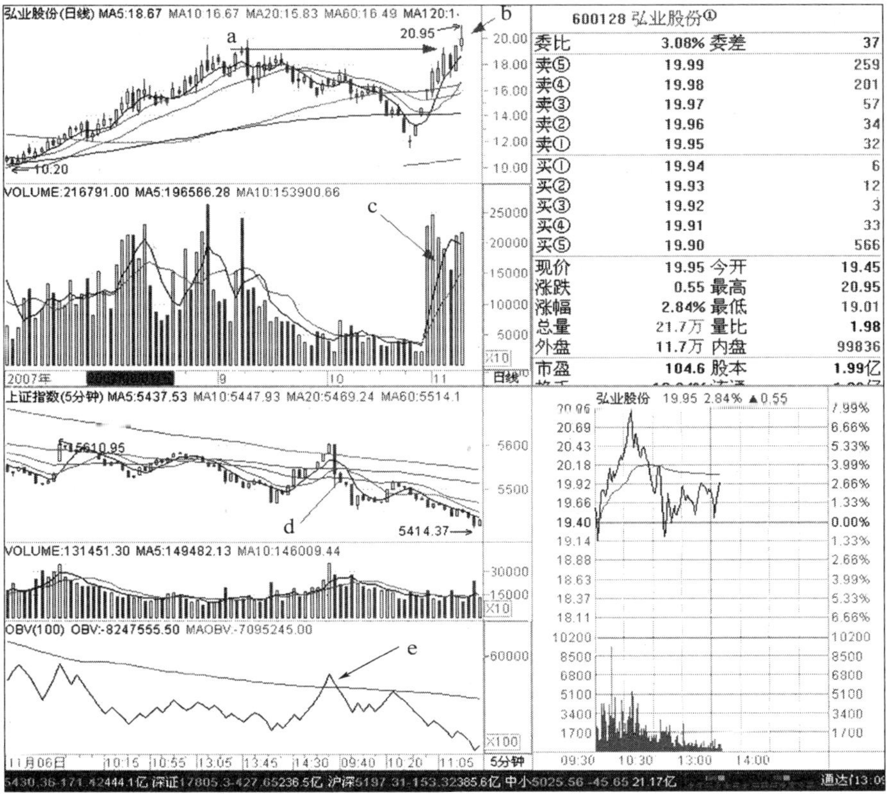

图 11081309 上证指数五分钟 K 线 弘业股份 600128 会创新高还有新高

学生：图 11081309 中，d 箭头所示处上证指数跌到五线之下后，一路暴跌。e 箭头所示处，OBV 能量潮黄金交叉被打开，呈死亡交叉，并强劲下跌。你昨天讲上证指数 M 头颈线一旦跌破，上证指数将有暴跌，不幸言中。但我发现弘业股份走势挺强，能买入吗?

老师：可以少量买入。a 箭头所示是前股价高点，b 箭头所示是股价冲过前高点，并创新高。会创新高，还有新高，直到不创新高。c 箭头所示是连续地放出巨量，必有机构在扫盘买入。

第111节

Follow Me

2007年11月8日·星期四

连破颈线60线必须空仓

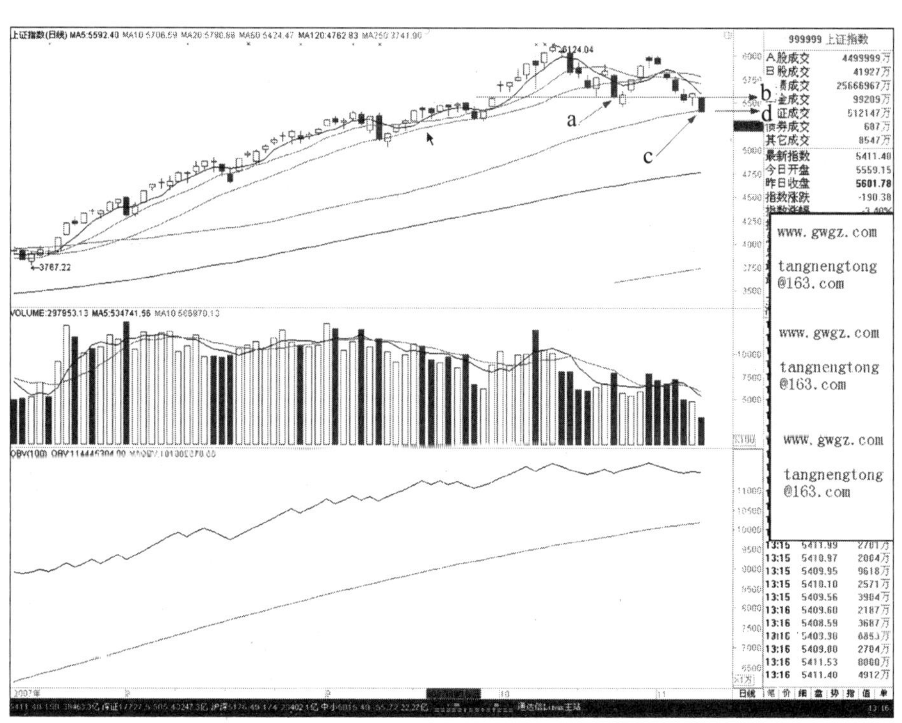

图11081316 上证指数日K线 连破颈线60线必须空仓

学生：天哪！上证指数暴跌了190个点，怎么看？

老师：图 11081316 中，a 箭头所示是 M 头的最低收盘价，作水平线 b，就是颈线。昨天我讲过，一旦跌破颈线必有暴跌。现在的问题是，c 箭头所示是 60 日平均线，上证指数正在向下冲击 60 日平均线，这是很严峻的形势。我讲过，跌破 M 头颈线有暴跌，也讲过“60 线是生命线，跌破有暴跌”，现在是一天之内，连续下破 M 头颈线和 60 日平均线，意味着有两个暴跌，或称大暴跌。所以，今天可能是上证指数跌得最快、最多的一天。M 头是完全发育成形，以后上证指数只能在 M 头以下的区间运行，并快速与 M 头拉开距离。

七线顺下创新低

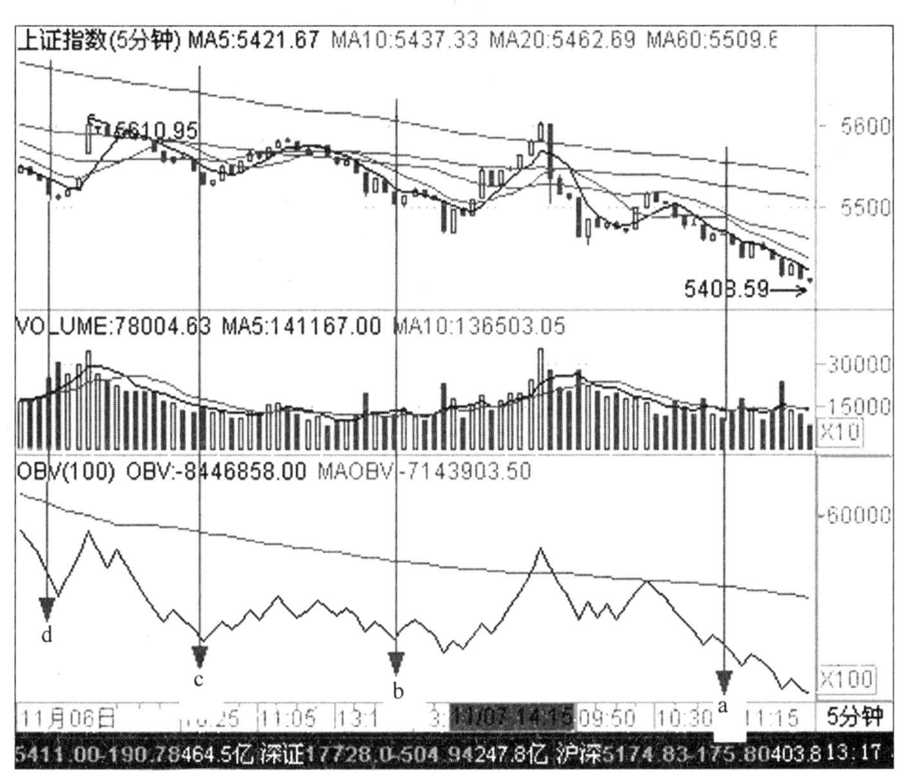

图 11081317 上证指数五分钟K线 七线顺下创新低

学生：以前我们学过"五线顺下创新低"，图 11081317 中是"七线顺下创新低”，有什么讲究？

老师：图 11081317 中是“七线顺下创新低”，在“五线顺下”基础上增加了 OBV 能量潮两条线，成了“七线顺下”。由于加入了能量潮的因素，其预测上证指数未来走势的准确性大大提高。图中 d 箭头所示是“七线顺下”，以后上证指数确实是一路创新低。c、b、a 箭头所示处，都是“七线顺下”形态，上证指数果然是屡创新低。

第 113 节

Follow Me

2007 年 11 月 8 日 · 星期四

神秘的测底公式 2T－1H

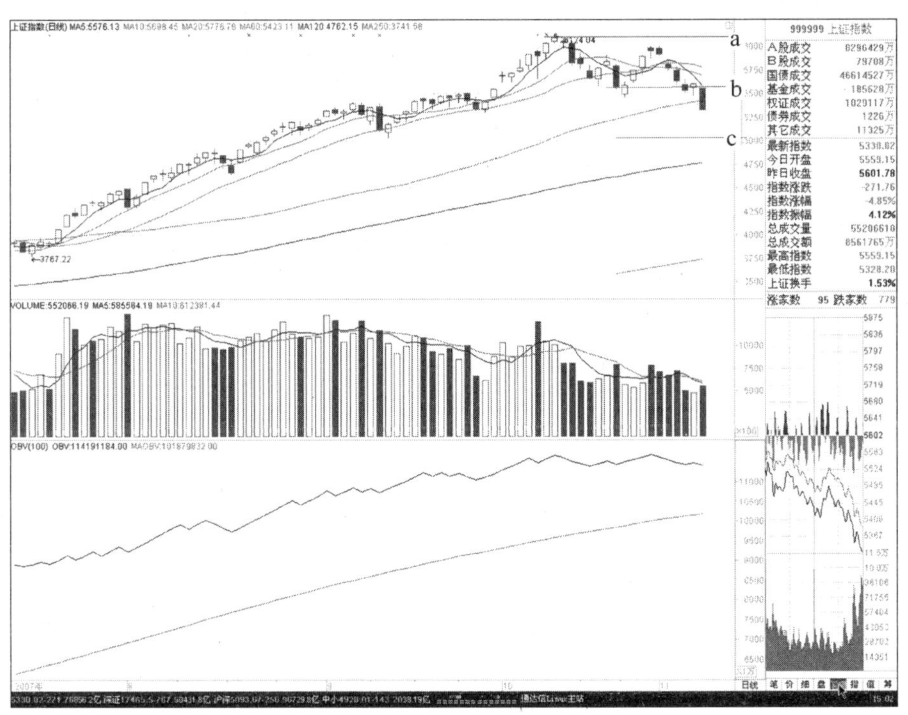

图 11081502　上证指数日 K 线　神秘的测底公式 2T－1H

学生：天哪！今天上证指数全天跌了 271 个点，真是大暴跌！未来上证指数会怎么走？

老师：我们可以用“广通测底公式”来计算未来上证指数会跌向哪里。“广通测底公式”就是2T－1H＝未来跌到的位置（T＝颈线，H＝最高收盘指数）。图11081502中，b水平线就是M头的颈线，它的点位是5562.39点。最高收盘指数即a箭头所示的6092.06点，2T－1H即2×5562.39－6092.06＝5032.72点，即c箭头所示的水平线处。上证指数会跌到5032.72点？听起来不可思议，这是理论上的计算值。不过，2T－1H测底公式的结果，常常被行情所证实。

狮子大开口

图 11081503　上证指数五分钟K线　狮子大开口

学生： 今天上证指数跌得太猛了，明天会怎样？

老师：图 11081503 中，a 箭头所示是七线顺下引发暴跌。b 箭头所示是“尾盘跌放量”，也就是收盘前有大量抛盘抢着卖出，成交量急剧放大，这对明天上证指数的走势是很大的压力。c 箭头所示是 OBV 能量潮张开大口，像要吞吃什么，我把这种形态取个名字叫“狮子大开口”，吓人吧！它意味着后市还有大跌。

第115节

Follow Me

2007年11月9日·星期五

开盘跌放量

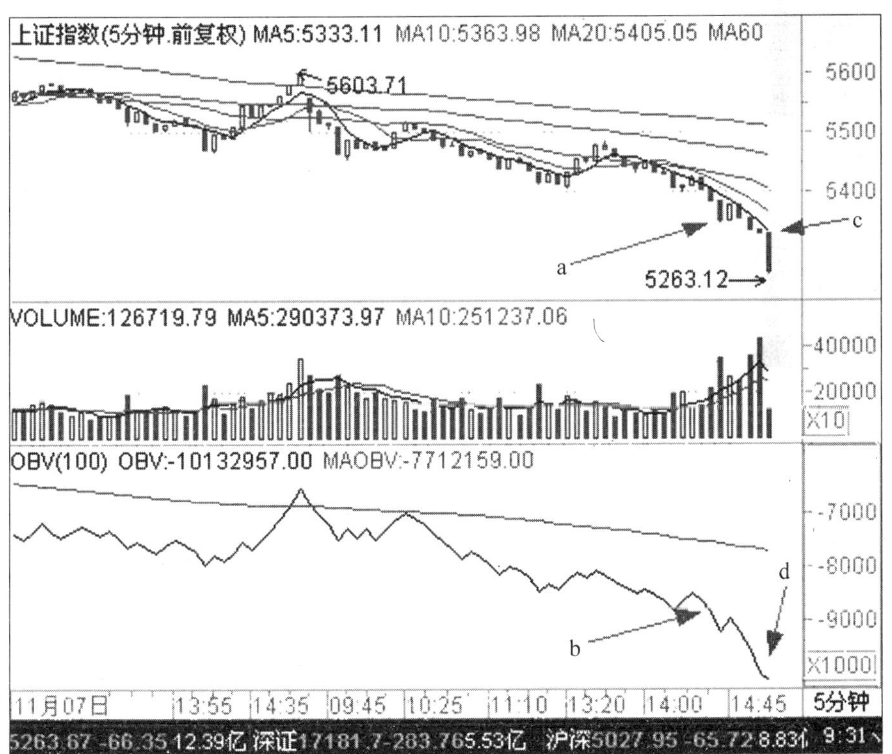

图 11090931 上证指数五分钟 K 线 开盘跌放量

学生：昨天收盘时老师分析：上证指数五分钟 K 线是“狮子大开口”，

今天一开盘，上证指数果然大跌66点，还会跌吗?

老师：短线还会下跌。a箭头所示是平均线发散向下，这个位置是刹不住车的。况且b箭头所示是“狮子大开口”，庄家的出货量很大，说明做空决心大。这么大的出货决心一旦下了，几分钟内会改变吗?所以，今天一开盘上证指数就大跌，d箭头所示是狮子开了更大的口，吞下牛、马是不成问题的了。

第116节

Follow Me

2007年11月9日・星期五

后死叉卖出法

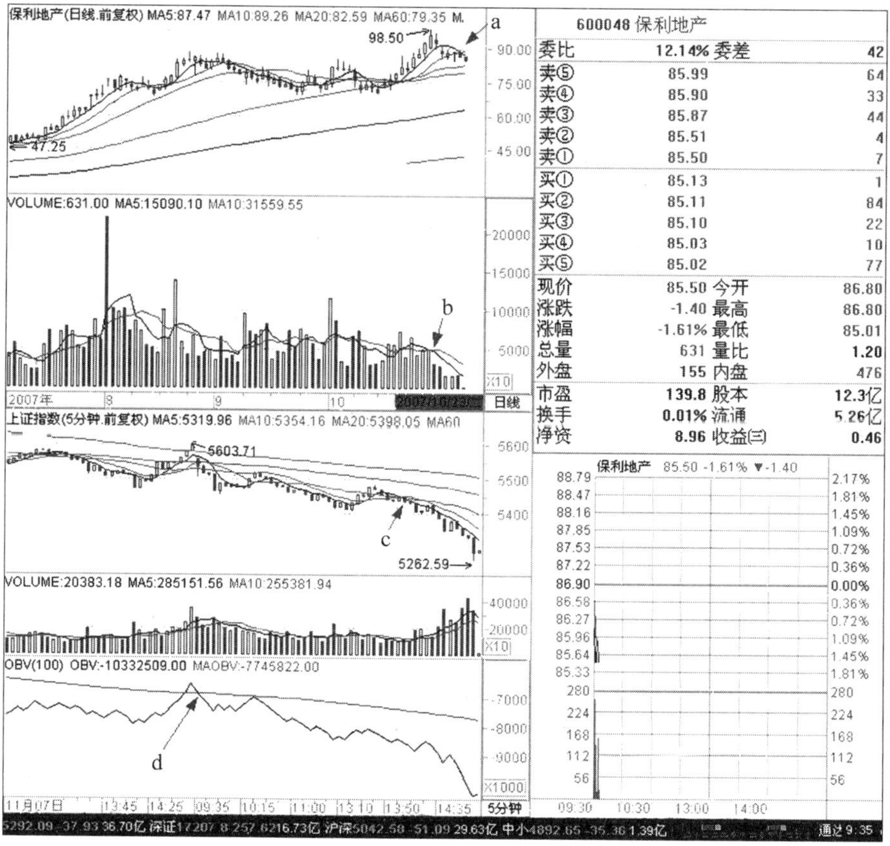

图11090935　上证指数五分钟K线　保利地产600048　后死叉卖出法

学生：既然看空上证指数，那么就应该做空。我还有12000股保利地产，是老师说它是“暴”利地产的时候买的，买入价51元，要卖吗?

老师：保利地产涨到过98.50元，那时我讲过一种出货方法叫“后死叉卖出法”。今天保利地产终于出现了5日、10日平均线死亡交叉，见a箭头所示处。同时，b箭头所示是成交量柱体图上的“后死叉”。我讲“后死叉卖出法”这节课是半个月前，那时保利地产在5日、10日价格平均线黄金交叉后，当时成交量柱体图上也是“黄金交叉”，当时不知道价、量的“死亡交叉”会在什么时候出现，但可以肯定地说，价、量的“死亡交叉”，并且就在价、量死叉时卖出。今天，价、量的“死亡交叉”终于出现了，所以今天就该出货了。其实你不卖出，其他学过“后死叉卖出法”的人也会卖出，要不然怎么会突然跳空低开还在向下跌?一群人用同一技术卖出股票，会使这种技术的效果更好，也会使不懂这种技术的人套得莫名其妙，股市就是一个高技术的博弈场所。

第 117 节

Follow Me

2007 年 11 月 9 日 · 星期五

后金叉买进法

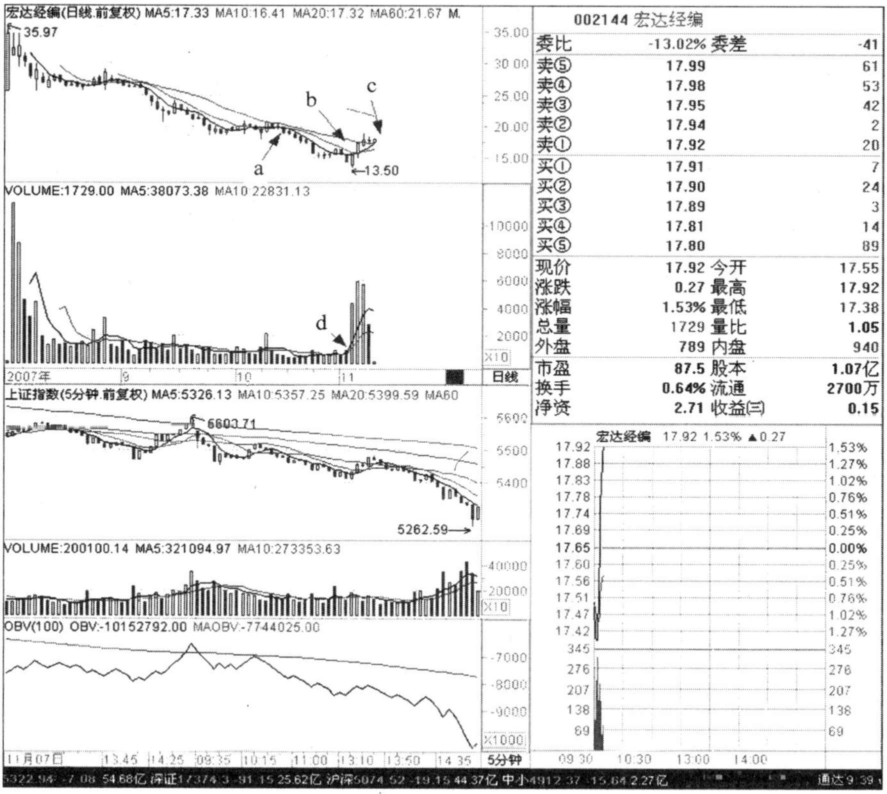

图 11090939　上证指数五分钟 K 线　宏达经编 002144　后金叉买进法

学生：有“后死叉卖出法”，就必然有“后金叉买进法”，老师能讲一讲“后金叉买进法”吗？

老师：图 11090939 中是我曾经讲过的宏达经编，买点试一试。当时在 a 箭头所示处，我讲死亡交叉出现了，后面有个“后金叉”。一个个股在经过几轮大跌后，总有一个“后金叉”是买入机会。即使不是反转行情的机会，起码也是反弹行情的机会。个股价格越跌，我们越要记住“后面有个后金叉”，可能是个买进机会。b 箭头所示是 5 日、10 日平均线的金叉，c 箭头所示是 5 日、20 日平均线的金叉，还可能出现 10 日、20 日的金叉，这就是“价托”了。d 箭头所示是成交量柱体图上 5 日、10 日均量线的金叉，这样，就成了“后面四个后金叉”形态，这是比较稳定的买入信号。

第 118 节

Follow Me

2007 年 11 月 9 日 · 星期五

反抽确认 60 线

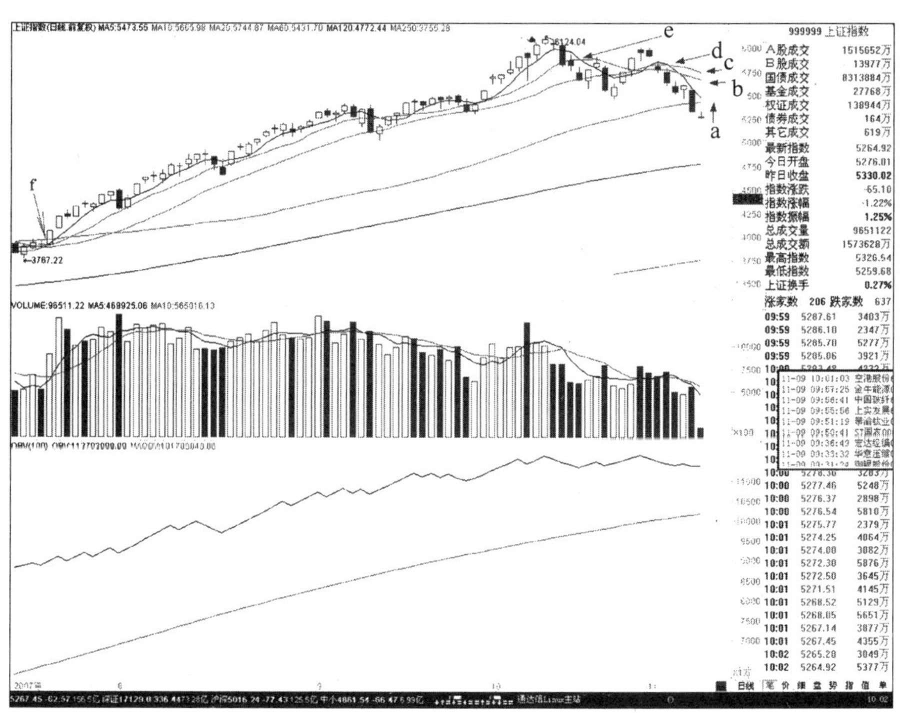

图 11091002　上证指数日 K 线　反抽确认 60 线

学生：上证指数快速跌破后，现在又朝 60 线方向涨去，会止跌回升吗？

老师：这是“反抽确认60线”形态。股价在上升通道中，冲过60平均线后，会有一个回档，叫“反压确认60线”，而当股价在下降通道中时，跌破60平均线后，会有一个反弹，叫“反抽确认60线”。反弹是股价在下降通道中发生的弹跳，反抽也是一种弹跳，但它是对某个重要技术位的靠拢，以确认这个重要技术位的阻力作用。如几次反抽都确认这个重要技术位的阻力作用是存在的，那么股价只能放弃上涨，选择向下开拓空间，也就是新一轮跌势开始了。图11091002中，这个重要技术位就是60日价格平均线。60日价格平均线是生命线，股价或股指向上突破60日价格平均线，往往是一轮大涨势的开端，如图中f箭头所示处，引发了上证指数从4000点到6124点的大行情。而一旦上证指数有效跌破60日价格平均线，其后果也会很严重。现在上证指数正在反抽60日平均线，反抽三天不能重上60日平均线，则确认60日平均线失守，这里就是一轮浩浩荡荡的大跌势的开端。一般来说，上证指数从998点涨到6124点这么大的涨幅后，一旦跌破60日平均线，可认为形成头部的概率极大。即使冲上60日平均线，其上方还有三个死亡交叉点有强大压力，见c、d、e三箭头所示。由这三个死亡交叉又形成价压形态，对多方进攻来说，是天然屏障。

第119节

Follow Me
2007年11月12日・星期一

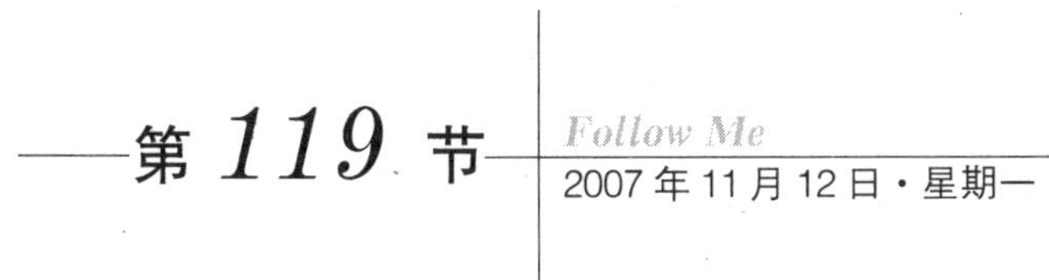

冷气带下长三角向下突破

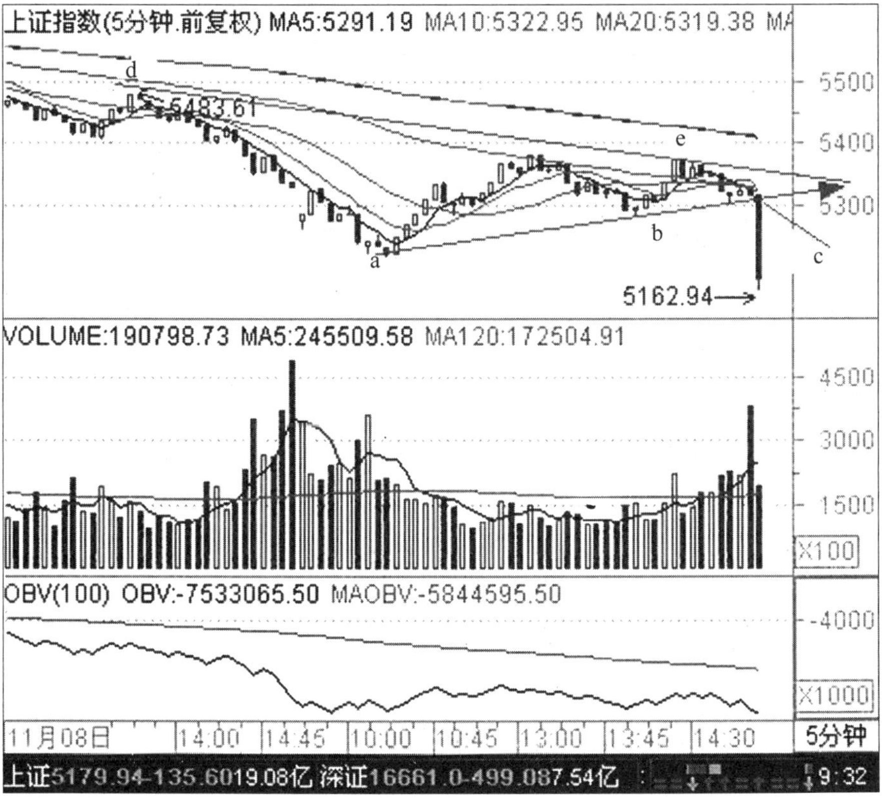

图11120932 上证指数五分钟K线 冷气带下长三角向下突破

学生：今天一开盘，上证指数又暴跌 135 点，为什么呀？

老师：图 11120932 中 d－e 是高点连线，a－b 是低点连线，由此形成一个长三角形态。上周五，K 线已经走到这个长三角形的末端，面临着方向性突破。在冷空气带下，一般选择向下突破。当 OBV 能量潮也呈冷空气带时，肯定是向下突破，所以今天开盘两分钟暴跌 135 点，也是预料之中的事。

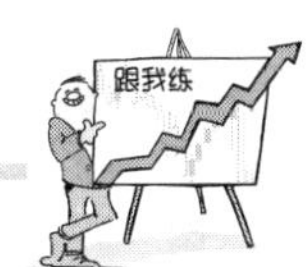

第120节

Follow Me

2007年11月12日・星期一

最大割肉忍痛度

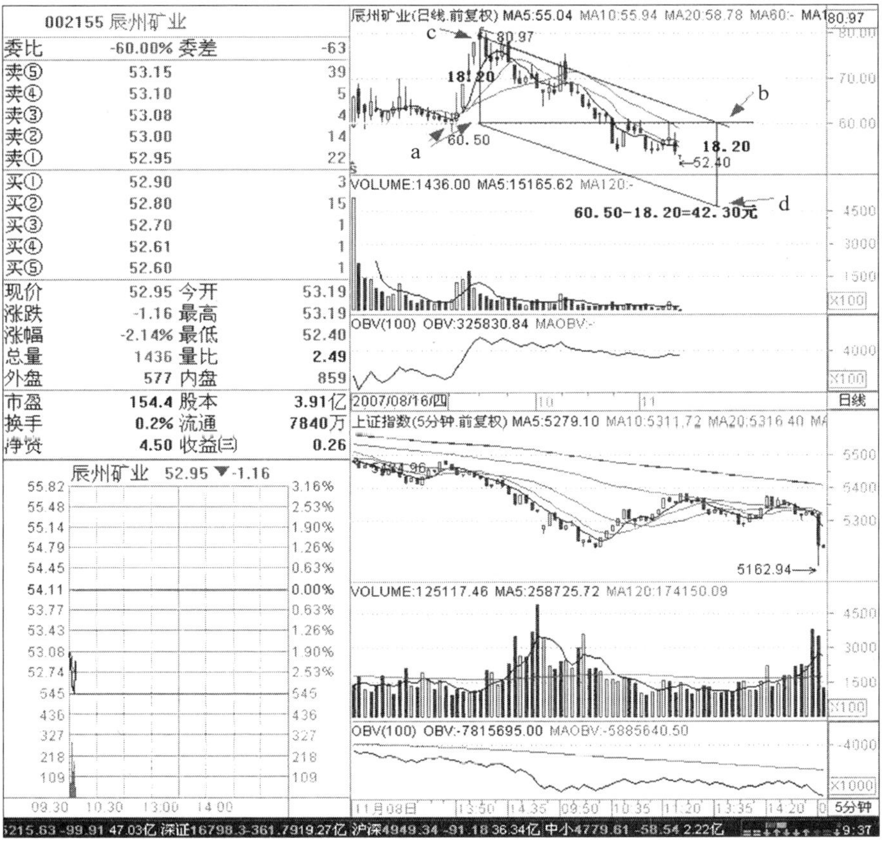
002155 辰州矿业
委比 -60.00% 委差 -63
卖⑤ 53.15 39
卖④ 53.10 5
卖③ 53.08 4
卖② 53.00 14
卖① 52.95 22
买① 52.90 3
买② 52.80 15
买③ 52.70 1
买④ 52.61 1
买⑤ 52.60 1
现价 52.95 今开 53.19
涨跌 -1.16 最高 53.19
涨幅 -2.14% 最低 52.40
总量 1436 量比 2.49
外盘 577 内盘 859
市盈 154.4 股本 3.91亿
换手 0.2% 流通 7840万
净资 4.50 收益(三) 0.26
辰州矿业 52.95 ▼-1.16
辰州矿业(日线,前复权) MA5:55.04 MA10:55.94 MA20:58.78 MA60:-
c
80.97
18.20
b
a
60.50
18.20
52.40
VOLUME:1436.00 MA5:15165.62 MA120:-
60.50-18.20=42.30元
d
OBV(100) OBV:325830.84 MAOBV:-
2007/08/16/四
日线
上证指数(5分钟,前复权) MA5:5279.10 MA10:5311.72 MA20:5316.40
5162.94
VOLUME:125117.46 MA5:258725.72 MA120:174150.09
OBV(100) OBV:-7815695.00 MAOBV:-5885640.50
11月08日
5分钟

图 11120937 上证指数五分钟K线 辰州矿业 002155 最大割肉忍痛度

学生：我有个朋友，买了辰州矿业，现在套牢了，让我请教老师。

老师：图 11120937 上，辰州矿业日 K 线图上作 c、a、b 三角形。显然，a 箭头所示是前最低收盘价 60.50 元，作水平线。a－b 水平线的市场意义是什么？就是一旦跌破全体套牢无一幸免。这时，可能会全体不抛全体抵抗。但时间长了，总有人会偷偷逃跑，多方统一抵抗阵线会逐步土崩瓦解。c 箭头所示是套在最高收盘价 78.70 元附近的人，假设他们的割肉忍痛能力是跌到 60.50 元就承受不了，那么，他们在 60.50 元割肉离场，割去了 78.70－60.50＝18.20（元）。如果买进辰州矿业的股民的割肉忍痛能力是一样的，都是 18.20 元，那么，在前最低收盘价 60.50 元买进的人，在何处承受不了？应该是 60.50－18.20＝42.30（元）。那么，在 K 线图上，c－a这个三角形的高度就是割肉忍痛能力，它等于 b－d 两箭头所示的距离，而 a－d 两箭头所示的斜线是超过股民最大割肉忍痛能力的斜线，这以下少有人割肉卖出，所以未来辰州矿业会跌到 42.30 元，但不会跌破 a－d 线。也就是说，万一瞬间跌破 a－d 线就别卖了，会有反弹出货机会的。

第121节

Follow Me

2007年11月12日·星期一

加速赶底

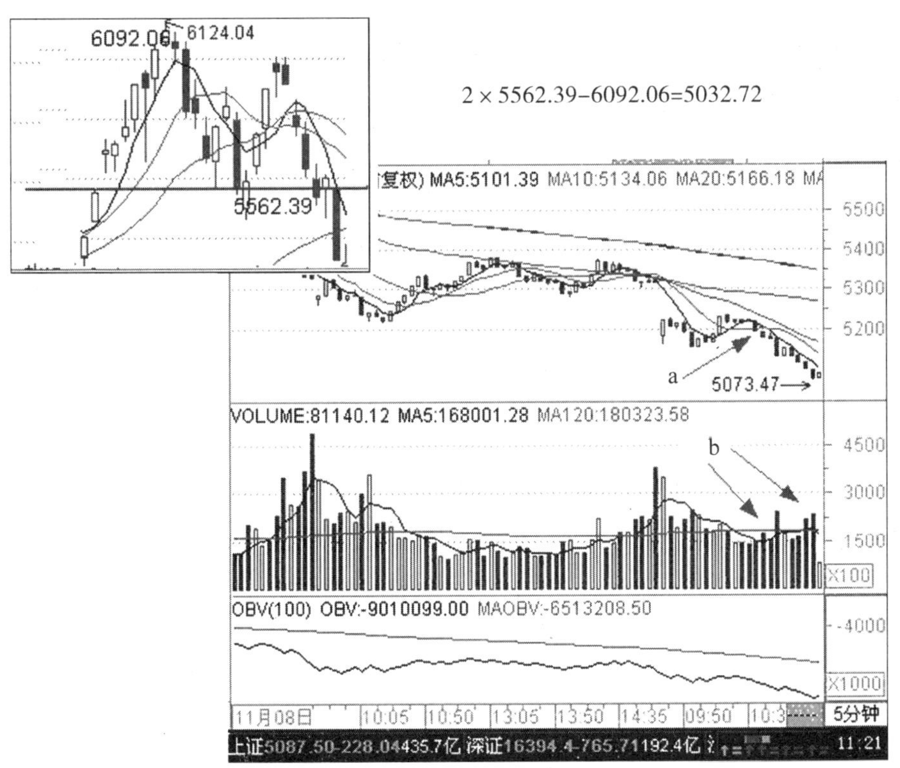

图11121121　上证指数五分钟K线　加速赶底

学生：天哪，上午交易还没完，上证指数已跌去228个点了，怎么办？

老师：上证指数正在走M头颈线向下突破的形态。从5562.39点颈线向下突破一般都是以暴跌形式展开，几乎无大反弹。暴跌是正常的，不暴跌是套不住人的。那么，跌到何处会反弹？2T－1H测底公式为2×5562.39－6092.06＝5032.72点，今天上午的下跌，就是在向5032.72点“加速赶底”。加速赶底是跌得最快，人气最恐慌的跌势，有的散户经不起这种恐慌，往往在反弹前出逃，卖了低价。

第 122 节

Follow Me

2007 年 11 月 12 日·星期一

先于大盘启动

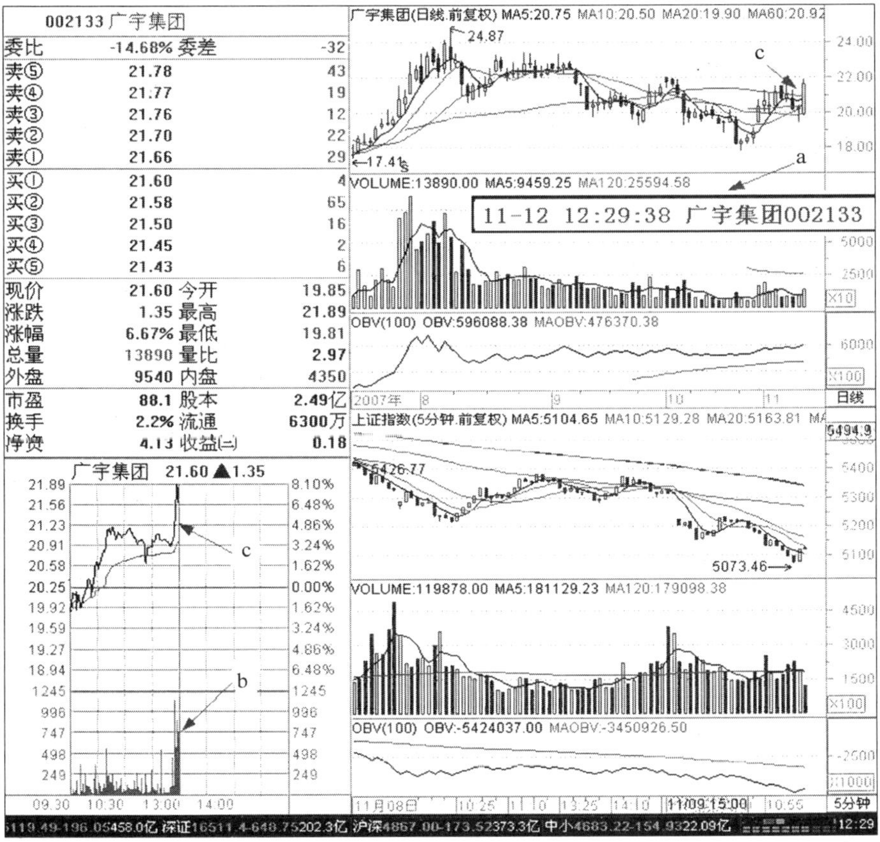

图 11121229　上证指数五分钟 K 线　广宇集团 002133　先于大盘启动

学生：上证指数加速赶底，还没到2T－1H测底公式为2×5562.39－6092.06＝5032.72点，刚收到小精灵发来的信号见a箭头所示，是广宇集团，可以买吗？

老师：可以买进。在大盘还没有完成预计跌幅时，往往有些个股会“先于大盘启动”，这就是反弹浪的领头羊。b箭头所示是暴量，c箭头所示是股价直线上升。c箭头所示是一阳上穿五均线的出水芙蓉形态。对于抢反弹，一定要抢在上证指数正在下跌，但有题材的个股已启动时。买进后不久，上证指数就强劲反弹。反弹抢早了，买进后没有上证指数上升浪的接应，好的个股也不涨，甚至补跌，这就是抢反弹动手太早了。

有资料显示：

广宇集团（002133）计划投资1.56亿增持3家参股控股公司股权，涉及关联交易总金额为1.03亿元，占公司2006度经审计的合并报表净资产的28％。其中，广宇集团拟分别以8135万、2174万向第一大股东杭州平海投资有限公司购买杭州广宇建筑工程技术咨询有限公司24％股权和浙江广宇经贸有限公司10％股权，以5381万向杭州复兴建设集团有限公司受让其持有的黄山广宇房地产开发有限公司40％股权计2800万股。此次交易前，广宇集团持有广宇咨询51％股权，持有广宇经贸90％股权，持有黄山广宇50％股权。若购买成功，公司将持有广宇咨询75％股权，对广宇咨询构成绝对控制；持有广宇经贸100％股权，广宇经贸将成为公司全资子公司；将持有黄山广宇90％股权，对黄山广宇构成绝对控制。两项关联交易评估价增值幅度较大。其中，广宇咨询增值率约340％，对应标的股权评估增值6286万元；广宇经贸增值率约206％，对应标的股权评估增值858万元。黄山广宇标的股权的交易价格则在其截至2007年10月31日净资产1.03亿元基础上确定。公司解释，评估增值主要原因系两公司的商业物业大幅增值所致，分别为广宇咨询投资性房地产广复大厦1至5层裙房的营业用房，合计建筑面积2.72万平方米；广宇经贸投资性房地产杭州市建国北路471、471－1、471－2号的河滨公寓1－4号楼地下一层商铺，合计建筑面积为1.04万平方米。资料显示，三家公司赢利能力均超过广宇集

团平均水平。广宇咨询与广宇经贸主营业务为房产租赁，上述房产即为两公司主要投资性房产。目前，广宇咨询承租方为杭州联盛投资有限公司，租赁期限自2005年4月1日起至2015年3月31日止，租金总额为1.66亿元。广宇经贸承租方为杭州河滨乐购生活购物有限公司，租赁期限自2004年12月14日起至2019年12月13日止，租金总额为9117万元。黄山广宇主要开发黄山江南新城项目，该项目土地面积65.69万平方米，建筑面积79.76万平方米，容积率内可销售面积71.58万平方米，截至2007年10月31日，已交付面积23.51万平方米，后续可开发面积48.07万平方米。

第 123 节

Follow Me
2007 年 11 月 13 日·星期二

五线之上冲上筷子线

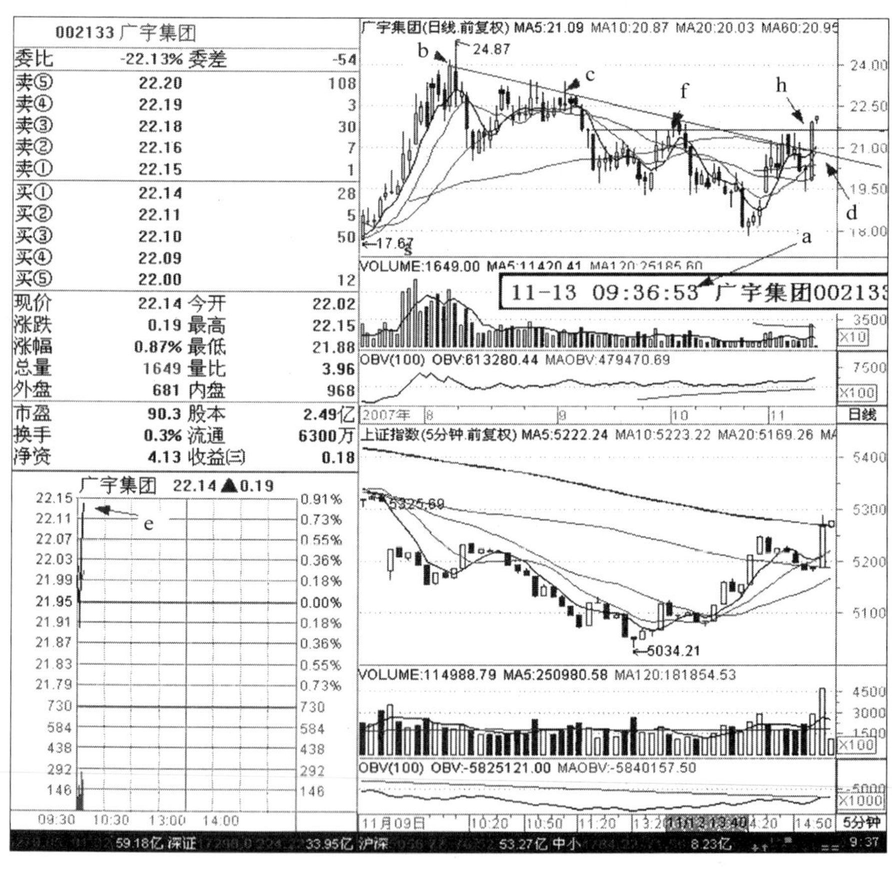

图 11130937 上证指数五分钟 K 线 广宇集团 002133 五线之上冲上筷子线

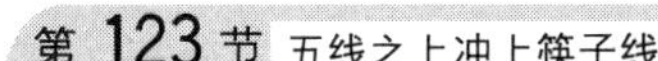

第123节 五线之上冲上筷子线

学生：刚才收到小精灵发来的信号，见a箭头所示，是广宇集团，还可以买吗?

老师：可以买。图11130937中，b、c、f箭头所示是高点连线，f、h箭头所示是水平线，两条直线构成筷子线。d箭头所示是昨日K线已向上冲过高点连线和水平线，今天很可能继续上升。e箭头所示的快速拉升使K线冲过筷子线，小精灵信号是根据这个原理发出的。照这个速度，今、明两天会冲过c箭头所示处。

第 124 节

Follow Me
2007 年 11 月 13 日 · 星期二

上五线买入法

图 11130937 上证指数五分钟 K 线 弘业股份 600128 上五线买入法

2007年11月13日·星期二

第124节 上五线买入法

学生：弘业股份也在快速拉升，见a箭头所示处，能买吗？

老师：能买。图11130937中，c箭头所示是日K线又回到五线之上，这是买入信号。b箭头所示是本次上涨首日上五线的位置，这一天小精灵发出过买入信号，以后日K线上五线的机会挺多，都是买入机会。特别是d箭头所示处的前头部，一旦冲上去，上方的空间挺大。

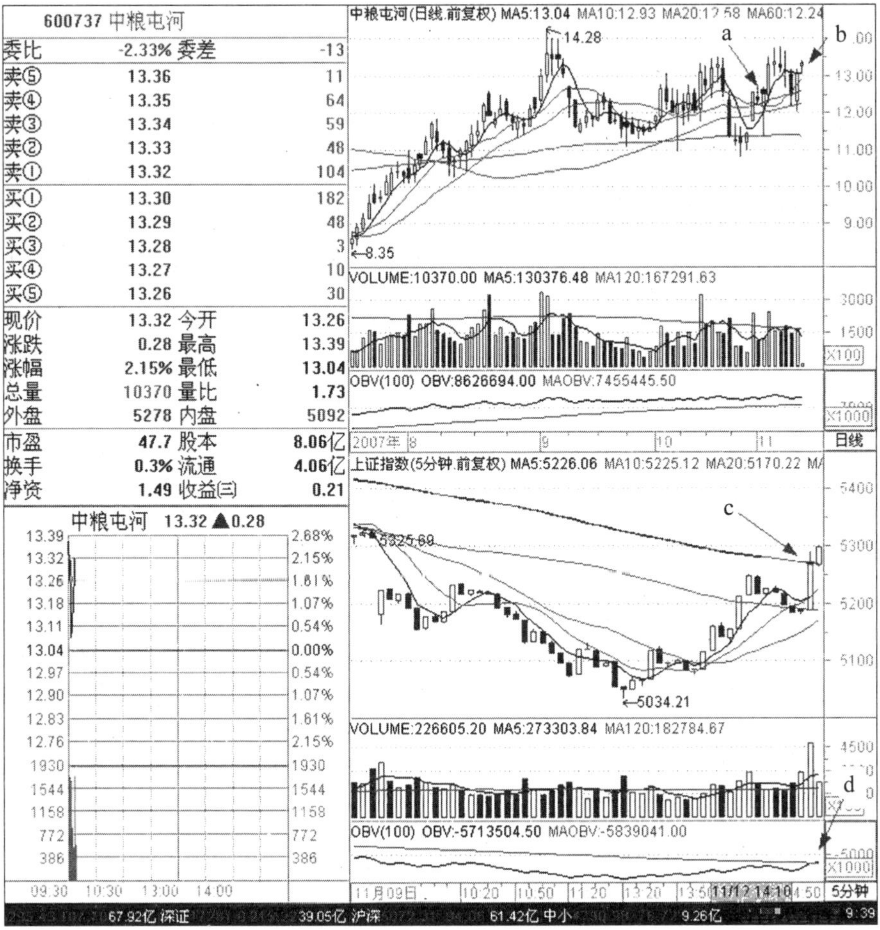

600737 中粮屯河			
委比	-2.33%	委差	-13
卖⑤	13.36		11
卖④	13.35		64
卖③	13.34		59
卖②	13.33		48
卖①	13.32		104
买①	13.30		182
买②	13.29		48
买③	13.28		3
买④	13.27		10
买⑤	13.26		30
现价	13.32	今开	13.26
涨跌	0.28	最高	13.39
涨幅	2.15%	最低	13.04
总量	10370	量比	1.73
外盘	5278	内盘	5092
市盈	47.7	股本	8.06亿
换手	0.3%	流通	4.06亿
净资	1.49	收益(三)	0.21

图11130939 **上证指数五分钟K线 中粮屯河** 600737 **上五线买入法**

学生：如此说来，图 11130939 中 b 箭头所示的日 K 线也是上五线，也能买入？

老师：能买呀。a 箭头所示处就是过五线，可买入。今天是股价反压五线后重上五线，是买入信号。

有资料显示：

公司通过重大的资产重组，世界 500 强之一的中粮集团成了公司的第一大股东。目前中粮集团持有公司 3.99 亿股，占总股本的 49.57%，同时大股东还将认购 2 亿股定向增发股票，届时中粮集团将对公司完成绝对控股。中粮集团作为我国最大的粮油食品进出口公司，是国内首屈一指的食品生产商，享誉国际粮油食品市场，在农产品贸易、生物能源开发、食品生产加工、地产、物业、酒店经营以及金融服务等领域成绩卓著。中粮集团董事长宁高宁日前表示，中粮旗下的专业化公司最终都要走向上市，在香港和 A 股市场形成一个中粮的上市群体，间接实现中粮集团的整体上市。而中粮屯河作为中粮集团农业产业化单元的龙头企业，是中粮集团番茄及糖产业的整合平台，在中粮集团重组成功后，作为中粮集团农业产业化单元的龙头企业，公司已成为亚洲最大、世界第二的番茄酱及番茄制品制造、销售商，也是中国最大的甜菜糖生产商及最有发展潜力的糖生产商之一，中国最大的特色林果加工企业之一；番茄酱产业拥有 19 家生产厂、共 27 条生产线，番茄酱的年产能达到 30 万吨，糖产业已完成产业布局，年加工甜菜逾千万吨，年产白糖 38 万吨。公司计划从 2007 年起的未来五年里，通过累计 15 亿的资金投入，逐步扩大食糖生产经营规模，控制 100 万吨的食糖产能，占据 10%的市场份额；同时公司还将通过新建、技改、内部优化、并购等方式提高产能，使 2011 年产销能力达到番茄酱大包装 55 万吨/年，番茄酱小包装 7 万吨/年，番茄沙司、调味酱 3 万吨/年的规模，成为全球竞争力最强的农副产业龙头企业之一，通过世界 500 强中粮集团的入主，公司正在成为媲美中国银行和中国远洋的中字头大蓝筹！中粮集团借股改向公司无偿注入新疆四方糖业 100%股权和朔州中粮糖业 100%股权，上述资产的注入预计将在 2007 年为公司增加利润 6500 万元！按照目前全球主要产糖国巴西和印度等国的产量预期来看，后期全球糖产

量压力将会成为抑制全球糖价上涨的主要力量，但是考虑到国际原油价格不断刷新，刺激全球生物燃料乙醇需求的大幅增加，将导致更多的甘蔗转化为乙醇，造成糖的产量低于预期，这将对糖构成一个长期利好支撑。伴随着原油的走强，后市有望出现甘蔗产量增加但是食糖产量反而下滑的局面，届时国际糖价有望一改当前疲软态势走出独立的上涨行情。根据弘业期货的最新分析，糖价的季节性特点决定了短期内糖价的强势行情。至于未来糖价强势能维持多久，会不会出现翘尾行情，则需要等待10月下旬的供需情况。基本面上全球增产的长期利空和短期内国内新老糖交替可能出现的青黄不接，是多空双方对峙的矛头所在。在大资金的关注下，四季度的糖市有望走出一轮趋势性的大行情。而作为糖业新贵的中粮屯河无疑将享受四季度糖价飙升乐趣！而更值得关注的是，公司大股东中粮集团在股改时承诺，2007年度净利润将不少于1.8亿元，2008年度净利润将不少于2.5亿元，如果公司未在上述两个会计年度实现承诺的净利润水平，则由中粮集团向公司捐赠现金以补足净利润差额。这预示公司2007年净利润将增长100%左右，2008年净利润增长幅度也将在40%左右，其持续快速增长实在令人垂涎不已。

第125节

Follow Me
2007年11月13日·星期二

上20线买入法

图11130940 上证指数五分钟K线 澳洋科技002172 上20线买入法

学生：像澳洋科技这种形态怎么把握？

老师：图11130940中，b箭头所示是日K线正在上攻20日平均线，可以设想：要么冲上去，要么冲不上去，总会有个方向性选择。所以我们笃定等待后面有个"上20线"的买入机会，等到就买，等不到就不买。记住c箭头所示是未来可能上攻20线的位置，做到心中有数。d箭头所示是该股上市第一天的巨量，其实那一天庄家已经大举入市，以后百万雄师潜伏不动，成交量逐步萎缩到c箭头所示处。这种成交量排列图形，其实是大举进攻前的宁静，暴涨只是时间问题了。

有资料显示：

澳洋科技已有棉浆粕生产能力8万吨，原材料主要自行供应，粘胶短纤原材料来源有较充足保证，棉浆粕产品主要原材料棉短绒原作为废物利用，减少对石油化纤需求，8万吨棉浆粕生产基地位于新疆，新疆是我国最大植棉省份，生产棉浆粕直接原材料棉短绒来源有保障，较其他地区生产厂家拥有较大资源优势。募集资金投资项目之一新建5万吨差别化粘胶短纤项目已于10月建成并调试设备。据悉，该项目又阜宁澳洋科技有限责任公司负责实施，目前两条生产线均已投入试生产并向市场销售，产品质量指标经检测符合国家标准。目前我国粘胶行业处于景气周期之中，产品价格相对较高。未来需求的增长主要来源于纺织品内需的增长，在供给方面，未来2年会有29万吨的产能投产，供需增长相对均衡，价格有望高位运行。公司属于民营企业，本部和两个控股子公司产权明晰、激励到位，因此公司管理能力较强，管理费用率和财务费用率较同行业低很多。且玛纳斯澳洋地处新疆，由于具有资源优势和税收政策优惠，因此公司赢利能力较强。澳洋科技控股51%的子公司玛纳斯澳洋科技有限责任公司拟于2007年10月对玛纳斯新澳特种纤维有限责任公司现金增资4000万元。公司公告显示，完成增资后，玛纳斯澳洋出资比例为40%，为新澳特纤的第一大股东。新澳特纤将利用股东投入的资金以及银行借款在玛纳斯县城西工业区紧邻玛纳斯澳洋厂区建设5万吨/年差别化粘胶短纤生产线。据公司测算，项目达产后，正常年份按不含税价1.56万元/吨测算，年新增销售收入 78000 万元，可实现税后利润 6375 万元。增资阜宁澳洋 49500 万元，用于投资新建年产 5 万吨差别化粘胶短纤生产线项目；澳洋科技 3 万吨差别化粘胶短纤生产线技改项目。这两个项目拟 2008 年完成，届时将可扩大主业生产规模，粘胶短纤总产能将达到 16 万吨，公司有望成为国内短纤的龙头企业。目前我国粘胶行业处于景气周期之中，产品价格相对较高。未来需求的增长主要来源于纺织品内需的增长，在供给方面，未来两年会有 29 万吨的产能投产，供需增长相对均衡，价格有望高位运行。公司属于民营企业，本部和两个控股子公司产权明晰、激励到位，因此公司管理能力较强，管理费用率和财务费用率较同行业低很多。且玛纳斯澳洋地处新疆，由于具有资源优势和税收政策优惠，因此公司赢利能力较强。

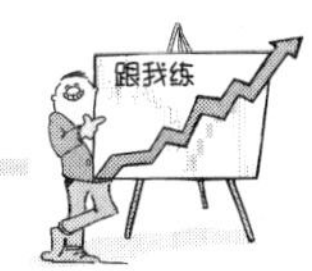

第126节

Follow Me

2007年11月13日·星期二

反压高点连线重上五线

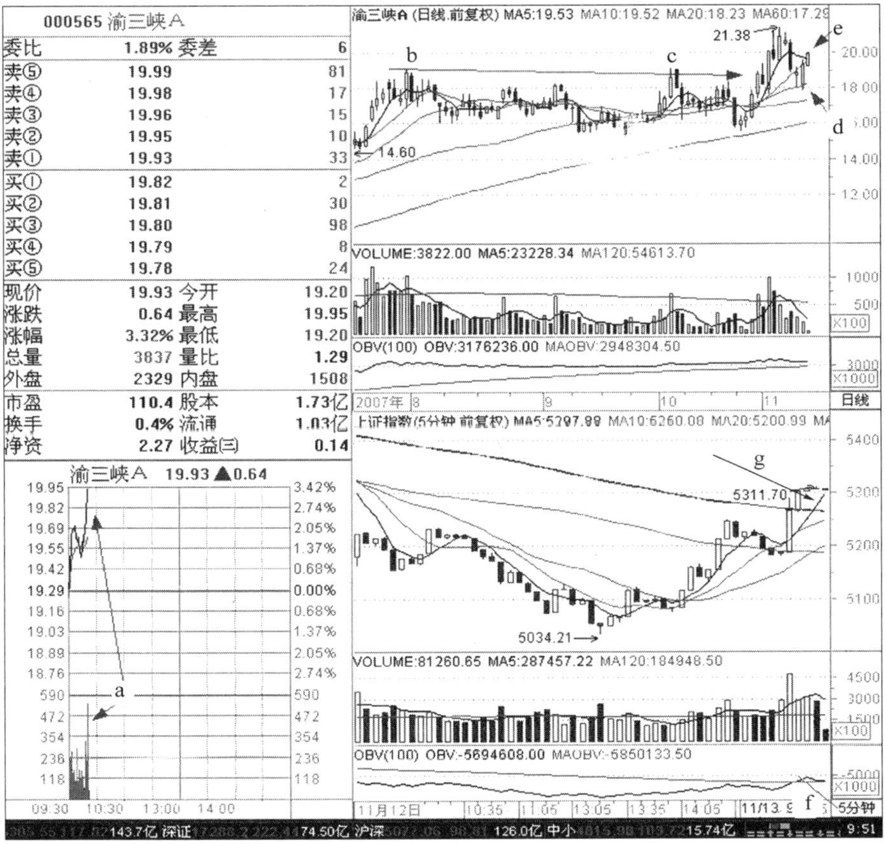
000565 渝三峡A
委比 1.89% 委差 6
卖⑤ 19.99 81
卖④ 19.98 17
卖③ 19.96 15
卖② 19.95 10
卖① 19.93 33
买① 19.82 2
买② 19.81 30
买③ 19.80 98
买④ 19.79 8
买⑤ 19.78 24
现价 19.93 今开 19.20
涨跌 0.64 最高 19.95
涨幅 3.32% 最低 19.20
总量 3837 量比 1.29
外盘 2329 内盘 1508
市盈 110.4 股本 1.73亿
换手 0.4% 流通 1.03亿
净资 2.27 收益(三) 0.14
渝三峡A 19.93 ▲0.64
a
渝三峡A (日线,前复权) MA5:19.53 MA10:19.52 MA20:18.23 MA60:17.29
21.38
14.60
b
c
d
e
VOLUME:3822.00 MA5:23228.34 MA120:54613.70
OBV(100) OBV:3176236.00 MAOBV:2948304.50
日线
5311.70
5034.21
g
VOLUME:81260.65 MA5:287457.22 MA120:184948.50
OBV(100) OBV:-5694608.00 MAOBV:-6850133.50
f
5分钟

图 11130948 上证指数五分钟K线 渝三峡000565 反压高点连线重上五线

学生：渝三峡的形态是不是上五线，我想买点？

老师：可以买。图11130948中，b—c是高点连线，日K线冲过高点连线后有一个“反压”高点连线的动作，试试能不能有支撑力度。d箭头所示是反压成功，股价重上五线，这是买入信号。特别关注f箭头所示是OBV能量潮封闭，g箭头所示是上证指数向上穿过冷空气带，这是上证指数下跌乏力可能反弹的信号。

有资料显示：

渝三峡A的子公司三峡英力公司5万吨甘氨酸项目即将投产。甘氨酸的主要用途是生产农药草甘膦。预计2010年全球草甘膦需求量为100万吨，而目前全球产能50万吨，2006年底国内产量20万吨，80%用于出口。由于下游的需求增长强劲，因此甘氨酸的市场前景乐观。三峡英力的天然气制甘氨酸工艺在国内甚至世界上都处于领先水平，成本只有氯乙酸氨解法的一半左右。目前对于试车成功保持乐观态度。渝三峡近日公布的三季报显示，公司今年第三季度实现净利润994万元，每股收益0.0573元，分别较上年同期飙升了1794%和1810%。1—9月份累计，公司共实现净利2348万元，每股收益0.1354元。草甘膦产品价格的上涨和需求的扩大，甘氨酸前景看好。而且，公司也将在甘氨酸项目正常运行之后着手继续向草甘膦产品延伸的项目建设，以充分享受产业链的景气，给予公司持续增长动力。公司原有油漆业务在与日本关西涂料的合作中逐渐提高了技术水平，并将借助搬迁实现产能的翻番和产品结构的调整，得到较好的发展；参股公司关西涂料和北陆药业的发展速度也在加快，给予公司较好的投资回报。我国甘氨酸主要用于草甘膦的生产，近年来随着我国草甘膦除草剂产能的快速扩张，对甘氨酸的需求也大幅增长，预计到2010年消费量可达49万吨。甘氨酸有望成为公司未来主要赢利来源。预计2008年和2009年可实现甘氨酸销量分别为2万吨、3万—3.5万吨，公司业务将实现华丽转型。公司竞争优势明显。公司将成为国内第一家实现量产的氢氰酸法制甘氨酸企业，拥有核心技术优势、规模优势、成本优势，并享受企业搬迁补贴和五年所得税优惠。

跟我练

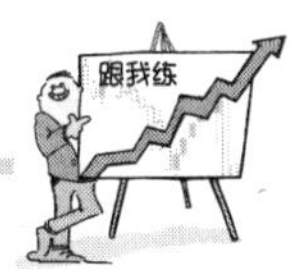

第 127 节

Follow Me

2007 年 11 月 13 日・星期二

顶紧右上角（2）

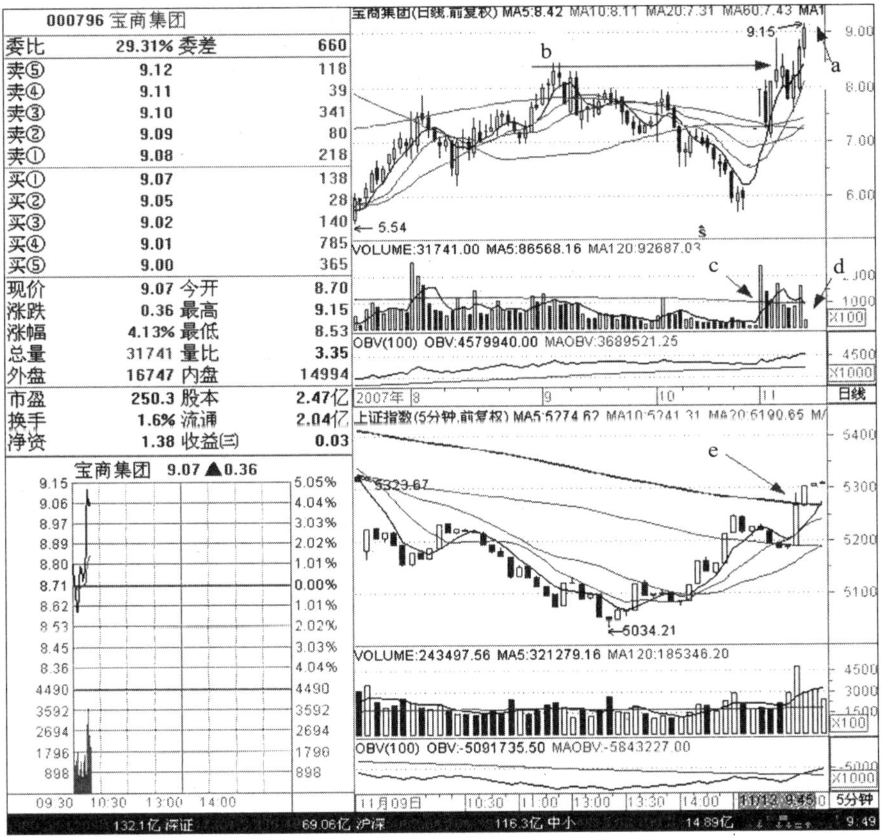
000796 宝商集团
委比 29.31% 委差 660
卖⑤ 9.12 118
卖④ 9.11 39
卖③ 9.10 341
卖② 9.09 80
卖① 9.08 218
买① 9.07 138
买② 9.05 28
买③ 9.02 140
买④ 9.01 785
买⑤ 9.00 365
现价 9.07 今开 8.70
涨跌 0.36 最高 9.15
涨幅 4.13% 最低 8.53
总量 31741 量比 3.35
外盘 16747 内盘 14994
市盈 250.3 股本 2.47亿
换手 1.6% 流通 2.04亿
净资 1.38 收益(三) 0.03
宝商集团 9.07 ▲0.36
宝商集团(日线,前复权) MA5:8.42 MA10:8.11 MA20:7.31 MA60:7.43
9:15
a
b
5.54
VOLUME:31741.00 MA5:86568.16 MA120:92687.03
c
d
OBV(100) OBV:4579940.00 MAOBV:3689521.25
2007年 8 9 10 11
日线
上证指数(5分钟,前复权) MA5:5274.62 MA10:5241.31 MA20:5190.65
e
5323.67
5034.21
VOLUME:243497.56 MA5:321279.16 MA120:185346.20
OBV(100) OBV:-5091735.50 MAOBV:-5843227.00
5分钟
132.1亿 深证
69.06亿 沪深
116.3亿 中小
14.89亿
9:49

图 11130949 上证指数五分钟 K 线 宝商集团 000796 顶紧右上角（2）

学生：宝商集团正在创新高，能不能买？

老师：能买。a 箭头是日 K 线“顶紧右上角”形态，这已是第二天顶紧右上角了。一般来说，股价必须冲过前头部 b 箭头所示的水平线，才有“顶紧右上角”的可能。图 11130949 中，c 箭头所示是放量上攻，d 箭头所示是今日成交量也挺大，所以这个“顶紧右上角”是买入时机。e 箭头所示是上证指数向上冲过冷空气带，未来上证指数可能有个反弹。

有资料显示：

公司拟参与永安保险增资扩股。因本公司现为永安保险第七大股东（占永安保险股份总额的 6.45%），具有增资扩股优先认购权。但最终能否入股永安保险和公司实际出资额的确定，还需中国保险行业监督管理委员会进行审查和其他相关程序的审批。公司董事会特提醒广大投资者注意投资风险。公告同时表示，经向大股东海航集团再次征询得知，未来三个月，公司大股东对宝商集团无任何重组计划和安排。宝商集团发布对外投资公告称，将参与永安保险增资扩股；作为持股 2000 万股、占比 6.45% 的老股东，公司具有优先认购权。并表示，根据永安保险提供的招股说明书，公司最大限度可认购 3.8 亿股，每股发行价 1.46 元（含发行手续费），共需认购资金 5.548 亿元，占永安保险增资扩股后总股本的 20%。这一公告引发了市场对永安保险借宝商集团上市的猜想，宝商集团借此有望由传统商业股转为金融股，二级市场股价随之应声而起，连续三天以涨停报收，出现放量。而据接近永安保险的人士透露，永安保险最初的增资扩股计划确实有过原来老股东可以认购不超过 20%股权的说法，但由于老股东认购意愿强烈，最终协商的结果是老股东按原出资比例进行增资扩股。也就是说，宝商集团未来在新成立的永安保险中的持股比例可能仍将为 6.45%。这样低的参股比例意味着永安保险不会借宝商集团上市。另外，认购价格已由原来的每股 1.46 元上升到 1.6 元以上。对于永安保险未来的上市计划，该消息人士表示“三年以后了”。宝商集团（000796）决定参与永安财产保险股份有限公司增资扩股。公司作为永安保险原股东，持有该公司 2000 万股、占股份总额的 6.45%，具有优先认购权。公司决定认购 3.8 亿股，每股发行价为 1.46 元（含发行手续费），因此共需认购资金

约 5.5 亿元。

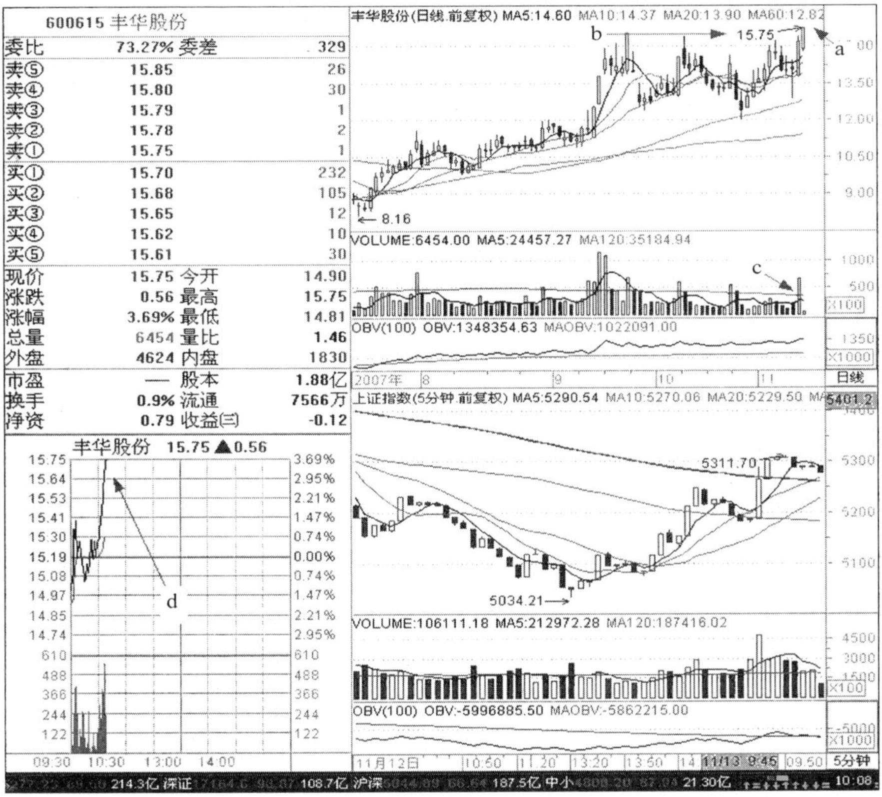

图 11131008　上证指数五分钟 K 线　丰华股份 600615　顶紧右上角（2）

学生：丰华股份是不是“顶紧右上角”？

老师：图 11131008 中，a 箭头所示就是“顶紧右上角”形态，正在通过 b 箭头所示的前高点。c 箭头所示是两倍量，d 箭头所示是快速拉升，这些都是买入信号。

有资料显示：

公司大股东沿海地产投资有限公司是香港上市的沿海绿色家园的子公司，沿海绿色家园的主营业务为房地产开发、物业管理等，旗下独资、合资及合作公司达 20 余家，资产净值约 20 亿港币。

投资亮点：

（1）公司受让沿海投资鞍山公司 100%股权，将成为以房地产经营与开发为主营业务的公司，鞍山公司先后成功开发了多个住宅项目，正在开发的楼盘为绿色智慧城六期项目，该项目收入将主要在 2006－2008 年产生，根据赢利预测审核报告，鞍山公司在 2006 年、2007 年将可实现净利润 1305 万元、1737 万元；2008 年有望实现净利润不低于 2000 万元。

（2）受让的鞍山公司计划获得魏家屯新区土地储备，总规划面积达 77 万平方米，其中现有可利用土地 35 万平方米；除计划在鞍山地区继续发展房地产业务外，还将投资西安市经济技术开发区未央生态科技产业园 1380 亩的一级土地储备开发项目。

（3）在港上市的沿海家园（1124. HK）正式宣称，其全资子公司沿海地产投资中国公司购入三河东方科技所持有的公司 3177.56 万股份，成为公司第一大股东。

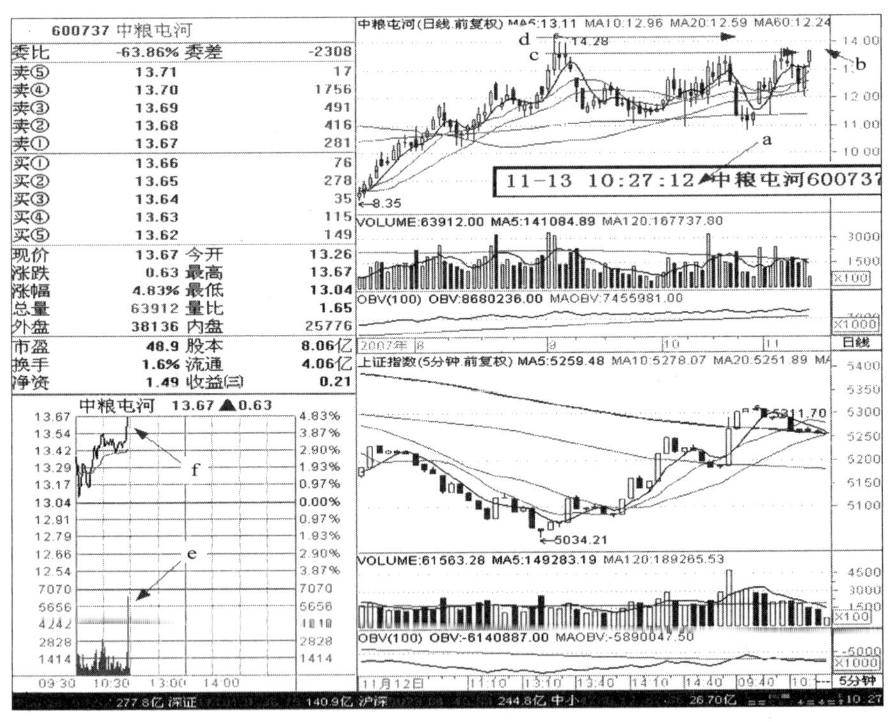

图 11131027 **上证指数五分钟 K 线** **中粮屯河** 600737 **顶紧右上角**（2）

学生：刚刚收到小精灵发来的信号，见 a 箭头所示处的中粮屯河，我看也是“顶紧右上角”形态，我想买进。

老师：可以买进。c 箭头所示是前高点连线，b 箭头所示是正在过前头，小精灵软件就自动发出信号了。e 箭头所示是“暴量”，只有暴量才可能引起暴涨，见 f 箭头所示处。

第128节

Follow Me

2007年11月13日·星期二

金叉引力

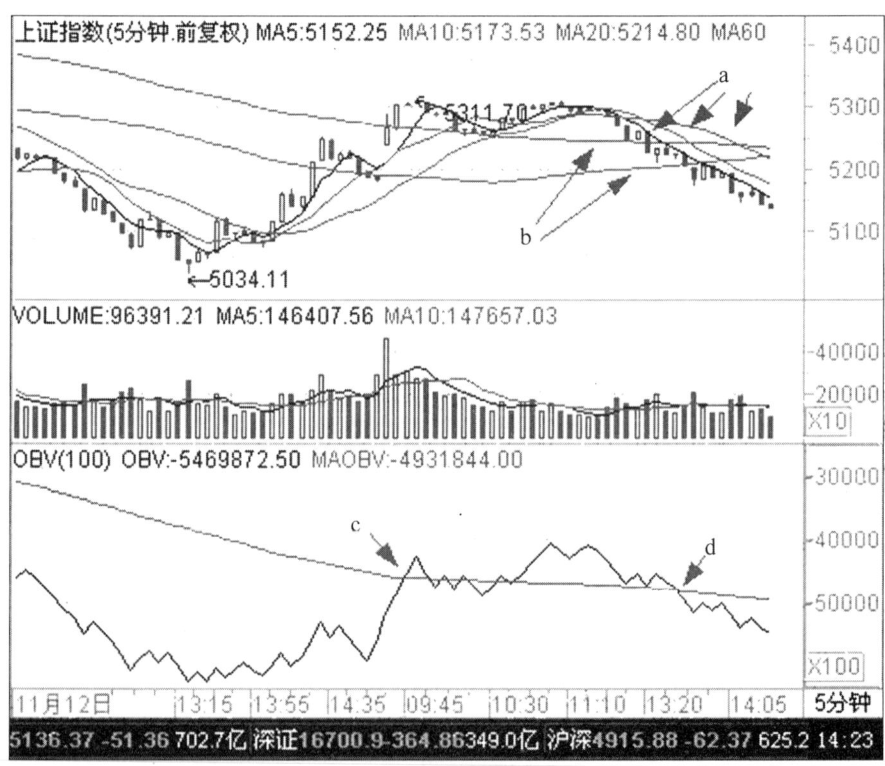

图 11131423　上证指数五分钟K线　金叉引力

学生：上证指数不好了！又跌破60线、120线了，怎么办？

第128节 金叉引力

老师：图11131423中，b箭头所示的60线、120线正在黄金交叉，而金叉有时会有“金叉引力”，把股指朝金叉方向拉拢。a箭头所示是朝金叉方向吸引，一不小心跌破了60线、120线，有点吓人。c箭头所示是OBV能量潮上的金叉，可惜下降通道中的OBV能量潮金叉并不可靠。d是OBV能量潮上的死叉，下降通道中的OBV能量潮死叉却比较可靠，特别是上证指数的初跌期时，OBV能量潮死叉后必有暴跌，而在上证指数的末跌期时，OBV能量潮死叉的下跌效果就差得多。先观望，等待上证指数回升时再说。

第 129 节

Follow Me
2007 年 11 月 13 日 · 星期二

跳一跳够得着

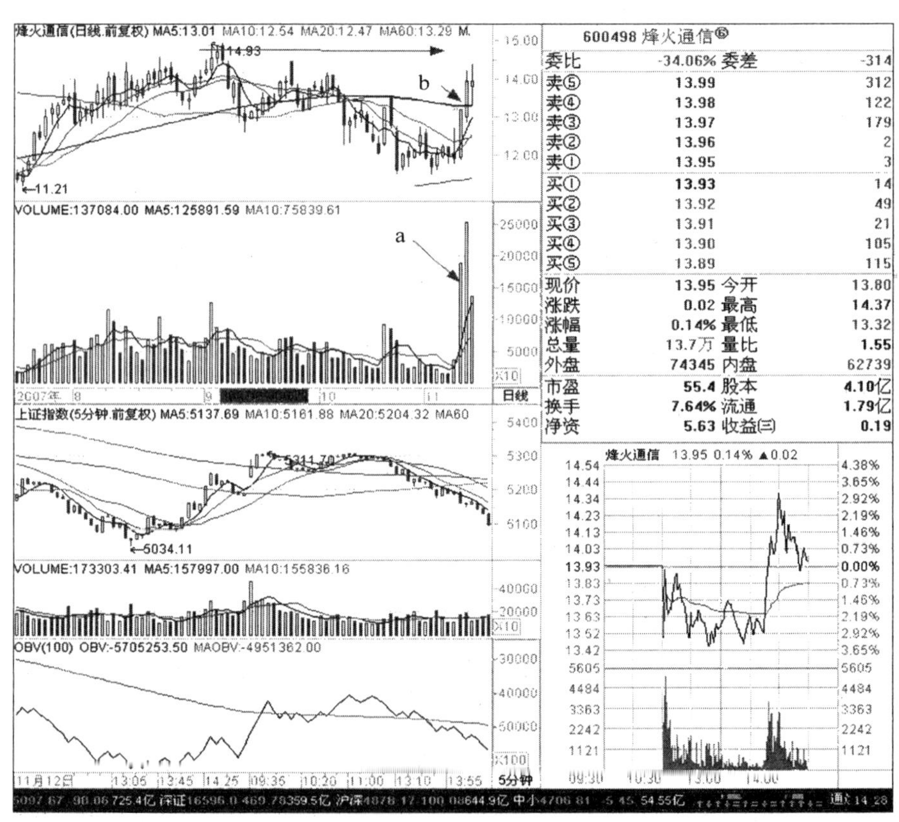

图 11131428　上证指数五分钟 K 线　烽火通信 600498　跳一跳够得着

学生：烽火通信连续三天放巨量，怎么看？能买吗？

老师：可以买。图11131428中，a箭头所示是连续三天放巨量，b箭头所示是K线重上五线，但没有创新高。按照“创新高买入法”，不创新高是不买入的。但这要具体问题具体分析，b箭头所示的日K线离前头部的距离不太远，“跳一跳够得着”与冲过前头部也差不多了，可以将就。最重要的是看在a箭头的面上，这么大的成交量就有这么大的爆发力，这日K线跳起来还不一跃而过前头部？所以，我认为烽火通信可以买了。

有资料显示：

烽火通信（600498）承担的企业技术中心创新能力项目“自动交换光网络研发与试验平台建设”于近日通过了专家验收。据悉，该项目围绕自动交换光网络（ASON）系统自主研发能力的提升，通过建设功能电路与公共模块、弹片控制器、网络管理、结构设计等研究试验室，ASON专用芯片和PCB与信号互连设计中心，使烽火通信技术中心具备了高端智能光网络产品的研发能力以及大规模组网测试能力，混合组网测试的网元数达到1000个以上。据了解，国家发展改革委于2005年将该项目列入国家高技术产业发展项目计划及国家资金补助计划，旨在通过项目的实施，提高光网络领域的国际竞争能力，实现自动交换光网络系统的自主创新，缩小该领域与国际先进水平的差距。烽火通信作为国内重要的光通信设备厂商，其特色是提供从光纤光缆到光传输。接入及交换设备的完整光网络解决方案，从而有别于中天、亨通等专门光纤光缆厂商以及如华为、中兴通讯这样的综合系统设备厂商。然而，光纤光缆领域的竞争相对激烈，产品技术含量和附加值都较低，烽火通信的行业地位主要取决于其在光系统设备领域的实力和增长速度。目前来看，公司2007年上半年来自通信系统的收入为4.6亿元，占主营收入的48.4%，增速仅为6.7%，远低于主要竞争对手之一中兴通讯上半年的光通信及数据通信产品增速48.8%。由于国内3G的启动和运营商网络IP化的发展，这些因素一方面拉动光通信设备市场规模继续温和增长；另一方面，促使市场结构发生重要变化，原先的光通信设备主打产品以SDH、MSTP为主，而下一代光通信设备ASON迎合3G和IP化，特别是数据业务的快速发展，规模将快速增长，市场比重将从目前的个位数有很大的上升，将逐步成为主流。而烽火通信在ASON上竞争上具有一定技术优势。从目前ASON前期的商用网分布来看，公司和华为占据了很强的竞争优势。尽管公司市场能力较弱，未来ASON大规模商用后，烽火通信在光通信市场份额依然能够有较大的增长。东方证券研究数据显示，2006年烽火光通信总市场份额为14%，远落后于华为的53%。但其在ASON市场份额占到45%。烽火通信ASON研发平台通过验收，表明公司在该领域将保持国内领先优势，但是对于市场的具体影响而言，目前还难以预测。

第 130 节

Follow Me

2007 年 11 月 13 日 · 星期二

第二脚刹车

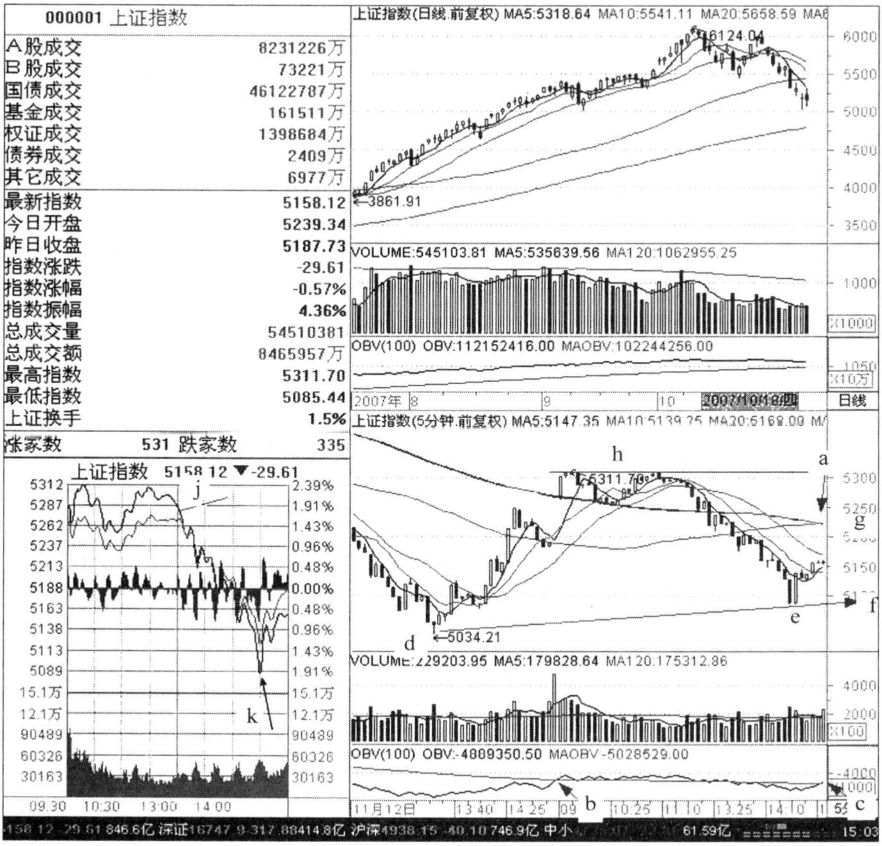

000001 上证指数	
A股成交	8231226万
B股成交	73221万
国债成交	46122787万
基金成交	161511万
权证成交	1398684万
债券成交	2409万
其它成交	6977万
最新指数	5158.12
今日开盘	5239.34
昨日收盘	5187.73
指数涨跌	-29.61
指数涨幅	-0.57%
指数振幅	4.36%
总成交量	54510381
总成交额	8465957万
最高指数	5311.70
最低指数	5085.44
上证换手	1.5%
涨家数 531 跌家数	335

图 11131500 上证指数五分钟 K 线 第二脚刹车

学生：正在快速跳水的上证指数，见 j—k 处。在收盘前半小时突然反身向上，见 k 箭头所示，怪了，怎么看？

老师：刚才我讲过“金叉引力”，见 a 箭头所示处果然出现 60 线、120 线金叉了吧！“金叉引力”把股指引到了 e 点，然后反身又被金叉吸引过去。图 11131500 中，上证指数在 d 处踩了刹车，但没有刹死。在 e 处踩了“第二脚刹车”，好像有点刹住了，因为 e 点比 d 点高，d—e 是“底部抬高”形态，即上证指数不创新低了。在 OBV 能量潮图上，也有两脚刹车，第一脚刹车是 b 箭头所示处，第二脚刹车是 c 箭头所示处，而 c 箭头所示处的能量潮曲线也是底部抬高了。由此可见，一段高速下跌的跌势，往往要第二脚刹车甚至 N 脚刹车才能停止。

第131节

Follow Me

2007年11月14日·星期三

放量做托

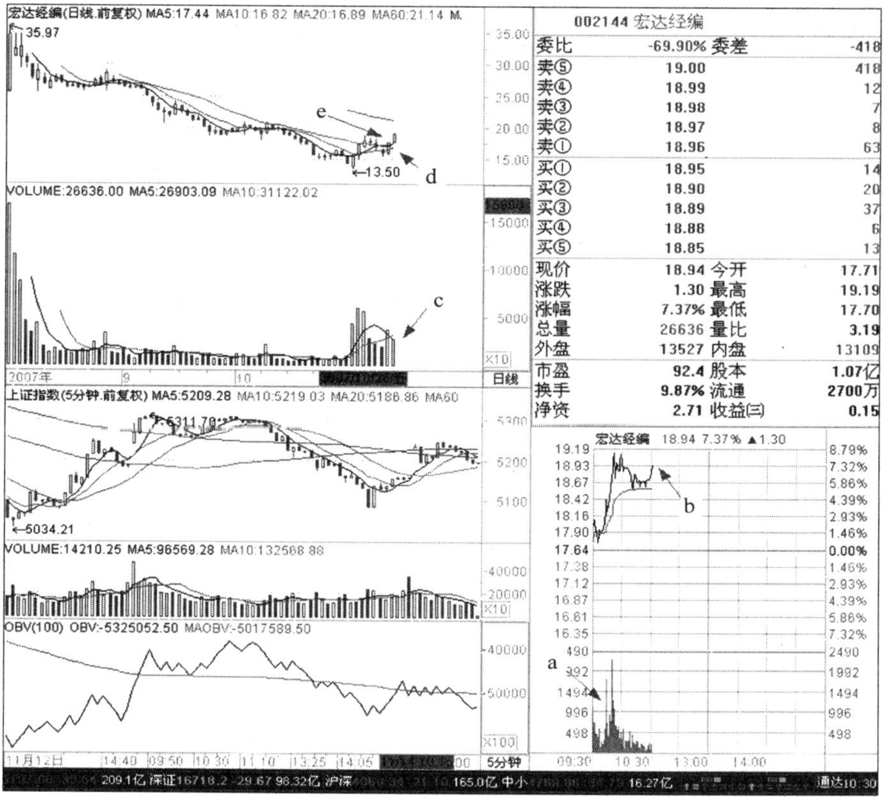

图11141030　上证指数五分钟K线　宏达经编002144　放量做托

学生：老师在本月7日、9日好几次分析过宏达经编的走势，今天好像要启动了，好不好买进？

老师：能买进。图11141030中，d箭头是5日、10日均线金叉，5日、20日均线金叉，只等10日、20日均线金叉后，就做“托”成功。e箭头所示是今日K线上穿20日平均线呈“出水芙蓉”状。c箭头所示是10点30分就“量填满”，交易一小时就“量填满”，今日成交量约为四倍量，显然是“放量”。我称这种K线形态为“放量做托”，是强烈的买入信号。a箭头所示是分时走势图上的量分布，满足价涨量增、价跌量缩的收集筹码状态，应无欺诈。b箭头所示是缩量后再次发力，有可能快速拉升到涨停板。

第 132 节

Follow Me

2007 年 11 月 14 日 · 星期三

九阴白骨爪

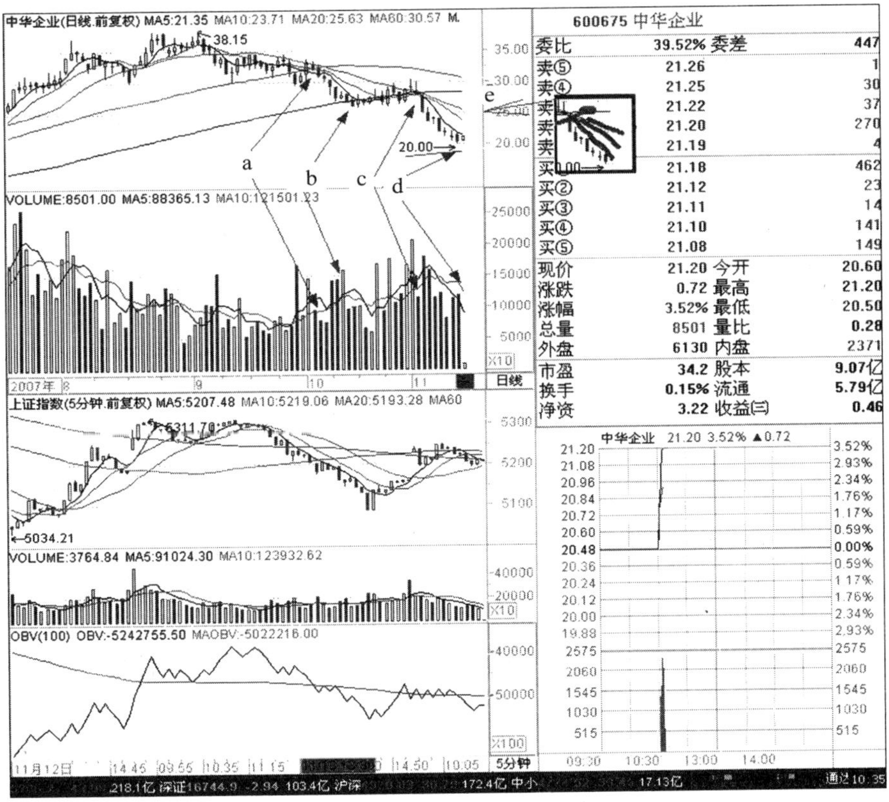

图 11141035 上证指数五分钟 K 线 中华企业 600675 九阴白骨爪

学生：《短线是银》炒股书中有一节叫“九阴白骨爪”，能讲一讲吗？

老师：“九阴”就是指成交量柱体图上有九条阴柱，当然汉字的“九”泛指多，有七八条阴柱也算九条。a—b 箭头所示区间和 c—d 箭头所示区间就算是两个“九阴”。这种连续的成交量柱体图阴柱，说明有庄家在坚定不移地连续出货。这时，日 K 线跌破 60 日均线和 120 日均线，5 日、10 日和 20 日均线与 120 日均线呈“爪”字状，见 e 箭头所示。早年我在《短线是银》中把这种特殊形态取了个特殊名字：“九阴白骨爪”，取自武侠小说里一种极阴柔的武功名称。最近，我看到一些股评人士也用“九阴白骨爪”讲解个股，说明这种形态被市场广泛认可了。《短线是银》系列图书创作的“托”、“压”、“老鸭头”、“空中加油”等等精典形态，现在都成了炒股术语，这也是《短线是银》的一大奉献。出现“九阴白骨爪”形态的个股，一般都有长期下跌趋势，严重时跌几个月，跌幅达一半以上。所以，炒股人怕“九阴白骨爪”，纷纷出逃，只有无知者无畏，誓将下跌进行到底。

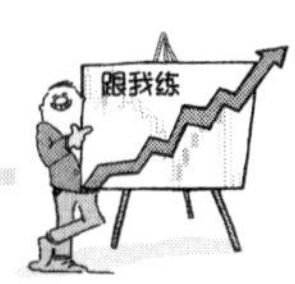

第 133 节

Follow Me

2007 年 11 月 14 日 · 星期三

推高能量不足

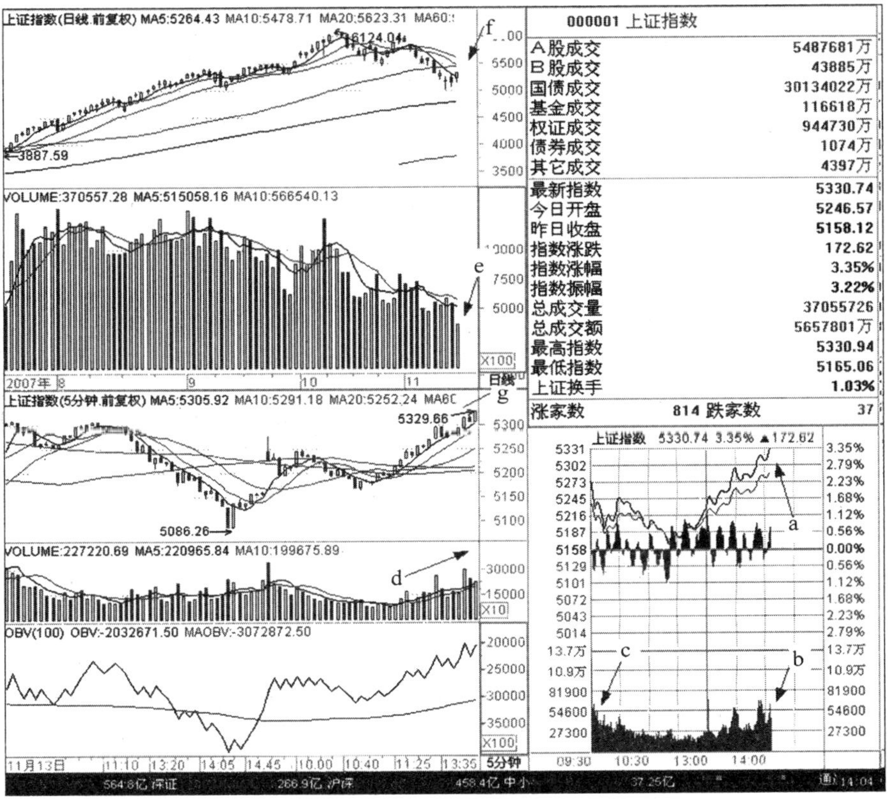
上证指数(日线.前复权) MA5:5264.43 MA10:5478.71 MA20:5623.31
6124.04
3887.59
VOLUME:370557.28 MA5:515058.16 MA10:566540.13
上证指数(5分钟.前复权) MA5:5305.92 MA10:5291.18 MA20:5252.24
5329.66
5086.26
VOLUME:227220.69 MA5:220965.84 MA10:199675.89
OBV(100) OBV:-2032671.50 MAOBV:-3072872.50
000001 上证指数
A股成交 5487681万
B股成交 43885万
国债成交 30134022万
基金成交 116618万
权证成交 944730万
债券成交 1074万
其它成交 4397万
最新指数 5330.74
今日开盘 5246.57
昨日收盘 5158.12
指数涨跌 172.62
指数涨幅 3.35%
指数振幅 3.22%
总成交量 37055726
总成交额 5657801万
最高指数 5330.94
最低指数 5165.06
上证换手 1.03%
涨家数 814 跌家数 37
上证指数 5330.74 3.35% ▲172.62
a
b
c
d
e
f
g

图 11141404　上证指数五分钟 K 线　推高能量不足

学生：你昨天讲的“第二脚刹车”，真的让上证指数止跌回升了，后市怎么看？

老师：图 11141404 中，a 箭头所示是上证指数的上升走势，比较 c 箭头所示下跌时的成交量，b 箭头所示是成交量没有明显放大。在 5 分钟 K 线上，g 箭头所示是上证指数创新高，而 d 箭头所示是成交量未创新高。再看日 K 线图上 e 箭头所示是三小时的成交量没有“填满”5 日均量线，推动上证指数继续上行的能量显然是不足的。f 箭头所示是上证指数的上方分布着 60 日、5 日、10 日、20 日平均线，是阻碍上证指数上行的道道防线。以目前的放量速度，是无法穿越这些防线的。

第134节

Follow Me

2007年11月14日·星期三

瞬间拉高中估计反弹高度

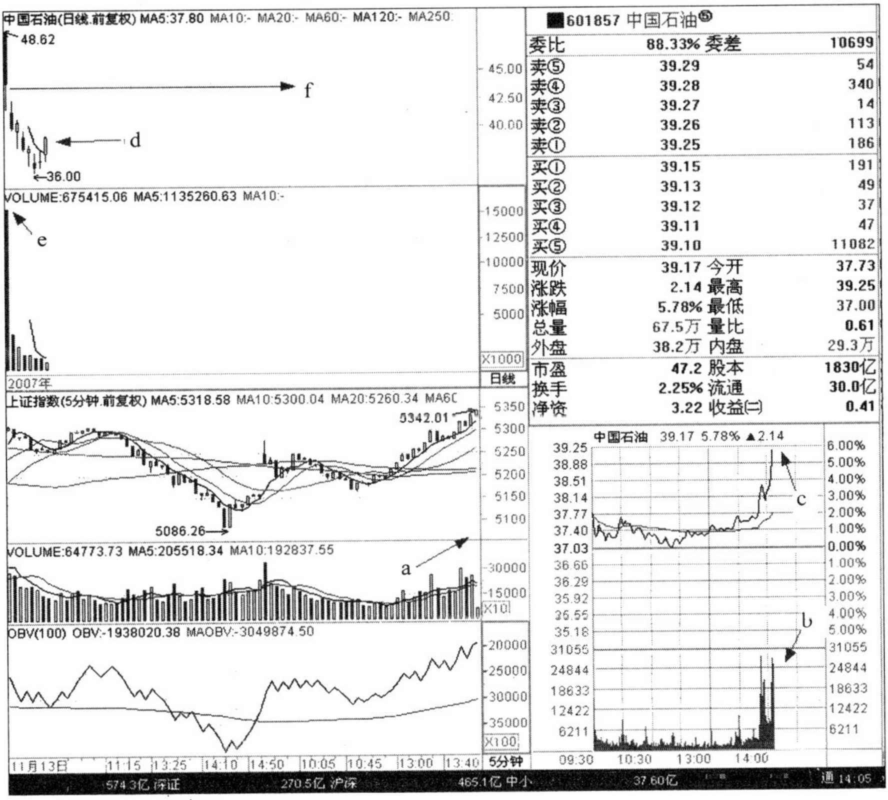

图11141405　上证指数五分钟K线　中国石油601857　瞬间拉高中估计反弹高度

学生：老师讲推高能量不足，可上证指数确实是在涨呀。

老师：这是上证指数虚涨，就是个别权重股在涨，而大部分个股不涨甚至还在跌。现在大部分权重股都在涨，上证指数被拉起来是很正常的。我看了一下，这波权重股的领头羊是中国石油，虽然今天中国石油还没有计入上证指数，但威慑力还是存在的。图 11141405 中，a 箭头所示是上证指数上涨，成交量放大不明显。b 箭头所示是中国石油分时走势图上放量，股价快速拉升，一转眼就大涨 5.78%，不得了。在这种瞬间拉高中如何估计中国石油的反弹高度？d 箭头所示是正在反弹中的日 K 线，而反弹高度一般认为是量最大的那根 K 线的收盘价，即 e 箭头所示是成交量柱体图对应的 f 箭头所示的 K 线收盘价，作水平线，就是反弹高度。既然中国石油的反弹高度只有 f 这么小的空间，还是理论上的空间，那就犯不着去买进。相反，有中国石油的人可以等待反弹在高位出现乏力时，清仓出局。我再重申我的观点，中国石油的 A 股价应该等于 H 股价的 1.3 倍价，高出部分就是泡沫。

第135节

Follow Me

2007年11月14日·星期三

反抽60线

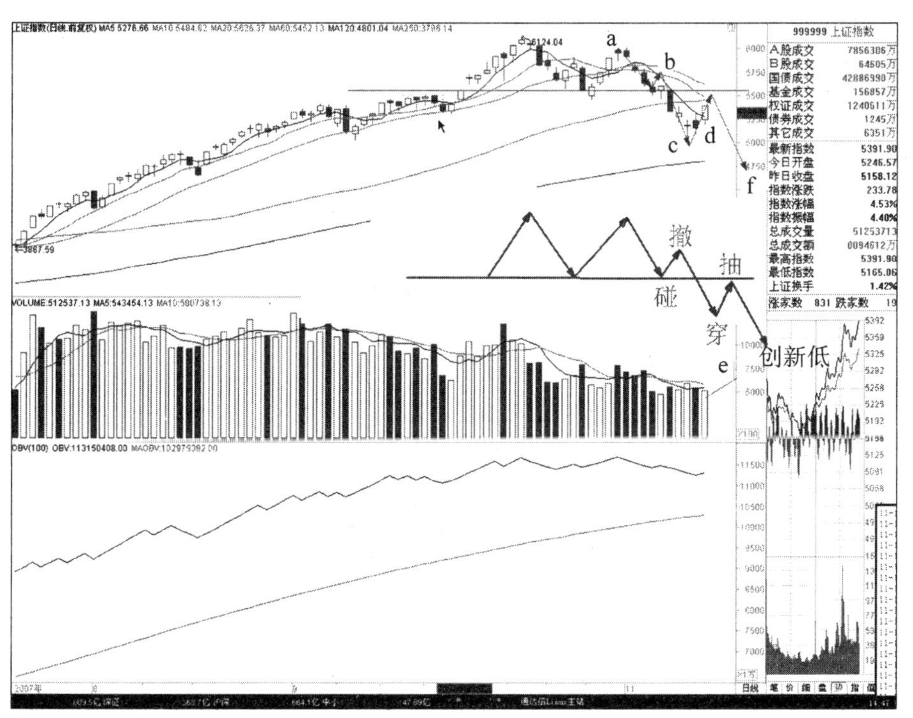

图 11141447　**上证指数日** K **线　反抽** 60 **线**

学生：今日上证指数大涨233.78点，真是扬眉吐气，后市怎么看？

老师：图 11141447 上，d 箭头所示是上证指数一根大阳线反抽 60 日平均线，这是股价下跌通道中的常规动作。我讲过，股价下穿重要的部位（如 60 日、120 日平均线，整数大关等），一般是先对重要部位“碰”一下，然后“撤”回，再下“穿”重要部位，再反“抽”重要部位确认，然后无可奈何地下跌“创新低”。这就是我的“碰、撤、穿、抽”下跌过重要部位的法则（同理，上升过重要部位的法则是“碰、撤、穿、压”）。现在上证指数走到了“反抽”这一步，是为了确认这 60 日平均线是爬不上去了，是最后的挣扎。有点像扒在悬崖边上的人望着下面是万丈深渊，用最后的力气向崖顶伸手，但体力不支……最终结果就不用写了吧。所以，反抽行情并不是买入的行情，而是卖出的行情，“碰、撤、穿、抽”后面就是“创新低”了。

第136节

Follow Me

2007年11月15日·星期四

暴量过前头（2）

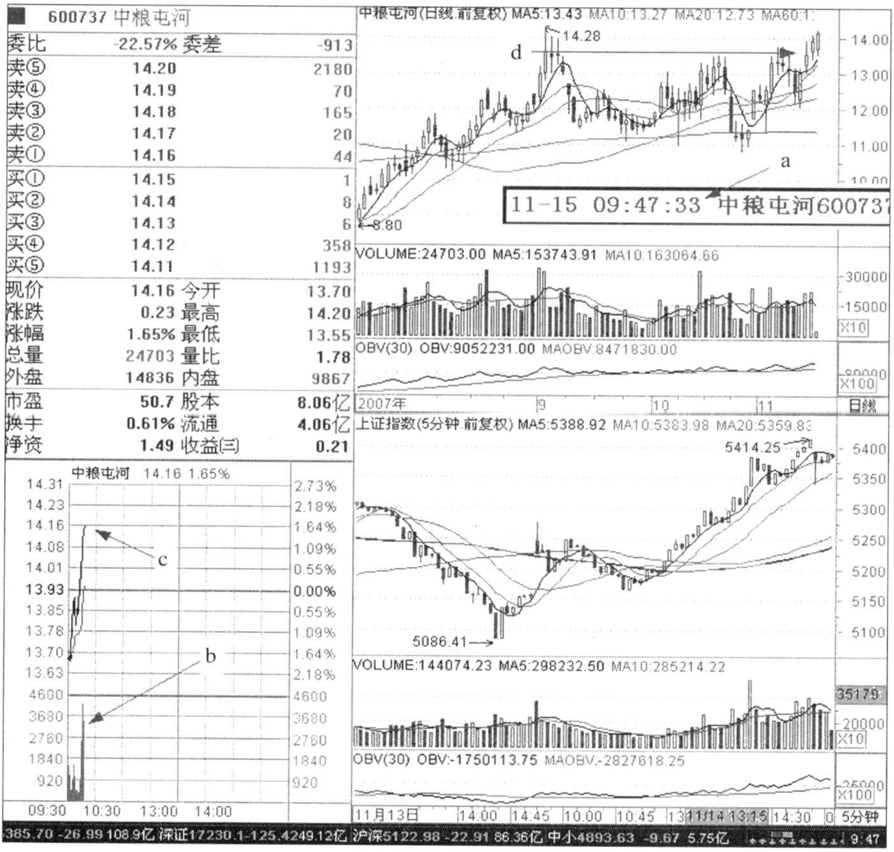

图11150947 上证指数五分钟K线 中粮屯河600737 暴量过前头（2）

学生：刚才收到小精灵发来的信号，见 a 箭头所示，是中粮屯河，可以买吗？

老师：可以买。图 11150947 中 d 箭头所示是股价前高点，现在已经冲过前高点了。b 箭头所示是“暴量”，意思是爆炸般的量。只有“暴量”才有暴涨，c 箭头所示是股价快速拉升，照这个放量速度，此股应该有上升空间。

图 11151005　上证指数五分钟 K 线　广宇集团 002133　暴量过前头（2）

2007年11月15日・星期四

第136节 暴量过前头（2）

学生：前几天讲过的广宇集团真的启动了，我是“上五线”那天买的，买入价21.15元，要卖吗？

老师：不要卖。图11151005中a箭头所示是“暴量”，b箭头所示是快速拉升，c箭头所示是股价过前头，这些都是买入信号，你为什么要卖呢？

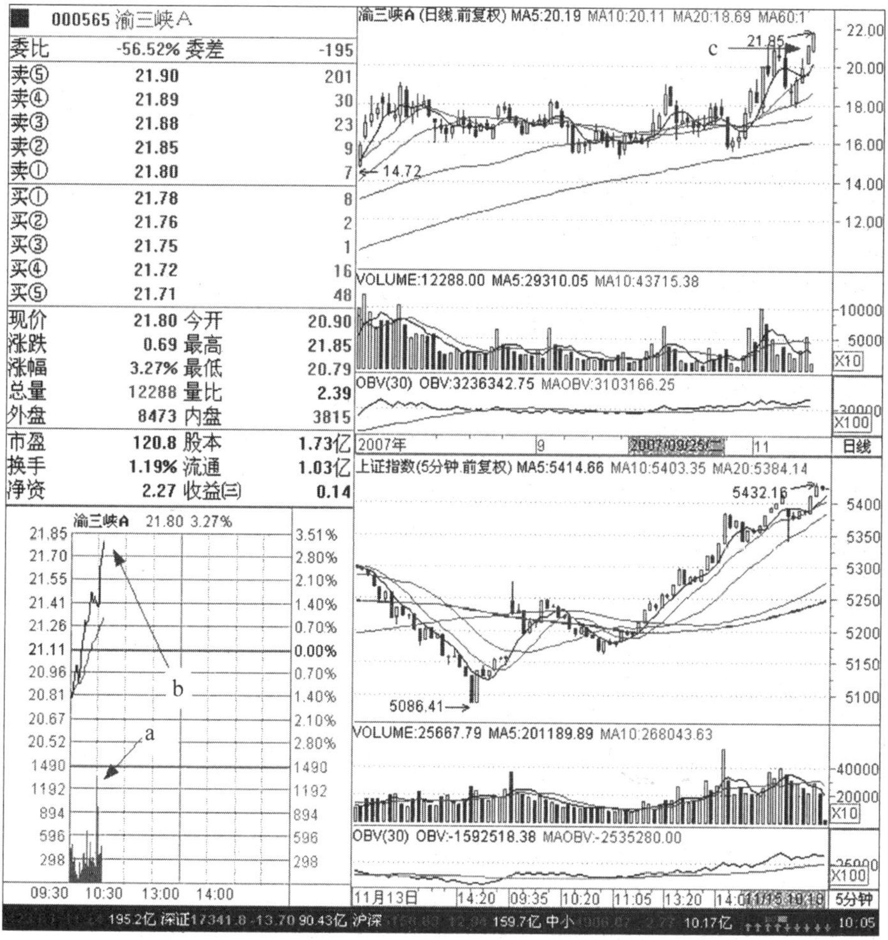

000565 渝三峡A			
委比	-56.52%	委差	-195
卖⑤	21.90		201
卖④	21.89		30
卖③	21.88		23
卖②	21.85		9
卖①	21.80		7
买①	21.78		8
买②	21.76		2
买③	21.75		1
买④	21.72		16
买⑤	21.71		48
现价	21.80	今开	20.90
涨跌	0.69	最高	21.85
涨幅	3.27%	最低	20.79
总量	12288	量比	2.39
外盘	8473	内盘	3815
市盈	120.8	股本	1.73亿
换手	1.19%	流通	1.03亿
净资	2.27	收益(三)	0.14

图11151005 上证指数五分钟K线 渝三峡000565 暴量过前头（2）

学生：渝三峡也是“暴量过前头”吧？我是 18.55 元买的，还捂着，行吗？

老师：行的。图 11151005 中 a 箭头所示是“暴量”，b 箭头所示是快速拉升，c 箭头所示是股价过前头，这些都是买入信号。现在渝三峡上方空间被打开，下一步是庄家大显身手的时候了，捂住，不到“三死叉见顶”不出货。

反抽压

600036 招商银行			
委比	-66.70%	委差	-1370
卖⑤	42.02		28
卖④	42.01		245
卖③	42.00		1319
卖②	41.99		117
卖①	41.98		3
买①	41.91		12
买②	41.90		104
买③	41.88		146
买④	41.87		15
买⑤	41.86		65
现价	41.95	今开	41.47
涨跌	0.34	最高	42.20
涨幅	0.82%	最低	41.29
总量	67310	量比	0.89
外盘	35326	内盘	31984
市盈	46.4	股本	147亿
换手	0.14%	流通	47.1亿
净资	4.28	收益(三)	0.68

招商银行(日线,前复权) MA5:41.05 MA10:41.71 MA20:42.37

46.33 b a 27.15

VOLUME:67310.00 MA5:235536.14 MA10:246487.73

OBV(30) OBV:31310732.00 MAOBV:30555516.00

上证指数(5分钟,前复权) MA5:5403.70 MA10:5410.72 MA20:5306.04

5441.30 5086.41

VOLUME:147534.23 MA5:200486.20 MA10:218096.16

OBV(30) OBV:-1731656.63 MAOBV:-2228559.75

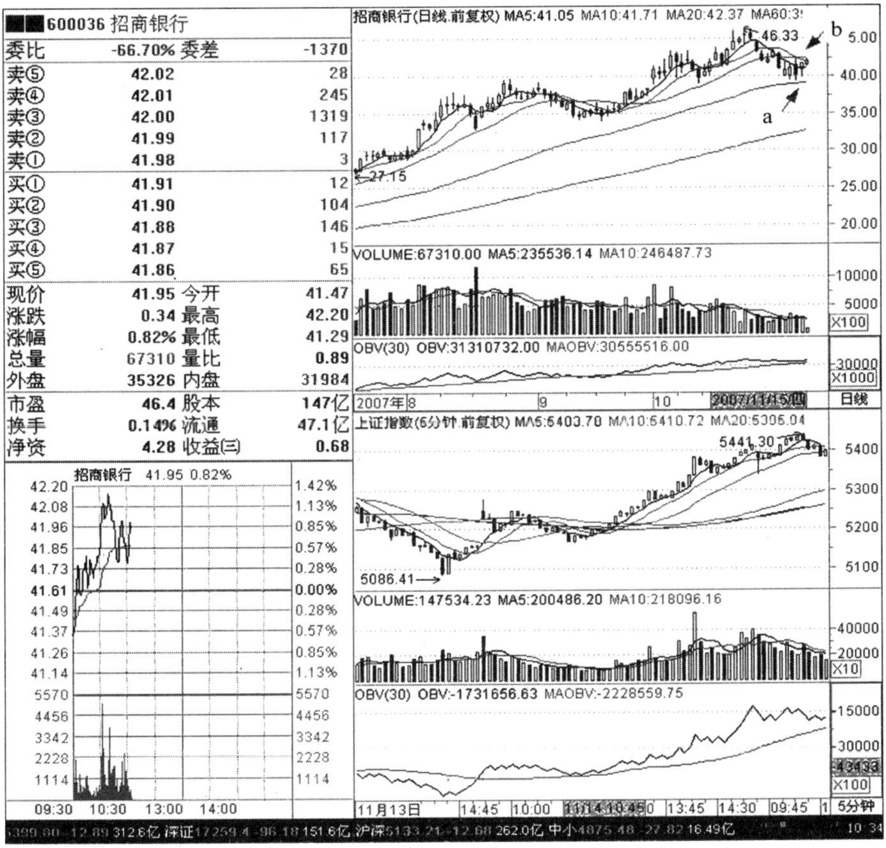

图11151034 上证指数五分钟K线 招商银行600036 反抽压

学生：我有招商银行 11000 股，18.04 元进的，现在是 41.95 元，很感谢老师三月底的推荐，现在该卖了吧？

老师：该卖了。图 11151034 中 b 箭头所示是个“压”，a 箭头所示是股价下跌到 60 日平均线时发生了“碰、撤”，然后向上反抽“压”，以确认“压”的阻力。一般来说“压的阻力无穷大”，是很难穿越的。况且招商银行又是跨年度大涨股，其累计涨幅越大，“压”的阻力也越大。老牛会被“压”死于此，前不久招商银行创下 46.33 元新高，恐怕是几年内不可能再现的天价了。

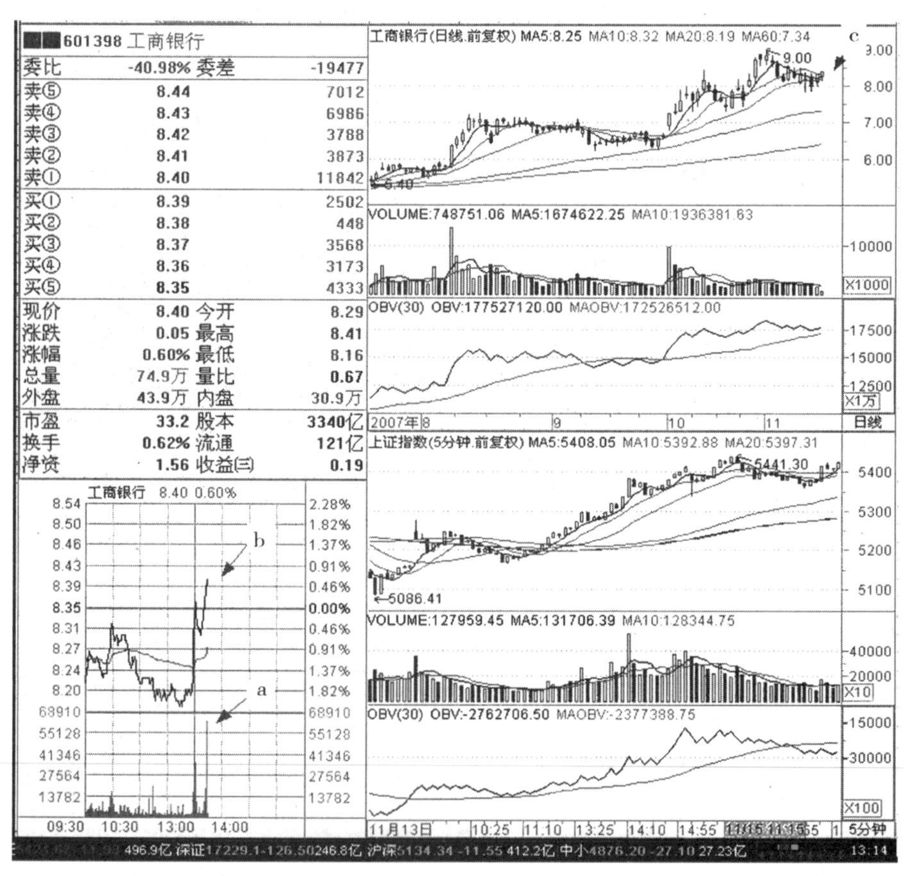

图 11151314 上证指数五分钟 K 线 工商银行 601398 反抽压

第137节 反抽压

学生：我买了工商银行50000股，是6.14元进的，现在是8.40元，卖不卖？

老师：见图11151314，等b箭头所示的上升行情乏力时卖。a箭头所示是“暴量”。c箭头所示是对“压”的反抽，其上涨的空间是很小的，是冲不过“压”的。9.00元天价也许是未来一两年的天价。

第 138 节

Follow Me
2007 年 11 月 15 日·星期四

短线判顶法

学生：上证指数开始下跌，所谓的“反抽 60 线”行情是否完了？

老师：所谓短线判顶，是找几天中的顶部，中线判顶是找几个月的顶部，长线判顶是找几年中的顶部。图 11151448 中，OBV 能量潮曲线说明一切。a 是反抽行情开端，这时能量潮曲线爬上能量潮 30 平均线，b 箭头所示是能量潮跌破 30 平均线，反抽行情结束。凡是在能量潮 30 下的上升都定义为反弹，e 箭头所示就是反抽结束后下跌时的小反弹。这在 OBV 能量潮曲线图上能清晰地界定。而用上证指数 K 线图却很难如此清晰地界定，对 5453.61 点新高还以为是“会创新高，还有新高，直到不创新高”，从而误判行情。其实参照 5453.61 点新高之下的 e 箭头所示，即可明白，这个 5453.61 点是虚涨，是本次反弹的高点。

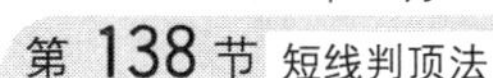

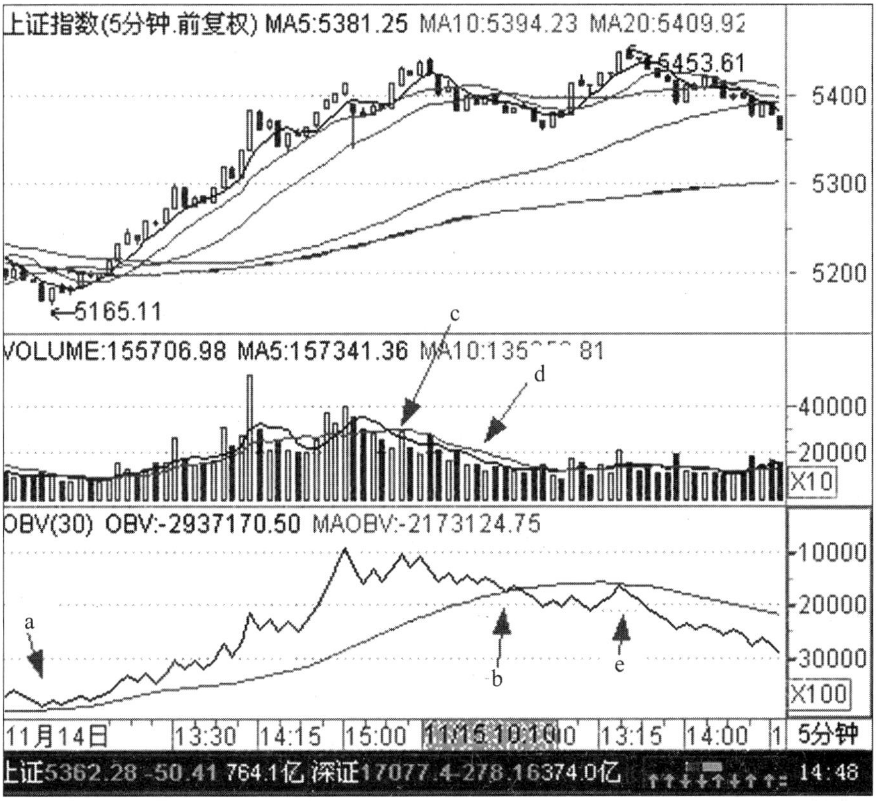

图 11151448　上证指数五分钟 K 线　短线判顶法

中线判顶法

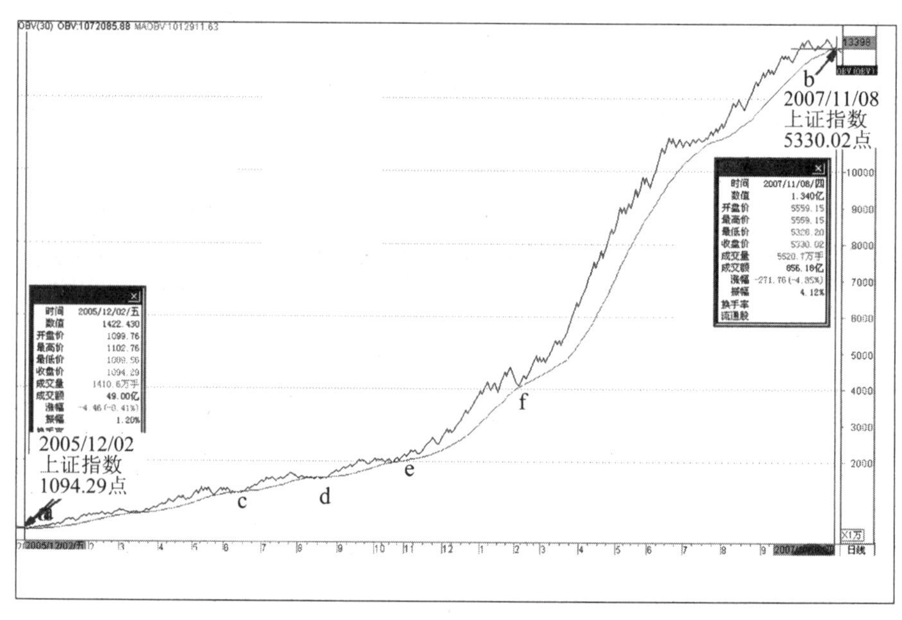

图 11151524　上证指数 OBV 图　中线判顶法

学生：中线有判顶法吗?

老师：中线判顶是有绝招的，以前是教授给内部学员的，本书将公开若干内容，先讲其中最简单又是最可靠的一种“中线判顶法”。图

11151524 是上证指数的 OBV 能量潮图，能量潮曲线与能量潮 30 日平均线由白线、黄线表示。从 2005 年 12 月 2 日上证指数点 1094.29 点开始，能量潮曲线由下而上穿过 30 日平均线呈“黄金交叉”（a 箭头所示），在 c、d、e、f 处虽有瞬间黏合，总体上两条线之间是有间隙的，而且越向上涨，间隙越大。到 2007 年 11 月 8 日上证指数 5330.02 点处，两线完全闭合，呈“死亡交叉”（b 箭头所示）。如果我们把这个 OBV 能量潮死亡交叉当做顶部信号，这就是“中线判顶法”。

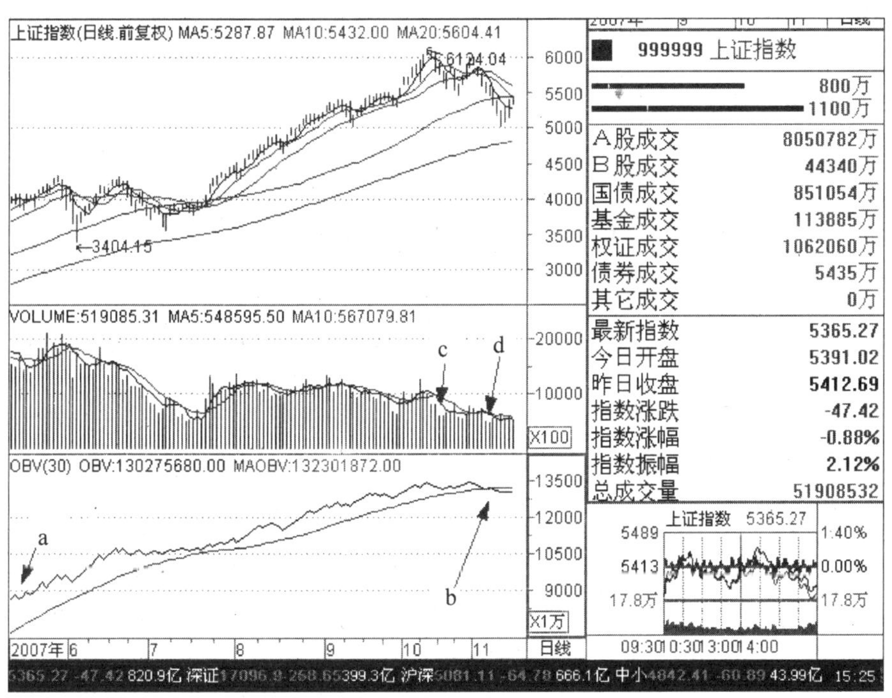

图 11151525　**上证指数日 K 线图　中线判顶法**

图 11151525 上证指数日 K 线图上，b 箭头所示处 OBV 曲线与 30 均线黏合成死亡交叉，这里就是中线头部。当然，我们不能把 OBV 曲线与 30 均线黏合成死亡交叉当成判顶的唯一方法，我们还有许多中线判顶法作综合研判，限于篇幅，会在《短线是银之九》中作更多介绍。

第 140 节

Follow Me
2007 年 11 月 16 日 · 星期五

120 下小平台

图 11161049 上证指数五分钟 K 线 120 下小平台

学生：图 11161049 中，上证指数盘整蓄势后，能否向上突破？

老师：一定要认识日K线图上目前上证指数的位置，是处于6124点M头向下跌破颈线后“反抽”颈线，在颈线处受阻下跌的开端。图11161049中的5453.15点就是反抽的高点，也是颈线的位置。在这个位置上，总趋势是下跌。那么，今天上证指数的跳空低开就成了必然的选择。按照“股海定位”理论，图11161049上证指数五分钟K线处于“2－3”区间（见a箭头所示处），这是一个局部看空的区间。c箭头所示是OBV能量潮死亡交叉，这里是做空的位置。d箭头所示是能量潮冷空气带不封闭，继续做空。b箭头所示是120平均线下K线最低点的水平线，K线在此集积盘整，堆积成一个“120下小平台”，这是一种很常见的形态，它的市场意义是：大家都感到股价在下跌，大家又都在等反弹，大家都龟缩在一块平板上，而这块平板是悬挂在120线之下的悬崖上。向上看攀不上去，向下看万丈深渊。这时如没有利空也没有人挣扎，大家还能在平台上待着。一旦有利空或有某些人挣扎下跳，大家只好表演“高台跳水”了。

图11161305 上证指数五分钟K线 120下小平台

学生：上证指数下跌了124点了，怎么看？

老师：看图11161305，上午我讲过："这时如没有利空也没有人挣扎，大家还能在平台上待着。一旦有利空或有某些人挣扎下跳，大家只好表演'高台跳水'了。"a箭头所示是"120下小平台"的底线被跌破，小平台上的人开始恐慌，大家争先恐后地跳水向下，最终会形成下跌行情。"120下小平台"是个高台跳水的跳台，必须引起警觉并及时卖出止损。

后 记 Follow Me

《短线是银·之八》要交付印刷了，我很高兴，又很遗憾。高兴的是，多少个日夜写作，终成正果；遗憾的是，我为本书写了197节书稿，由于篇幅所限，更主要是为了将定价控制在大多数读者能够接受的较低水平，只能出版其中的140节。我反复看了这剩下的57节书稿内容，它们与本书的140节内容有本质的、内在的、有机的联系，是前呼后应的关系，又是相互印证的关系。从某种意义上讲，这57节内容对于如何捕捉黑马股来说，技术含量更高，实用性更强。亲爱的读者，你们如果想继续看下去，我就再写《短线是银·之九》，除了上述57节内容，再加上若干未公开的核心技术，把《短线是银》系列图书的技术含量提得更高。欢迎大家来信，我的邮箱是：tangnengtong@163.com

在本书的出版过程中，恰逢汶川大地震。四川人民出版社的相关工作人员冒着频发的余震日夜奋战，才使本书的编排工作得以顺利完成。在此，我要感谢四川人民出版社的领导和全体编排人员，特别要感谢责任编辑余其敏，5月12日14时28分，地动山摇的那一刻，她从出版大厦13楼狂奔而下时，手里竟然抱着本书的校样！

我年轻时在四川当过兵，对四川有着第二故乡般的深厚感情。看着电视上舍生忘死的战士，我热血沸腾，我曾经是他们中的一员，多么希望能和他们一道并肩战斗！放下枪拿起笔的我，将本书稿费十万元捐赠给汶川地震灾区，这是一个老兵的心意，希望灾区人民早日重建家园。

唐能通
2008年5月30日于上海